Brav sind immer nur die anderen Kinder? Liebe Eltern, dies ist ein Irrtum, noch dazu ein weit verbreiteter. Selbst der allzu wohlgeratene Nachbarssohn wird bald auf die schiefe Bahn geraten, denn er hat sich im Kindergarten mit dem größten Rowdy des Viertels angefreundet. Auch die Klassenbeste zickt bei den Hausaufgaben, ist eifersüchtig auf das kleine Geschwisterchen und findet, dass Regeln nur was für Anfänger sind. Aufräumen können übrigens gerne die Eltern, wenn sie so viel Wert darauf legen.

Und liebe Mütter und Väter, ihr seid nicht die Einzigen, die dann schon mal die Nerven verlieren – selbst wenn ihr vergangene Nacht ausnahmsweise durchschlafen konntet. *Süddeutsche.de*-Kolumnistin Katja Schnitzler schreibt über den täglichen Erziehungswahnsinn – und Experten geben Tipps, wie es für alle leichter wird.

Bevor Katja Schnitzler, Jahrgang 1977, eine Redakteursausbildung bei der »Süddeutschen Zeitung« absolvierte, arbeitete sie für die Regionalausgaben der SZ und studierte Journalistik in München. Die freie Journalistin betreut für Süddeutsche.de das Ressort Reise und schreibt als Kolumnistin über das Thema Erziehung.

*Weitere Informationen, auch zu E-Book-Ausgaben, finden Sie bei www.fischerverlage.de*

KATJA SCHNITZLER

# »Ich zähle jetzt bis drei«

## Warum Kinder uns
### verrückt
aber *glücklich* machen

FISCHER Taschenbuch

Originalausgabe
Erschienen bei FISCHER Taschenbuch
Frankfurt am Main, Oktober 2014

© S. Fischer Verlag GmbH, Frankfurt am Main 2014
Satz: Pinkuin Satz und Datentechnik, Berlin
Druck und Bindung: CPI books GmbH, Leck
Printed in Germany
ISBN 978-3-596-03068-2

# Inhalt

## Vorwort

Es ist ein Wunder, so ein Kind. Das können Sie jetzt im biblischen Sinn interpretieren, wenn Sie wollen, müssen Sie aber nicht. Unabhängig davon, ob Sie bei der Erklärung der Welt eher zur Religion oder zur Naturwissenschaft tendieren oder beides fröhlich verquicken: Wie würden Sie es bezeichnen, wenn sich aus dem Bauch einer Frau ein kleiner Mensch windet, der seinen Eltern mal mehr, mal weniger gleicht? Und schon mit seinem ersten Blick klarmacht: Liebe Mama, lieber Papa, ihr mögt mich gezeugt haben – aber vor euch seht ihr nicht nur eine gut geschüttelte Mischung eurer Gene. Sondern mich, einen eigenständigen Charakter mit einem eigenen Willen. Falls ihr das jetzt noch nicht erkennt, nun, ihr werdet schon sehen.

Mit der unglaublichen Freude über das Baby hält aber noch etwas Einzug in die Herzen der Eltern: Sorge und Angst. Gewöhnen Sie sich daran, diese beiden werden Sie nicht mehr los. Sie wollen Ihr kleines Menschlein schützen, es behüten, es stark machen für ein Leben, das bekanntermaßen kein Ponyhof ist – und selbst da tritt schon mal ein Pferd aus.

Gemeinsam mit dem zarten Neugeborenen hat Ihnen die Hebamme die große Last der Verantwortung übergeben. Bislang waren Mutter und Vater meistens nur für sich selbst und höchstens noch für das Funktionieren ihrer Paarbeziehung verantwortlich. Nun sind sie es für einen Menschen, der dabei nicht die Wahl hat zu sagen: Ach, mit den beiden lieber nicht, die Leute im Nachbarzimmer erscheinen mir in Erziehungsfragen doch ein wenig kompetenter.

Also müssen sich Mutter und Vater (oder wenigstens einer von ihnen) als würdige Begleiter auf dem Weg zum Erwachsenen und in die Gemeinschaft erweisen. Nur fragen sich einige, das Baby auf dem Arm, etwas spät: Kann ich das?

Zum Glück beantworten die Kinder selbst uns Eltern immer wieder mal diese Frage: Wenn sie als Babys am liebsten so schlafen, dass sie unseren Puls hören. Wenn sie aufhören zu weinen, sobald wir sie auf den Arm nehmen. Wenn sie uns entgegenstürmen, kaum sind wir zur Haustür herein. Und ihr Gesicht und vor allem ihre Augen leuchten, nur weil sie uns erblicken. Dann wissen wir, ja, wir sind die Richtigen für diese Aufgabe, genau die Richtigen.

Das heißt allerdings nicht, dass uns die Aufgabe leichtfällt. Wir sind mit Kind und Erziehungsauftrag hinausgeschickt worden, und haben für diese Suche nach dem Heiligen Gral des perfekten Familienlebens keinerlei Rüstzeug – außer unsere eigene Erziehung und die ein oder andere Prägung von Freunden, die uns mal mehr, mal weniger gut getan haben. Aber wie zum Kuckuck haben das unsere Eltern bei uns nur hingekriegt?

Von ihnen haben wir als Erziehungsmaxime mitbekommen: »Egal, wie schwierig es manchmal mit Kind wird, denk daran: Es ist nur eine Phase, alles nur eine Phase!« Was sie vergessen hatten zu erwähnen: Die eine Phase wird von der nächsten abgelöst.

Und von den vielen Entscheidungen, die zu treffen sind, hatten sie ebenfalls nichts gesagt. Das betrifft nicht nur die äußeren Umstände wie: Kann ich noch länger aufbleiben? Ich will aber fünf Kugeln Eis! Wieso kann ich nicht jeden Müll mit nach Hause nehmen, den ich auf der Straße finde? Weshalb darf ich nicht auf der wackeligen Bierbank herumturnen, das Kind da drüben aber schon? Wieso, Mama? Warum, Papa?

Eltern müssen auch ständig entscheiden: Wie soll ich mich verhalten, und zwar möglichst richtig und der Situation angemessen – und was hat das für Folgen für unser familiäres Zusammensein in der näheren und ferneren Zukunft? Diese Fragen klären wir leider nicht tiefsinnig bei langen Gesprächen und ein wenig Wein, nein: Wir müssen unsere Wahl in Sekundenbruchteilen treffen.

Atme ich tief durch und schaffe ich es, meinem tobenden Kind in einem bestimmten, aber liebevollen Ton zu vermitteln, dass es diese wundervolle Sandschaufel leider nicht einfach nehmen kann, da es nun mal die Lieblingsschaufel eines anderen Kindes ist? Und bleibe ich ruhig, obwohl meine weisen Worte auf taube Ohren treffen (vielleicht wegen des lauten Gebrülls, man selbst hört auch schon nicht mehr so gut deswegen) und das Kind in den Stunden zuvor auch schon alle zehn Minuten meine Nerven überstrapaziert hatte?

Oder lasse ich mich von dem Augenblick mitreißen, packe Kind und Sandspielzeug (möglichst nur das eigene, in der Eile ist man da nicht sicher), und zerre beides unter wütendem Schimpfen vom Spielplatz, das Gesicht verzerrt zur Fratze einer Furie? Zum Glück ist das aufmerksame Spielplatz-Publikum, das dieses Schauspiel unverschämterweise recht offensichtlich genießt, immerhin so anständig, keine Fotos zu machen.

Eigene Kinder eröffnen ihren Eltern neue Gefühlswelten: Bei niemandem sonst überrollen uns urplötzliche Wellen der Liebe, so dass sich Herz, Bauch und Kehle zuschnüren.

Und niemand sonst bringt uns so schnell an unsere Grenzen und darüber hinaus, während wir noch nicht einmal wussten, dass diese Grenzen Teil unserer Persönlichkeit sind. Zu diesen keifenden Spielplatz-Furien wollten wir jedenfalls nie gehören.

Drehen wir den Film im Kopf noch mal ein wenig zurück und widmen wir uns dem zufriedenen Publikum, das den schmählichen Abgang so genussvoll verfolgt: Das heißt nicht, dass sie kein Mitleid hätten (je nachdem mit dem Kind oder der Mutter, vielleicht sogar mit beiden). Die Zuschauer sind einfach nur glücklich, dass sie nicht die einzigen sind, die immer wieder mal bei der Erziehung versagen.

Dabei hatten wir uns doch so viel vorgenommen, wollten allzeit gelassen bleiben und unseren Humor nicht verlieren. Doch an manchen Tagen sind wir froh, wenn wir ihn überhaupt wiederfinden.

An diesen Tagen des Scheiterns müssen wir erkennen: Unseren Heiligen Gral des perfekten Familienlebens werden wir sicher niemals finden. Und wir werden immer mal wieder vom Weg einer pädagogisch wertvollen Erziehung abweichen. Aber das soll den besten Eltern passieren (habe ich neulich erst wieder beobachtet!). Hauptsache, wir verlieren unser Ziel nicht aus den Augen: Unser Kind gestärkt und selbstbewusst in die Welt zu geleiten und dabei möglichst viel Spaß zusammen zu haben. Das Leben mag kein Ponyhof sein, aber wir können es immer wieder mal dazu machen.

Weil die Erkenntnis »Ich bin nicht allein!« Eltern so guttut und ungemein entspannt, finden Sie in diesem Buch typische Situationen, die Mütter und Väter an den Rand des Nervenzusammenbruchs bringen – an manchen Tagen mehr, an anderen weniger. Und weil sich jeder in diesen Momenten wünscht, ein kleiner Erziehungsengel möge auf seiner Schulter sitzen und einen Ausweg zuflüstern, geben Experten Anregungen, die das Leben aller Beteiligter leichter machen: das der Eltern wie auch der Kinder.

Ich wünsche Ihnen viel Freude beim Lesen, ein wundervolles Leben mit Kind und viele Besuche auf dem Ponyhof!

*Katja Schnitzler*

# Schlaf! Kindlein! Schlaf, zum Kuckuck!

## Wie Kinder lernen durchzuschlafen
## (oder wenigstens etwas länger)

Das sagt das Kind:
»Wäh? Gnnnn ... wäääh? WÄÄÄÄÄH!« (22.03 Uhr)
»BUÄÄÄÄÄÄH!« (1.43 Uhr)
»Ra ... raa ... raaaaBÄÄÄÄÄH!« (4.21 Uhr)

Das sagen die Eltern:
*»Du bist dran.«*

Das sagen die Eltern der anderen:
*»Also unser Kind hat vom ersten Tag an durchgeschlafen.«*

Das sagen die Großeltern:
*»Ihr müsst es auch mal schreien lassen.«*

Am schlimmsten ist die Tag-und-Nacht-Gleiche. Und damit sind nicht die zwei Mal im Jahr gemeint, an denen es genau zwölf Stunden lang hell und zwölf Stunden lang dunkel ist. Für Eltern von Neugeborenen ist es die Tagundnacht(undtagundnachtundtagundnacht)gleiche, die alle Kräfte raubt. Weil das Baby leider weder Tag noch Nacht kennt, sondern nur seinen Hunger, wacht es und weckt es auf, wann es will. Am Anfang alle zwei Stunden. Trinken. Einschlafen. Brüllen. Trinken. Einschlafen. Brüllen. Jedes Mal wieder fährt der Säugling voller Entsetzen aus dem Schlaf, welch grausame Leere im kleinen Bauch, ein grässlicher Zustand, den es sogleich kundtun muss. Schrill und laut, schließlich ist das ein Alarm.

Wird das Baby gestillt, leidet vor allem die Mutter unter dem Still-Schlaf-Schrei-Rhythmus, der aus den ersten Wochen oder Monaten einen einzigen, langen, anstrengenden Tag macht, an dem es mal heller, mal dunkler ist. Leider schwemmen die Geburtshormone bei der Mutter nicht das Wissen hinweg, dass es eine Nacht gibt und diese zum Schlafen da ist – vorausgesetzt man feiert nicht, aber danach ist der Mutter ohnehin nicht zumute. Eben ging der Alarm wieder los, die Milch beruhigte, das Baby schmiegt sich in den Arm. Und will dort nicht mehr heraus. Doch die Minuten sind kostbar, es sind nur 120 bis zum nächsten Schrei nach Essen.

Das Kind muss ins Bett, und weil das Baby winzig ist und die Eltern es nicht zerquetschen wollen, soll es in sein eigenes. Doch das Kopfkissen ist während des Stillens ausgekühlt, das Baby maunzt unzufrieden, während die Mutter es millimeterweise ins Bettchen sinken lässt und langsam, Stückchen für Stückchen, die Hände zurückzieht. Laaangsam, es ist fast geschafft, noch ein kleines Stück ... jetzt nicht ungeduldig werden, es bleiben noch 115 Minuten Schlafenszeit, langsam ... das Baby schnappt sich den Finger, umklammert ihn. Toll. Noch 110 Minuten. Es dauert, bis das Kind wieder ruhiger atmet. Behutsam die Fingerchen lösen, noch einer. Geschafft!

Erschöpft sinkt die Mutter aufs Kissen, doch kaum hat es die Wange berührt: ALAAAARM! Sie sitzt senkrecht im Bett, tastet nach der Uhr, die 110 Minuten können nicht schon wieder herum sein, sie hat sich doch gerade erst ... sie sind herum.

Nach dem nächsten Stillen gibt die erschöpfte Mutter auf, legt das Kind zwischen sich und den Vater, der vorsorglich geweckt wird, um ihm einzuschärfen: »Leg dich nicht auf dein Kind!« Das Baby schlummert zufrieden, die Mutter liegt wach. Was, wenn das Kleine unter die Decke rutscht? Sich doch ein Erwachsener darüber wälzt? Dann siegt die Erschöpfung.

Plötzlich ein Zappeln am Fußende, panisch reißt die Mutter noch im Aufwachen die Decke weg, packt den zuckenden Körper und zieht ihn an die Luft! Ganz schön schwer, der … Fuß? Der Vater protestiert verwirrt und vorwurfsvoll, das Baby oben am Kopfende des Bettes ist von dem Tumult erwacht und stellt fest: diese Leere im Bauch … ALAAAAARM!

Zum Glück geht diese Zeit vorbei, bei manchen schneller (bitte den anderen Jungeltern mit Augenringen nicht zu freudig mitteilen), bei manchen dauert es etwas länger. Dann entdecken die Babys die Ruhe der Nacht für sich, schlafen auch mal vier Stunden am Stück, ein ganz neues Lebensgefühl! Und irgendwann, irgendwann halten sie eine ganze Nacht durch, so dass die Eltern besorgt in der Früh zum Bettchen eilen, ob auch alles in Ordnung sei? Tage sind wieder Tage und Nächte sind wieder Nächte, mal bessere, mal weniger gute.

Mit zunehmendem Alter des Kindes verblassen die Augenringe der Eltern, sie beginnen zu vergessen, wie anstrengend alles war. Doch dann kommt ein Entwicklungssprung, unter Müttern und Vätern zu Recht berüchtigt: Das Kind lernt hinzu, sei es körperlich oder geistig, egal. Die neuen Fähigkeiten müssen seelisch verarbeitet werden, und zwar in der Nacht. Ein Albtraum für Kinder und Eltern, der sie immer wieder ereilt: Das Heranwachsen eines Kindes ist eben weniger ein Entwicklungssprung als vielmehr ein Hürdenrennen.

Finstere Gestalten schleichen sich in die Träume der Kleinen. Sie sind nicht leicht davon zu überzeugen, dass sich kein Monster im Zimmer versteckt. Viel besser, findet das Kind, wäre es doch, gleich im Bett der Eltern weiterzuschlafen. Wegen des Monsters.

Das Kind ist inzwischen enorm gewachsen und hat kein Problem damit, sich mit Fußtritten und Ellenbogenhieben sowie beharrlichem Stemmen Platz im Ehebett zu verschaffen.

Was kann es dafür, es schläft ja. Die Eltern sind wach und balancieren auf der linken und rechten Bettkante.

Die nächste Nacht hätten sie ihr Bett gerne wieder für sich. Sie sind bereit, Abendfreizeit für eine erholsame Nacht zu opfern: Wir bleiben so lange an deinem Bett sitzen, bis du eingeschlafen bist, versprechen sie dem Kind. Dieses hatte beim Gedanken an die lange, dunkle Nacht und etwaige Monsterbesuche schon den Umzug ins Elternschlafzimmer geplant. Also sitzt nun der Vater neben dem Bett. Das Kind erzählt, kichert und strampelt. Und schläft nicht.

Der Vater mahnt es sanft und liebevoll zur Ruhe, schließlich will er dem Kind Sicherheit vermitteln und keine weiteren Albträume bescheren. Das Kind zappelt weiter: »Hör mal, ich kann quaken wie ein Frosch. Und hüpfen auch!«

Der Vater mahnt etwas weniger liebevoll, schließlich sitzt er hier schon eine gefühlte Ewigkeit, also zehn Minuten im Dunkeln. Als er noch einen Schluck Wasser gereicht hat, das Kopfkissen aufgeschüttelt, die zu warme Decke durch eine kühlere ersetzt und dann doch wieder die warme Decke hervorgeholt hat, wird es endlich ruhiger im Kinderzimmer.

Leise zählt der Vater bis hundert, nicht zu schnell, genau im Takt der regelmäßigen Atemzüge. Bei hundert steht der Vater langsam auf, gaaanz langsam, nur nicht … der Stuhl, das verräterische Möbel, knarzt. »Papa, bist du da? Wohin gehst du? Ich schlaf doch noch gar nicht!« Zwanzig Minuten und drei Versuche später (Versuch eins: erneut beim Aufstehen ertappt, der Vater schimpft innerlich. Versuch zwei: Die Türklinke quietscht, der Vater flucht innerlich. Versuch drei: Die Tür schabt kaum hörbar am Rahmen, der Vater schreit innerlich), dann hat er es geschafft. Er ist draußen, das Kind schläft trotzdem.

Vom Feierabend bleibt nicht viel, die müden Eltern gehen

auch bald zu Bett. Nachts, ein Schrei: »MAMAAAAAAA! Ein Maulwurf ist in meinem Bett!« Das Kind ist völlig aufgelöst, tränenüberströmt, nassgeschwitzt: Am Fußende tummle sich ein Maulwurf, mit seinen garstigen Grabhänden bohre er Tunnel in die Matratze! Es dauert eine halbe Stunde, bis das Bett halb abgezogen und wieder bezogen ist und auch das Kind diesen Beweisen vertraut: Kein Maulwurf – nicht in der Matratze, nicht im Zimmer, nicht einmal im Schrank. Alle sind wieder in ihren Betten, die Glieder werden schwer, der Kopf wird frei, der Atem ruhig. Da, wieder ein Schrei, noch lauter: »WAAAAAAAAH! ER IST WIEDER DAA-AAAAA!«

In dieser Nacht schläft das Kind im Ehebett. Die Eltern auf den Ehebettkanten. Dort flüstern sie das Mantra aller übernächtigten Väter und Mütter: »Es ist eine Phase. Nur eine Phase. Sie geht vorüber. Bitte, geh vorüber. Nur eine Phase.«

#### Tipps für eine gute Nacht

*Alles ganz normal*

Ihr Baby schläft auf einer Waschmaschine im Schleudergang am besten ein? Denken Sie nicht, Sie wären mit diesem sehr speziellen Einschlafritual allein. Mehr oder weniger verzweifelte Eltern greifen zu absurden Tricks, um die Kleinen endlich zur Ruhe zu bringen. Die Psychologin Annette Kast-Zahn berichtet von einem Paar, das einen Fön über dem Bettchen angebracht hatte. Dieser musste eine halbe Stunde lang für Warmluft sorgen, bis das Kind schlief. Auch nachts mehrmals. Nur das Fön-Geräusch von einer CD wirkte übrigens nicht. Ein anderer Vater, fast zwei Meter groß, quetschte sich immer mit ins Kinderbett, eine Mutter lag auf dem Lammfell davor. Das klingt seltsam, sind aber nichts anderes als Versuche liebevoller Eltern, ihr Kind zum Schlafen zu bringen und selbst Ruhe zu finden. Doch diese Strategien müssen scheitern.

### Schlafen kann doch jedes Kind

Das Problem in diesen Familien war nicht, dass die Kinder nicht einschlafen konnten – das kann jedes Kind. Schließlich ist Schlafen ein natürliches Bedürfnis wie Essen. Doch diese Kinder hatten gelernt, dass sie nur mit dem gewohnt aufwendigen Ritual und im Beisein der Eltern entschlummern können. Das ist aber nicht nur am Abend, sondern vor allem in der Nacht ein Problem.

Schließlich wacht jedes Kind nachts mehrmals auf und prüft im Halbschlaf, ob alles in Ordnung ist. So weit, so normal. »In Ordnung« heißt für das Kind aber, dass alles so ist wie beim Einschlafen. Wenn es also feststellt, dass das Fläschchen fehlt, es nicht mehr auf dem Arm der Eltern ruht oder der Fön ausgestellt ist, schlägt es Alarm. Auch Erwachsene würden nicht einfach wieder einnicken, wenn nachts plötzlich ihr Kopfkissen verschwunden wäre.

### Mutter, Vater, Kind: müde

Das ständige nächtliche Hochschrecken schlaucht aber nicht nur die Eltern, für die Kinder ist es ebenfalls anstrengend. Dies wird meistens von den Eltern nicht bedacht, wenn sich solche kraftraubenden Schlafgewohnheiten verfestigt haben und Mutter und Vater nichts dagegen unternehmen. Können Kinder ihre Einschlafbedingungen im Halbschlaf aber selbst wieder herstellen, steigt auch die Qualität ihrer eigenen Nachtruhe. Wenn Babys hingegen fürchten, dass etwas nicht stimmt, weinen sie – und sind dann erst einmal wach.

*So allein heut Nacht?*

Es ist gut zu wissen, dass jedes Kind ohne Eltern einschlafen und auch durchschlafen kann – zumindest ab einem gewissen Alter. Babys sollen natürlich nicht vom ersten Lebenstag an allein im Bett liegen, die ganz Kleinen dämmern sowieso oft auf dem Arm oder beim Trinken weg. Nach acht bis zwölf Wochen ist es jedoch sinnvoll, das noch wache, aber sehr müde Kind ins Bett zu legen, statt es herumzutragen. Wenn es weint, bleiben Mutter oder Vater daneben sitzen und zeigen mit Streicheln und leisem Sprechen: Alles gut, wir sind schon noch da. Weint das Baby weiter, nehmen sie es kurz auf den Arm. Doch wenn es aufhört, legen sie es zurück. Das wiederholen die Eltern so lange wie nötig: Damit geben sie dem Kind immer wieder die Chance, sich selbst zu beruhigen, und es bekommt immer wieder ihre Hilfe. So lernt das Baby nach und nach, dass es im Bett einschlafen kann – irgendwann sogar ohne die Eltern daneben. Dann findet es sich in der vertrauten Einschlafsituation wieder, wenn es aufwacht. Das ist nicht nur angenehmer für die Eltern, weil das Baby dann öfter weiterschläft. Sondern auch für das Kind: Es ist nicht schön, sich nach dem Aufwachen allein, verlassen und hilflos zu fühlen.

*Alles gut mit Schnuller?*

Sich gemütlich mit einem schmatzenden Tschak-tschak-tschak in den Schlaf zu nuckeln, funktioniert bei vielen Babys ganz gut. Wenn der Schnuller aber ständig herauskullert und die Eltern deswegen sechsmal aufstehen müssen, sollten sie sich durchaus die Sinnfrage stellen: Hilft der Schnuller wirklich oder verhindert er mittlerweile einen besseren Schlaf? Und vielleicht geht das Einschlafen ja doch ohne? Das hätte den Vorteil, dass dem Kind eben nichts zum abermaligen Wegdämmern fehlt, wenn es nachts erwacht.

*Wann ist endlich Ruhe?*

Werden wir wochenlang gar nicht mehr schlafen? Diese bange Frage stellen sich Eltern, bevor sie sich dazu durchringen, nachtruhestörende Angewohnheiten abzuschaffen. Eine Antwort finden sie nur, wenn sie es ausprobieren: Manchmal nehmen die Kinder die neuen Einschlafbedingungen sehr schnell an – und die Eltern ärgern sich, dass sie das Projekt Durchschlafen nicht eher angegangen sind. Andere, sehr willensstarke Kinder kämpfen um ihre Gewohnheit. Auch lassen sich Kinder davon verunsichern, wenn Eltern selbst ein wenig Angst vor der neuen Situation haben und das ausstrahlen – da wollen die Kleinen natürlich lieber nicht allein bleiben. Außerdem sind nicht alle Kinder zum Schlafen gleich talentiert: Während das eine Kind mit dem Hinlegen wortwörtlich in tiefen Schlaf fällt, finden andere nur schwer hinein.

*Langschläfer sind immer die anderen*

Diese kleinen Wenigschläfer kommen oft mit unter zehn Stunden in der Nacht aus. Um selbst ausreichend Ruhe zu finden, sollten Eltern die Schlafzeiten anpassen: Sie müssen die durchschnittliche Schlafdauer ihres Kindes nach und nach so verschieben, dass das Kind nicht schon fünf Stunden geschlafen hat, wenn sie selbst ins Bett gehen. Also zögern die Eltern die Schlafenszeit jeden Abend ein wenig weiter hinaus, aus 18 Uhr wird 18.15 Uhr und so weiter. Wenn das Kind schließlich nicht mehr um sechs sondern um acht Uhr abends einschläft, ist die Wahrscheinlichkeit hoch, dass es zumindest bis sechs Uhr früh schläft und nicht schon um vier Uhr wach wird. Das Verschieben klappt meist problemlos. Das merkt man am Wechsel zwischen Sommer- und Winterzeit, den Kinder gut mitmachen. Insgesamt sollte das Kind nicht mehr Zeit im Bett verbringen, als es schlafen kann: Liegen im Bettchen muss Schlafen bedeuten, nicht Spielen. Für ein Mehr an gemeinsamer Schlafenszeit sollten die Eltern natürlich selbst nicht erst nach Mitternacht ins Bett gehen.

### Schluhupf unter die Deck

Kinder, die sich wohl und sicher fühlen, schlafen eher durch. Dabei hilft ein schönes Einschlafritual, das Nähe vermittelt, bevor die Nacht beginnt, zum Beispiel mit Kuscheln, einem Lied oder Vorlesen. Auch kleinen Kindern wird so ein tiefes Gefühl der Geborgenheit vermittelt, so dass ihnen nach dem Abendritual klar sein sollte: Die Eltern sind zwar nicht beim Kind im Bett, aber passen auf es auf. Brauchen Kinder zum Einschlafen noch mehr Nähe, bleiben die Eltern ein wenig länger im Zimmer.

Für einen guten Schlafrhythmus ist auch der Tagesablauf wichtig: Er sollte Ruhepausen, aber ebenso körperliche Aktivitäten enthalten. Und mit etwa sechs Monaten muss ein Baby nachts eigentlich nichts mehr trinken, große Mahlzeiten gehören dann in die Tageszeit.

### Abstinenz in der Nacht

Das Kind schläft nach der warmen Milch gleich weiter. Leider kann es passieren, dass es nach jedem Aufwachen nachts die nächste Flasche einfordert. Diese Angewohnheit abzuschaffen, ist gar nicht so leicht. Das nehmen viele Eltern erst auf sich, wenn der Leidensdruck zu groß wird. Was am Anfang noch in Ordnung war, wird mit der Zeit oft zur Belastung. Doch viele Mütter und Väter trauen sich nicht, das Problem anzugehen oder machen es nur halbherzig. Das bringt aber nichts.

### Kaltherzig statt halbherzig?

Hatten die Urgroßeltern doch recht, und die ermatteten Jungeltern sollten ihr Kind nachts einfach ein wenig länger schreien lassen? Bloß nicht. Dafür sollten sie auf die sanfte Pingpong-Methode setzen. Mutter oder Vater gehen jede Minute wieder ins Zimmer, wenn das Kind im Bett weint. Sie versichern ihm mit Worten und Berührungen, dass sie noch da sind und auf es aufpassen – und gehen dann wieder raus. Wer das nicht aushält, setzt sich eben mit ins Zimmer, damit das Kind nicht allein ist. Allerdings reichen die Eltern nichts zu trinken und tragen das Kind nicht herum. Wenn es trotzdem weiter weint, zeigt dies, dass es eigentlich keine Angst vor dem Alleinsein hat – schließlich sind die Eltern ja bei ihm im Zimmer. Vielen Eltern fällt es nach dieser Erfahrung leichter, zwischendurch das Zimmer kurz zu verlassen (und erst nach drei, dann nach fünf und wieder nach sieben Minuten ins Zimmer gehen), weil sie nun wissen: Mein Kind fürchtet sich nicht.

### Geht's auch ein bisschen früher?

Lassen sich schon jüngere Babys dazu bringen, nachts mehrere Stunden am Stück zu schlafen? Bei Neugeborenen ohne Tag- und Nachtrhythmus wird das schwierig. Aber Dreimonatskinder haben schon die Fähigkeit, nachts drei bis fünf Stunden zu schlafen. Die sollten sich dann möglichst mit der Schlafzeit der Eltern überschneiden. Es hilft, wenn die Mutter dem Baby noch mal Nahrung anbietet, bevor sie selbst zu Bett geht – dafür darf sie es auch wecken. Bei manchen Babys wirkt das Nachtmahl sehr gut, sie schlafen länger als ohne. Andere werden allerdings nicht wach genug zum Trinken. Ab einem Alter von drei Monaten können Eltern zudem versuchen, dem Kind nach dem Aufwachen nicht sofort etwas zu trinken zu geben und so die Zeiten zwischen den nächtlichen Mahlzeiten etwas auszudehnen.

*Ich ... halte ... das ... nicht ... mehr ... aus!*
Schlafmangel und häufiges Wecken in der Nacht kann Eltern an den Rand des Nervenzusammenbruchs bringen. Was tun, wenn man am Bettchen steht und merkt, dass man bald die Kontrolle verliert? In diesem Moment sollten Eltern alles tun, was hilft und Ruhe bringt: Sie könnten das Baby zum Beispiel ausnahmsweise ins eigene Bett holen, da beruhigen sich viele Babys. Selbst wenn es die meisten Eltern nicht zugeben würden, viele kennen den gefährlichen Gedanken: Ich könnte dieses schreiende Baby jetzt nehmen und schütteln! Wer da die Kontrolle verliert, setzt Gesundheit und Leben seines Kindes aufs Spiel. Auch deshalb ist es auf Dauer so wichtig, den Kindern das richtige Schlafen beizubringen. Kindesmisshandlung hat viel mit Überforderung und Hilflosigkeit zu tun. Wer sich aber durchringt, das Problem methodisch anzugehen, der weiß, dass die kommenden Nächte anstrengend werden. Aber er hat die Situation selbst in der Hand und ist ihr nicht ausgeliefert. Dann ist die Gefahr nicht mehr so groß, dass Eltern durchdrehen.

> **!** Die Tipps basieren auf dem Rat der Diplom-Psychologin Annette Kast-Zahn. Sie hat eine Praxis für Verhaltenstherapie und verfasste unter anderem den Elternratgeber »Jedes Kind kann schlafen lernen« (zusammen mit H. Morgenroth).

## Mein Kind konnte das schon früher:
### Spätzünder vs. Frühstarter

Das sagt das Kind:
*Nichts, es spricht im Gegensatz zu
seinen Altersgenossen noch keine Silbe.*

Das sagen die Eltern:
*»Sag Mama. Maaaa-Maaaa. Oder Papa. Paaaa-Paaa!«*

Das sagen die Eltern der anderen:
*»Also unser Kind bildet ohne Probleme Zwei-Wort-Sätze.«*

Das sagen die Großeltern:
*»Mit dem Kind stimmt doch was nicht.«*

Junge Eltern haben es nicht leicht. Das liegt nicht allein am Schlafmangel, weil das Baby so oft Hunger leidet oder unter Bauchschmerzen, schlecht träumt und überhaupt sein unaufschiebbares Kuschelbedürfnis gnadenlos durchsetzt.

Junge Eltern haben es richtig schwer, wenn sie sich mit ihrem Kind in die Öffentlichkeit wagen. Und dabei enthusiastisch von den Fortschritten ihres kleinen Wunders erzählen. Denn die Begeisterung der anderen hält sich in Grenzen.

Das liegt nicht daran, dass diese anderen die Berichte nicht interessant fänden, das tun sie durchaus. Aber aus ganz anderen Gründen, als die euphorischen Eltern vermuten würden. Den anderen geht es um den Fortschritt, um den Entwicklungsfortschritt genauer gesagt. Und um ihr eigenes kleines, sadistisches Vergnügen. Kaum eine andere Bevölkerungsgruppe ist leichter zu verunsichern, ja aus der Fassung zu bringen, als junge Eltern mit ihren Erstgeborenen.

Andere Mütter und Väter lassen wie beiläufig Sätze fallen, die an der Überzeugung kratzen, dass mit dem eigenen Kind alles normal läuft. Da reicht ein lapidares »Ach ... also unser Kleiner hat schon mit drei Monaten durchgeschlafen, zum Glück«, und die Augenringe der Jungeltern werden noch schwärzer. Besonders perfide Mitmenschen stoßen den Stachel tiefer: »Wie alt ist eurer noch mal? Vier Monate?« In den kommenden Nächten raubt nicht nur das quengelnde Kind, sondern auch der nagende Zweifel an dessen Entwicklungsstand den Schlaf.

Tiefe Verunsicherung lösen auch mehr oder weniger wohlmeinende Erziehungstipps aus. Wenn eine Großmutter sagt: »Ach ... also ich habe dich nachts schon viel früher im Gitterbett schlafen lassen, da war schnell Ruhe. Und wenn du mal geschrien hast, bin ich nicht gleich hingesprungen.« Bei der Tochter kommt an: »Ich verwöhne mein Kind und präge gerade den nächsten Tyrannen, über dessen Unarten sich dereinst ein Schulleiter deutschlandweit beschweren wird.«

Die Zweifel werden später nicht kleiner, wenn sich das Baby der Freundin schon schwungvoll auf den Bauch dreht, während das eigene noch mit kafkaesken Bewegungen auf dem Rücken strampelt. »Ach ...«, sagt die Freundin, den Blick mitleidig auf den kleinen Zappelkäfer gerichtet, »... macht ihr denn keine muskelstärkenden Übungen mit dem Kleinen?« Übungen? Welche Übungen? Selbst Mütter und Väter, die während des ersten Lebensjahres ihres Kindes nicht arbeiten gehen, wissen in diesem Moment, was mit »Rabeneltern« gemeint ist.

Gegen solche, oberflächlich gesehen harmlosen, genauer betrachtet aber grausamen Spitzen wappnen sich Eltern nur mit selbst verordneter Gelassenheit und schnellem Kontern: »Ich mache mir da keine Sorgen! Ich habe gelesen, dass

Kinder, die nachts unruhig sind, einfach mehr Eindrücke zu verarbeiten haben. Das ist ein Zeichen für starke neuronale Vernetzung. Dafür stehe ich gerne öfter auf.« Kosten Sie das Schweigen nach diesem Satz ruhig aus.

Manchmal hilft auch Aussitzen. Etwa wenn der Sohn mit zwei Jahren immer noch mit drei gesprochenen Wörtern auskommt, jedoch alles versteht und sonst eine Lautsprache entwickelt hat, mit der sich Haupt- und Nebensätze bilden lassen: »Äh öööhem äh Öööha, ähe ä Öhem äm?« heißt zum Beispiel »Wenn wir gleich zum Spielplatz gehen, kann ich dann meinen Bagger mitnehmen?« Ein Problem nur für Außenstehende.

In solchen Fällen ist es gut, die familiäre Entwicklungsgeschichte einige Generationen zurück bis ins Detail zu kennen. So kann man besorgte Nachfragen »Geht ihr nicht mal mit ihm zu einem Experten?« abwiegeln mit einem lässigen: »Sein Opa hat auch erst mit zweieinhalb Jahren gesprochen, von einem Tag auf den anderen, aber dann fließend.«

Das tat der Kleine dann schließlich auch, schon längst verstandene Sätze wie »Ich will auch ein Kuchenstück!« sprudeln einwandfrei heraus. Ganz der Opa. Aber warum er nicht schon eher gesprochen habe, fragen die früher so Besorgten. Lässig und flüssig antwortet der Sohn: »Es kam einfach nicht heraus.«

Tipps für Eltern von Kindern, die etwas länger schweigen
### Nur krabbeln und brabbeln statt spazieren und parlieren
Das eine Kleinkind spricht in ganzen Sätzen, das andere hat gerade erst »Mama« gesagt – genauso werden alle nervös, wenn ein Kind mit 14 Monaten noch immer lieber krabbelt, statt endlich auf eigenen Beinen zu stehen. Doch Eltern können sich entspannen: Bei jungen Kindern sind Unterschiede

in der Entwicklung bis zu einem gewissen Grad normal. Manche sprechen schon mit zehn Monaten Zwei-Wort-Sätze, andere erst mit 14 Monaten ein paar Wörter. Die meisten Kinder beherrschen mit eineinhalb Jahren etwa 50 Wörter und schalten dann bis zum zweiten Geburtstag einen Gang hoch. Wissenschaftler nennen das den »Wortschatzspurt«. Mit diesem Sprint beginnen die Kinder, Sätze mit zwei Wörtern zu bilden, zum Beispiel »Mama Schere« (das »bitte« können Sie dann später anerziehen).

*»Ich sag erst mal nichts«*
Aus diesem Zeitraster fallen relativ viele Kinder: 14 bis 20 Prozent sind »späte Sprecher«. Diese Kinder kommen auch mit 24 Monaten noch mit weniger als 50 Wörtern aus. Diese »späten Sprecher« sollte man schon im Auge behalten – was aber nicht notwendigerweise bedeutet, dass sie Entwicklungsdefizite haben. Bis zum dritten Geburtstag hat nämlich etwa die Hälfte von ihnen den Rückstand wieder aufgeholt und redet eifrig. Ob ein Kind sein Sprachdefizit mit drei Jahren ausgeglichen hat, wird dann allerdings nicht mehr an der Menge der Wörter festgemacht. Vielmehr sollte es jetzt in ganzen Sätzen sprechen können, zum Beispiel: »Da steht Annes Fahrrad«. Die andere Hälfte der sprachlichen Spätentwickler sollte mit drei Jahren tatsächlich gefördert werden.

Zweijährige »späte Sprecher« müssen aber nicht unbedingt zur Therapie. Wichtig ist, dass sie im Alltag gefördert und die Eltern dabei gut beraten werden. Zum Beispiel von einem Logopäden oder im Rahmen des »Heidelberger Elterntrainings«, in dem speziell den Eltern von »späten Sprechern« Tipps gegeben werden.

*»Jetzt sag doch was!«*

Der will nur nicht, denken sich manche Eltern und fordern: Sag was! Doch so unter Druck gesetzt verlieren Kinder ihre Freude an der Kommunikation. Eltern schaffen besser entspannte Gesprächssituationen: Sie können sich zum Beispiel abends Zeit für ein Bilderbuch nehmen. Dabei sollten sie nicht nur die kurzen Texte vorlesen, sondern kleine Geschichten zu den Bildern erzählen und die Kinder mit einbinden. Mit »Wo ist die Kuh?« ist es aber nicht getan. Ideal wäre etwa: »Was ist denn das für ein Tier? Oh, eine Kuh. Was macht denn die Kuh da?« Dabei sollten Eltern jeden Kommunikationsversuch des Kindes honorieren – und wenn statt »Kuh« immer nur »Muh« kommt, nicht auf das korrekte Wort drängen. Besser greifen sie das Angebot des Kindes auf und sagen: »Genau, die Kuh macht muh. Und schau nur, sie frisst Gras.« Wer das zehn Minuten jeden Abend macht, fördert sein Kind enorm. Bei vielen Kindern reicht das aus.

*Auch mal Ruhe geben*

Eltern müssen aber nicht ständig auf das Kind einreden. Jede gestresste Mutter hat das gute Recht, auch mal schweigend mit dem Kind spazieren zu gehen. Aber man kann sich angewöhnen, mehrere »Sprachinseln« in den Tag einzubauen und zum Beispiel seine Alltagstätigkeiten nicht immer still zu verrichten, sondern sie sprachlich zu begleiten. So hören die Kinder dieselben Wörter immer und immer wieder. Nur so erweitern sie ihr Vokabular und lernen die richtige Grammatik gleich mit. Man kann schweigend den Tisch decken oder aber sagen: »Jetzt decken wir den Tisch, wo sind denn die Gläser. Trägst du dein Glas selbst zum Tisch?« Gut ist es, sich zu überlegen, was das Kind interessiert: Wenn der Sohn Baustellen liebt, schauen Sie dort öfter vorbei und sprechen

Sie über Bagger und Kräne, deren Farben und was diese Maschinen gerade machen.

### Ganz eigene Sprache

Manche Kinder ersetzen den fehlenden Wortschatz durch eine eigene Lautsprache, die meist nur ihre Familie versteht. Diese »Fremdsprache« dürfen Eltern getrost für andere übersetzen, denn das Kind will ja kommunizieren. Es kann nur einfach noch nicht sprechen. Also sollten sich Eltern zum Beispiel kurz in das Kinderspiel einschalten und dem anderen Kind erklären: »Ich glaube, er will den Bagger.«

### Wink mit dem kleinen Finger

Andere »späte Sprecher« kommen auch mit Gesten gut klar, was gerade von Außenstehenden oft als »maulfaul« ausgelegt wird. Das ist aber keine Faulheit. Wenn sie es können, werden die Kinder sprechen. Bis dahin sollte man ihnen helfen, indem man auf die Gesten eingeht, aber mit Worten. Wenn das Kind etwa auf das Milchglas zeigt, sagen die Eltern: »Du möchtest die Milch? Warte, ich gebe dir deine Milch gleich.« Je öfter das Wort wiederholt wird, desto eher nimmt es das Kind in seinen Wortschatz auf. Und irgendwann kommt dann »Mi« statt der Geste.

### »Sag Milch oder bleib durstig!«

Stellen Sie sich vor, jemand verlangt von Ihnen etwas, das Sie einfach nicht können. Das ist doch frustrierend. Kinder kommunizieren immer auf dem Level, das ihnen möglich ist. Für sie ist das Gefühl wichtig, verstanden zu werden. Also sollten Eltern entspannt bleiben und auf Gesten und Laute der Kinder eingehen. Die Wörter kommen schon noch. Überhaupt machen Eltern intuitiv viel richtig.

Nehmen wir zum Beispiel den sogenannten Babytalk: Wer mit Babys und Kleinkindern spricht, redet viel melodiöser, höher und in kurzen Sätzen. Das ist genau der richtige Weg, um sich in eine neue Sprache hineinzuhören. Stellen Sie sich vor, Sie kommen nach Finnland. Die Finnen kämen Ihnen sehr entgegen, wenn Sie in kurzen, melodiösen Sätzen mit Ihnen sprächen – dann würde Ihnen irgendwann ein Wort auffallen, das Sie schon einmal gehört haben. Manche Kinder brauchen diesen Babytalk länger, andere nicht so lange, aber da passen sich Eltern automatisch an. Wenn das Kind viele Wörter kennt, fangen Mütter und Väter von sich aus an, auf die Grammatik zu achten. Sagt das Kind »da hinnehört«, antworten die Eltern »genau, da gehört der Baustein hin«. Ganz zwanglos, ohne zu belehren.

**!** Diese Tipps basieren auf dem Rat der Psychologin Sabine Frevert. Sie ist beim Bielefelder Institut für frühkindliche Entwicklung Expertin für Entwicklungsdiagnostik und gibt Fortbildungen für Erzieher und Lehrer.

## Allzeit stillbereit:
### Stillen vor Publikum

Das sagt das Kind:
»Schmatz!«

Das sagen die Eltern:
»Glotzt nicht, hier wird gestillt!«

Das sagen die Eltern der anderen:
»Also mit unserem Kind sind wir in den
ersten sechs Monaten einfach nicht außer Haus gegangen.«

Das sagen die Großeltern:
»Bei uns hieß es noch, Stillen schadet dem Kind.«

Die junge Mutter gehörte nicht zu den Frauen, die gerne zeigte, was sie hatte, zumindest nicht völlig unverhüllt und schon gar nicht jedem. Während sich andere an Seen, auf gut einsehbaren Balkonen und im Englischen Garten das Bikini-Oberteil sparten, fand sie es schöner, mit ein wenig Stoff ihre Intimsphäre zu wahren. Doch ein hungriges Baby nahm weder auf Geheimnisse noch auf Intimsphäre Rücksicht. Es wollte an die Brust, egal wo.

Zu Hause war das kein Problem, auch nicht während der Besucherparade, die beim Baby-Loben vorbeizog. Je nach Vertrautheit blieb die Mutter mit Kind zum Stillen sitzen oder verzog sich in den Nebenraum. Doch bald stand ein Termin an, wo das nicht möglich war: der Geburtstag des Onkels. Gefeiert wurde in einem Restaurant, das genauso gediegen und konservativ war wie der Onkel.

Ein Großteil der weiblichen Gäste stammte aus der Onkel-

Generation, damals war ihnen das Stillen noch ausgeredet worden: Ob sie denn die ganzen Giftstoffe aus ihrem Körper direkt an das zarte Kindlein weitergeben wollten? Dass Stillen gesund für Kind und Mutter ist, fanden andere Experten erst viel später heraus.

Nun saß die junge Mutter im Restaurant im Zentrum der Aufmerksamkeit, jedenfalls beinahe. Jeder wollte das winzige Familienmitglied auf ihrem Arm herzen, tätscheln, herumtragen. Das Baby wollte das nicht, überhaupt war es so viel Trubel nicht gewohnt und drängte daher früher als sonst dorthin, wo es sich am sichersten fühlte: an die Brust.

Also weinte es kläglich, als der Onkel gerade zur Willkommensrede ansetzte. »Dann warten wir noch auf unseren hungrigen Neuankömmling«, unterbrach er sich zuvorkommend. Zwölf Augenpaare fixierten die junge Mutter, die hektisch unter ihrem Oberteil nestelte und versuchte, den Verschluss des Still-BHs zu öffnen. Ihre Brust hatte auf die Schreie des Kindes bereits reagiert, die saugfähige Stilleinlage war am Ende ihrer Kapazität: Auf ihrem T-Shirt erschien ein nasser Fleck. Das hungrige Baby schrie lauter. Geduld ist eine Tugend, die Kinder erst spät erlernen. Manche nie.

Als sie sich diskret von der Geburtstagsgesellschaft abwenden wollte, blickte sie in sechs fremde Augenpaare, die fragend von den Nachbartischen herübersahen. Sie seufzte und drehte sich zurück, zerrte das T-Shirt nach oben (acht Augenpaare blickten diskret zur Seite, zehn beobachteten gespannt weiter) und stopfte dem weinenden Kind den Mund.

Sofort war Ruhe. »Nun, dann kann ich ja jetzt …«, sagte der Onkel, und fuhr fort, seine Gäste willkommen zu heißen: »… und ich begrüße natürlich auch den neuen Erdenbürger!«, dröhnte er. Zwölf Köpfe wandten sich wieder Mutter und Kind zu. In diesem Moment löste sich das Baby mit einem lauten Schmatzen von der Brust, aus dem Mundwinkel lief ein dünnes Rinnsal Milch.

Zwei alte Damen am Nebentisch winkten hektisch nach dem Kellner und redeten leise, aber eindringlich auf ihn ein: »… unerhört … Anblick verdirbt einem ja … dass sie sich nicht schämt … also würden Sie bitte, das ist schließlich Ihre …!«

Der Kellner näherte sich der Mutter, an deren Schulter das winzige Baby gerade überraschend laut aufstieß, eines Bierkutschers würdig. Bevor sie das Kind an der anderen Brust anlegen konnte, tippte ihr der Kellner auf die Schulter. »Verzeihen Sie bitte, aber die Damen am Nebentisch fühlen sich von Ihrer Offenherzigkeit gestört. Würden Sie bitte den Gastraum während des Stillens verlassen?«, sagte der Kellner und wies mit der Hand zur Tür, damit seine Frage nicht als rhetorisch missverstanden wurde.

Die Mutter schluckte und errötete. Das Baby zappelte, es hatte noch Hunger. Augenpaare starrten, Augenbrauen näherten sich dem Haaransatz. »Und wo bitteschön soll meine Frau unser Baby dann stillen?«, mischte sich der Vater ein. Daran hatte der Kellner nicht gedacht. »Nun«, meinte er zögernd, »wir könnten einen Stuhl auf die Damentoilette …«

»Das ist wohl nicht Ihr Ernst«, schnaubte der Vater. Das Baby schrie, warum dauerte das nur so lange? Der Vater raffte alle Baby-Utensilien in die Tasche, verabschiedete sich knapp bei der verstummten Geburtstagsgesellschaft und schob seine vor Verlegenheit hochrote Frau mit seinem vor Schreien hochrotem Baby aus der Tür. Die Mutter war sich hinterher nicht sicher, ob der Vater, als er sehr dicht an den zurückweichenden alten Damen am Nebentisch vorbeirauschte, nicht ein wenig geknurrt hatte. Sie stillte im Auto.

Als sie am Abend ihrer Schwester das Herz ausschüttete,

kam ihr diese mit weisen, alten Sprichwörtern – in diesem Fall »Wer vom Pferd gefallen ist, muss gleich wieder aufsteigen«: Sie trafen sich am nächsten Tag in einem Café. Zur Stillzeit. Hier war das Publikum etwa 50 Jahre jünger als in dem Restaurant. Dennoch war die Mutter sehr aufgeregt. Hektisch legte sie ihr Baby an die Brust, diese war nur einen Moment lang zu sehen. Trotzdem tuschelte am Nebentisch ein junges Paar und blickte immer wieder herüber. Nun zeigte es sogar mit dem Finger auf sie. Das war zu viel für die Mutter. »Halt mal«, sagte sie zur Schwester und reichte ihr ein verdutztes Baby. Dann glättete sie ihr T-Shirt, straffte den Rücken, sprang auf und rief voll Zorn: »Wieso lassen Sie mich nicht in Ruhe mein Kind füttern? Was gibt es da zu starren? Haben Sie noch nie Brüste gesehen? Stellen Sie sich draußen vor die Plakatwand mit der Dessouswerbung, da können Sie glotzen, solange Sie wollen!« Der Schwester blieb der Mund offen stehen, dem Paar am Nebentisch auch. »Ich«, die Mutter reckte ihre Brüste vor, »ich gebe das Beste für mein Kind. Und wenn es Ihnen nicht passt, dann gehen Sie doch! Ich bleibe! Und stille!«

Im Café waren alle Kunden verstummt, Leute drehten sich um, Kaffeetassen wurden auf dem Weg zum Mund vergessen. Die Frau fing sich als Erste. »Aber«, stammelte sie, »wir haben doch gar nicht Sie … wir haben doch ihn …« Sie zeigte auf den Tisch hinter der Mutter. Dort saß ein Schauspieler, kein unbekannter. Er winkte der Mutter freundlich zu.

Mit abermals vor Verlegenheit hochrotem Kopf stürzte sie aus dem Café. Ein paar Minuten später folgte die Schwester samt Baby (schreiend) und versuchte, nicht zu grinsen. »Schau mal«, sagte sie und hielt die Wickeltasche hoch.

Dort prangte ein Autogramm des Schauspielers. Darunter hatte er geschrieben: »Was Eltern wissen müssen: Es ist alles nur eine Phase.«

## Iss, mein Kind

In Deutschland ist man leider nicht sonderlich stillfreundlich. Es gibt eine Doppelmoral: Zum einen wird das Stillen als das Beste und Gesündeste für das Kind gepriesen. Dennoch machen einige Leute den Müttern das Leben schwer, die öffentlich stillen. Bei kleinen Babys wird das zwar oft noch freundlich akzeptiert, doch je älter das Kind, desto kritischer werden die Blicke und Kommentare. Dabei ist Stillen nun mal die normale Babyernährung. Und Stillkinder bekommen unterwegs Appetit – warum sollten sie dann hungern? Wir verstecken uns ja auch nicht, wenn wir essen.

## Brüste überall

Eigentlich sollten die Menschen an den Anblick von nackten Brüsten gewöhnt sein, schließlich sieht man sie überall, sogar überlebensgroß auf der Plakatwand. Weibliche Brüste spielen in der Öffentlichkeit eine große Rolle, allerdings nie in ihrer Funktion als Nahrungsquelle für Babys. Die blanke Brust wird allein mit Sex und auch Pornographie assoziiert. Da bekommen öffentlich stillende Mütter dann zu hören, das sei »eklig, obszön und abstoßend«. Wie eine Mutter auf solche Anfeindungen reagiert, muss jede für sich selbst entscheiden, je nach Situation und Gemütslage. Allerdings sollte sich keine davon so beeinflussen lassen, dass sie abstillt. Mütter können sich gegenseitig darin bestärken, dass es das Natürlichste auf der Welt ist, die Brust zu geben – und zwar nicht nur in den eigenen vier Wänden.

## Kleidung mit Schlitz

Frauen müssen sich ja nicht völlig entblößen: Wenn sie diskret stillen, sieht man überhaupt nicht viel von der Brust.

Dabei helfen Blusen und T-Shirts oder spezielle Stillkleidung mit Öffnungen und seitlichen Schlitzen. Das Baby liegt dann sowieso vor der Brust, so dass diese nur kurz beim Anlegen zu sehen ist. Wer will, setzt sich seitlich vor eine Wand oder in eine Ecke, schützt sich mit einer Jacke vor schrägen Blicken von der Seite oder legt einen leichten Schal oder ein Tuch über Brust und Baby. Das können Mütter daheim vor dem Spiegel oder mit ihrem Partner üben, damit sie sich unterwegs damit wohl fühlen – und das Kind auch. Aber wir müssen nicht so weit gehen wie in den USA: Dort werfen sich manche Frauen einen Umhang über, so dass weder Kind noch Brust zu sehen sind. Das ist so auffällig, dass garantiert jeder hinstarrt.

### Das stand aber nicht auf der Karte

Aufstehen oder nicht, das ist die große Frage im Restaurant: Kann ich zum Stillen am Tisch sitzen bleiben oder soll ich mir lieber eine ruhige Ecke suchen? Wer sich damit wohler fühlt, setzt sich woanders hin – wird aber dadurch erst recht Aufmerksamkeit erregen. Am Tisch hingegen kann das Stillen ganz nebenbei ablaufen. Vor allem, wenn die Mutter schon auf die ersten Hungerzeichen des Babys reagiert, wie zum Beispiel Schmatzen oder Suchen, und es zügig anlegt. Dann geschieht das alles beiläufig und fällt niemandem weiter auf. Wenn aber das Baby erst einmal in den höchsten Tönen schreit und die Mutter noch einen freien Tisch sucht, um dort zu stillen, schauen natürlich alle.

### Mutter ist nicht gleich Mutter

Einem Restaurant-Besitzer würde es niemals einfallen, eine Frau aus dem Gastraum zu schicken, die ihrem Kind das Fläschchen gibt. Bei stillenden Müttern kommt das leider immer wieder mal vor. Wenn überhaupt Stillgelegenheiten angeboten werden, handelt es sich oft um unbequeme Stühle in Vorräumen von Toiletten oder im Wickelraum. Das ist nicht nur wegen des Geruchs kaum auszuhalten, sondern noch dazu unhygienisch. Und diese Diskriminierung sollten Mütter auch nicht hinnehmen.

### Dann lieber Fläschchen?

Wegen solch negativer Erfahrungen stillen manche Frauen sogar ab. Will eine Mutter lieber nicht in der Öffentlichkeit die Brust geben, wäre es besser, sie pumpt für diese Situationen vorher ab, als dass sie ganz aufs Stillen verzichtet. Allerdings ist das Pumpen sehr aufwendig und das Flaschegeben muss vorher geübt werden: Sonst ist das Fläschchen fertig, aber das hungrige Baby verweigert den ungewohnten Sauger. Eigentlich ist Stillen aber praktischer – und entspannter: Die Milch in der Brust ist immer wohltemperiert und steht ausreichend zur Verfügung. Wer sich scheut, in der Öffentlichkeit die Brust zu geben, sollte anfangs bewusst an Orten stillen, wo es selbstverständlich ist, zum Beispiel in Stillgruppen oder Rückbildungskursen. Dort können die Frauen Hemmungen abbauen und sich Rückenstärkung holen.

### Stillen nach Bedarf – von Mutter und Kind

Manche möchten so wenig wie möglich in der Öffentlichkeit stillen. Das können sie durchaus planen, Mütter kennen ja in etwa den Stillrhythmus ihres Kindes. Und nach Bedarf zu stillen bedeutet auch, nach dem Bedarf der Mutter. Es spricht absolut nichts dagegen, dem Kind vor dem Verlassen der Wohnung nochmals die Brust zu geben, obwohl sein Hunger noch nicht so groß ist. Dann hält es oft zwei oder drei Stunden durch, bis die Mutter wieder in einem geschützten Raum ist. Und wer will schon zum Beispiel draußen in der Kälte stillen?

Außerdem kann man sich Fixpunkte aussuchen, etwa Lese-ecken in Buchhandlungen oder – wer fremden Blicken ganz entgehen will – auch Umkleidekabinen in Kaufhäusern. Manche Geschäfte haben sogar Aufkleber an der Tür: »Zum Stillen willkommen« mit dem Piktogramm einer stillenden Mutter. Aber in anderen Läden, Kaufhäusern oder Cafés sollten Mütter ebenfalls gern gesehen sein. Eigentlich.

### So groß und noch an der Brust?

Während viele das Stillen kleiner Babys akzeptieren, ernten Mütter von einjährigen Kindern, die weiterhin an die Brust wollen, sehr oft schräge Blicke. Manche Frauen sind dann so gut informiert und selbstbewusst, dass sie sagen: Das ist immer noch die gesündeste Nahrungsergänzung für mein Kind. Außerdem geht das Abstillen nach sechs Monaten nicht von einem Tag auf den anderen, die Mahlzeiten werden erst nach und nach durch Beikost ersetzt. Die Weltgesundheits-organisation empfiehlt sogar, bis ins zweite Lebensjahr und darüber hinaus neben der Beikost weiter zu stillen, solange Mutter und Kind es möchten. Oft wollen die älteren Kinder auch nicht nur an die Brust, weil sie Hunger haben, sondern weil sie in diesem Moment eine kleine Auszeit brauchen oder die Nähe und Sicherheit der Mutter. So wie sich Erwachsene in den Arm nehmen – und das ist ja auch etwas Schönes und kein Grund für blöde Sprüche.

> **!** Die Tipps basieren auf dem Rat von Regine Gresens, Heb-amme, Still- und Laktationsberaterin (International Board Certified Lactation Consultant) und Heilpraktikerin für Psychotherapie. Sie berät in ihrer Hamburger Praxis bei schwierigen Stillsituationen und Problemen mit dem Baby (www.stillkinder.de). Seit sie vor 20 Jahren ihren eigenen

Sohn »lange und gerne« gestillt hat, setzt sie sich dafür ein, dass es stillende Mütter künftig leichter haben. Umso begeisterter ist sie von der Initiative von Viechtach im Bayerischen Wald: Viechtach hat sich zur stillfreundlichen Stadt ausgerufen, mehr als 40 Geschäfte heißen Mütter ganz offiziell »Zum Stillen willkommen«.

## Ich bin wütend, so wütend!
### Wie die Familie die Trotzphase übersteht

Das sagt das Kind:
»Gnnnnn... HUAAAAAAAAAAAAAAAAAA«

Das sagen die Eltern:
»*Das ist nicht unser Kind.*«

Das sagen die Eltern der anderen:
»*Also mein Kind war sogar in der Trotzphase zuckersüß.*«

Das sagen die Großeltern:
»*Wir verstehen nichts, es ist so laut bei euch.*«

Eine Weisheit bei der Kindererziehung lautet: Wenn es schwierig wird, ist das nur eine Phase – und die geht vorüber. Leider verrät den Eltern vorher niemand, dass eine Phase von der nächsten abgelöst wird. Zu Recht berüchtigt ist die Trotzphase. Wer sie durchlebt hat, freut sich auf die Pubertät.

Schon Kleinigkeiten – das verweigerte sechste Gummibärchen zum Beispiel – können das süße Engelchen zwischen eineinhalb und knapp drei Jahren in einen rasenden Teufel verwandeln. Der wütet leider nicht leise, sondern laut, sehr laut.

In den eigenen vier Wänden bleiben Eltern gelassen genug, trotz des Ausbruchs auf ihrem Standpunkt zu bestehen. Oder humorvoll genug, um der Situation eine komische Seite abzugewinnen: Vor Wut explodierende Kleinkinder sehen manchmal sehr lustig aus. Dann können sich die Eltern nach drei Minuten Geheul auch dazu durchringen, das vom Zorn gebeutelte Kind in den Arm zu nehmen und zu trösten. Belohnt wird ihr Großmut mit dem Gefühl, pädagogisch wertvolle Eltern zu sein. Leider klappt das nicht, wenn die Eltern selbst unter Druck sind, und das sind sie oft.

Dieser Druck entsteht ganz von selbst: Wenn die Eltern zur Arbeit müssen, das Kind aber weder Jacke noch Schuhe angezogen hat und dies nur auf eine Art machen will: »Allein!« Leider klappt es allein nicht, aber: »Neihiiiin, du sollst mir nicht helfen!« Wutanfall.

Dasselbe gilt für die Zeit, bevor Besuch ins Haus kommt und noch das Nötigste (Schmutzgeschirr, Bügelwäsche, Spielburg) weggeräumt werden muss: »Du hast meine Burg verschoben!« Wutanfall.

Oder wenn einfach nur ein Glas Milch ausgetrunken werden soll, aber diesmal ohne Strohhalm, wegen der Sauerei beim letzten Mal. Wutanfall.

Da fällt ruhig bleiben schwer, in diesem Fall auch den Eltern. Noch schwerer fällt GHK (Gelassenheit, Humor, Konsequenz) an öffentlichen, belebten Orten. Ein gerne bemühtes Beispiel ist die Supermarktkasse, denn sie bietet ideale Voraussetzungen für einen Trotzanfall: Das Kind ist gelangweilt vom Einkauf. Das Kind hat schon seit mindestens zehn Minuten nichts mehr gegessen. Das Kind muss an der Schlange mitanstehen. Das Kind entdeckt die Süßigkeiten vor der Kasse. Dieses Angebot heißt auch Quengelware. Nur leider quengeln Kinder im Trotzalter nicht. Sie verlieren die Contenance und finden sie nicht wieder.

Damit treffen sie einen Nerv, und zwar den der Eltern, die ebenfalls beim Einkauf mit Kind in einer gestressten Phase sind. Das Kind wird laut (»Schokolade!«), die Eltern werden lauter (»Nein, wir haben Schokolade zu Hause. Ich kaufe jetzt keine Schokolade, du bekommst daheim welche!«), das Kind wird noch lauter (»Schokolahadeeee!«). Wutanfall.

Die anderen Leute in der Warteschlange sind still. Sie beobachten das Drama, und das tun sie vorwurfsvoll. Die hochgezogenen Augenbrauen der Zuschauer, ihre genervten Blicke, das tiefe Seufzen verrät ihre Gedanken: Die hat ihr Kind ja wohl gar nicht unter Kontrolle! So ein Geschrei, kann sie es nicht zur Ruhe bringen? Jetzt ist das Kind schon rot im Gesicht, bald wird es blau, weil es nicht Luft holt. »Na, nun gönnen Sie dem Kind doch endlich seine Schokolade«, zischt eine Frau wütend. Wer da nicht einknickt, hat es wegen seiner Konsequenz in Zukunft leichter mit seinem Kind. Wer doch nachgibt, nun, es lebe der Augenblick!

Doch diese Mutter an der Supermarktkasse blieb standhaft, sie hat das Geschrei und die Blicke ausgehalten, es irgendwie geschafft zu zahlen und dabei ständig in Gedanken ihr Mantra wiederholt: »Es ist nur eine Phase, alles nur eine Phase, sie geht vorüber, nur eine Phase.« Währenddessen versuchte das gefühlsentfesselte Kleinkind, trotz der kurzen Beine einen Treffer am mütterlichen Schienbein zu landen. Die Schokolade-Schreie sind zu unverständlichem Heulen geworden.

Die Mutter packt Einkäufe und Kind, schleift beides zum Auto. Das Kind schreit noch ein wenig weiter, dann ist Ruhe. Dort sitzen sie nun, erschöpft vom Kampf. »Warum«, fragt die Mutter, »warum musst du immer gleich so laut schreien?«

»Will ich ja gar nicht«, schnieft das Kind, »das Schreien kommt einfach so heraus.«

»Und das Treten«, sagt die Mutter, »das tut mir doch weh.« Ihr fällt ein Erziehungsrat ein: »Mach doch etwas anderes, als zu treten. Was könntest du stattdessen tun, wenn du das nächste Mal so wütend bist?«

Das Kind nickt verständig, wehtun, das will es doch nicht. Es denkt angestrengt nach. Plötzlich strahlt es: »Nächstes Mal, dann mach ich etwas kaputt!«

### Eins, zwei, drei …

Das Kleinkind bekommt seinen Willen nicht, läuft knallrot an und tobt vor Wut. Da würden sich viele Eltern gerne mit auf den Boden werfen – entweder um darin zu versinken oder um sich auch ein wenig Luft zu machen. Es ist schon eine Herausforderung, neben einem schrill schreienden Kleinkind Ruhe zu bewahren. Zwischen eineinhalb und zweieinhalb Jahren können Kinder schon so viel – da überrascht es, wenn sie wegen eines Neins plötzlich durchdrehen. Das enttäuscht und verärgert, allerdings sollten Eltern diese Gefühle für sich behalten. Am besten zählen sie innerlich bis zehn und denken, »Ach, es hat wieder seinen Rappel.« Sie müssen es schaffen, die Situation von außen zu betrachten und sich nicht angegriffen zu fühlen – denn eigentlich geht es bei dem Aufstand gar nicht gegen sie.

### Nichts gegen dich …

Natürlich ist es alles andere als einfach, den Wutanfall des Kindes nicht persönlich zu nehmen. Aber Eltern sind nun mal die Erwachsenen, die führen und anleiten. Dafür müssen sie das Kind in sich an die Hand nehmen und ein bisschen vernünftiger sein als das tobende Kleinkind – und es so zur Besinnung bringen.

### Zeit für den ersten Schritt

»Jetzt beruhige dich endlich!« Verbale Appelle während eines Wutanfalls sind für die Katz, die Stimme der Vernunft dringt erst bei Vierjährigen durch. Und die machen auch dicht, wenn eine bei Eltern so beliebte Wenn-dann-Drohung folgt. Kleinkinder sollte man lieber in den Arm nehmen und trösten, schließlich werden sie von ihren Gefühlen regelrecht überfallen. Viele suchen deshalb Schutz bei Mutter oder Vater. Werden sie dann zurückgewiesen, weil sie so schreien, sind sie zusätzlich enttäuscht. Ein Teufelskreis, den nur die Eltern durchbrechen können: Sie müssen den ersten Schritt machen. Dieser kleine Mensch kann seine Emotionen in der Trotzphase noch nicht regulieren. Gerade wenn sich ein Kind überfordert fühlt, wird es mit aller Gewalt vom Frust niedergestreckt. Beispielsweise im Supermarkt, wenn vom Nachwuchs erwartet wird, besonders brav und folgsam zu sein – und eben nicht Süßigkeiten einzufordern.

### Und alle bekommen es mit

Kaum etwas zieht mehr Aufmerksamkeit auf sich als ein durchdrehendes Kleinkind. Und das öffentliche Interesse ist selten nur wohlwollend. Gelassenheit fällt unter den Blicken, vielleicht auch Kommentaren von anderen besonders schwer. Da hilft nur die Ohropax-Methode: Ohren zu und durch! Es geht hier nicht um die Anderen, sondern um Sie und Ihr Kind. Wer aufdringlichen Mitmenschen doch etwas entgegnen möchte, sollte diese Gelegenheit aber nicht dazu nutzen, Dampf abzulassen. Sondern sie höflich darauf hinweisen: »Lassen Sie das bitte meine Sache sein. Ich habe mit meinem Kind ausgemacht, dass es an der Kasse nichts Süßes bekommt.« Und dann wieder: Ohropax! Oder wollen Sie die Damen und Herren in der Warteschlange auch noch erziehen?

### Die Frage nach dem Warum

Eltern müssen sich klarmachen, dass ein Trotzanfall meistens durch einen Zielkonflikt ausgelöst wird: Die Mutter will möglichst schnell einkaufen, das Kind hingegen bummeln und mithelfen – in seinem eigenen Tempo, das nicht das schnellste ist. Wenn die Mutter davon genervt ist und zur Eile drängt, ist die Enttäuschung groß. Und das Kind lässt den Frust lautstark heraus.

Nun können Eltern nicht ihren gesamten Alltag auf die Wünsche ihrer Kleinkinder ausrichten. Aber gerade in der Öffentlichkeit lohnt es sich, vorausschauend zu handeln. Vielleicht ist es sinnvoller, den Großeinkauf zu erledigen, wenn der Trotzkopf von jemand anderem betreut wird? Ist der Nachwuchs dabei und es muss schnell gehen, sind kleine Kinder meist schon zufrieden, wenn sie zum Beispiel drei Sachen selbst nehmen, diese vielleicht auch im eigenen Korb tragen dürfen. Sie wollen so gerne mithelfen, können es aber nur in ihrer Geschwindigkeit.

### Lenk! Mich! Ab!
Langeweile? Frust? Dann hilft das Prinzip Ablenkung – am besten vorausschauend angewendet. Der Trick ist, zu wissen, dass sich das Kind spätestens in wenigen Sekunden langweilen wird. Wer es dann rechtzeitig ablenkt und etwa bittet, die Waren aufs Laufband zu legen, bleibt vom Wutanfall verschont.

### Mensch, hast du dich wieder aufgeführt!
Wie pädagogisch sinnvoll ist es, einen Trotzanfall später noch mal zu thematisieren? Oder sollte man es lieber gut sein lassen? Wie so vieles im Leben kommt es auf die Art und Weise an. Ist der Anfall vorbei, können die Eltern den Trotz personalisieren: »War wieder dieses wütende Böckchen da? Bin ich froh, dass es wieder weg ist.« Da fühlt sich das Kind nicht in seiner Persönlichkeit angegriffen, die es ja gerade erst entdeckt. Es merkt, es wird mit seinen Gefühlen angenommen – nur die Art und Weise, wie es diese äußert, ist nicht in Ordnung. Schimpfen die Eltern hingegen, »Musst du immer so

schreien?«, wird die Person des Kindes kritisiert. Eltern sollten auch selbst zugeben, wenn sie schlecht gelaunt sind. Dies zeigt den Kindern: Das Gefühl an sich wird akzeptiert, man kann es aber anders ausleben.

### Kontrollierte Wut

Auch nach der Trotzphase kehrt nicht ewige Ruhe ein: Ältere Kinder sind in ihrer Wut aber eher aggressiv und provozieren. Sie sind sehr zielgerichtet und geben nicht nach. Typisch ist ein wilder Blick, mit dem sie ihren Kontrahenten fixieren: Sie behalten ihre Eltern ganz genau im Auge, schließlich wollen sie sehen, wie diese auf die Provokation reagieren. Kleinkinder in der Trotzphase hingegen verlieren völlig die Kontrolle. Diesem festen Blick begegnet man da nicht, eher werfen sich die Kleinen auf den Boden. Daher kommen Eltern bei Kleinkindern nonverbal durch, indem sie sie in den Arm nehmen. Bei Älteren sollte man auf seinem Standpunkt bestehen: »Wir hatten das so ausgemacht, jetzt ist Schluss.« Und sich nicht weiter provozieren lassen.

### Muss ... etwas ... kaputtmachen

Manche Kinder werden aggressiv, zerstören Sachen oder fügen sogar anderen Schmerzen zu. In solchen Fällen müssen Erwachsene natürlich einschreiten, das Kind festhalten, auf Augenhöhe gehen und mit festem Blickkontakt ganz deutlich sagen: »Ich will nicht, dass du trittst, das tut weh. Aber ich sehe, dass du wütend bist, weil dir die Sandschaufel weggenommen wurde.« So ziehen Eltern eine deutliche Grenze, verbalisieren aber auch die Gefühle des Kindes. Und helfen ihm damit.

*Nichts sehen, nichts hören, nichts fühlen*

Manchmal sieht man Eltern, die sich von ihren Kleinkindern treten lassen – und einfach ihr Gespräch fortsetzen. Sie folgen der irrigen Annahme, dass man solch ein Fehlverhalten am besten ignoriert. Nur ignorieren sie damit das ganze Kind. Damit wird sein Bedürfnis, im Mittelpunkt zu stehen und deshalb auf diese höchst unerwünschte Art Kontakt aufzunehmen, noch größer. Denn bis ins Alter von drei Jahren ist Aggression nicht nur Abwehr, sondern auch eine Form der Kontaktsuche. Also sollten die Eltern ihr Kind besser wahrnehmen und eine Ablenkung anbieten: »Hör auf damit, das tut mir weh. Ich unterhalte mich noch fertig, aber du darfst dort auf der Wiese Blumen pflücken/nach tollen Stöcken suchen/Ritter spielen.«

*Nerv nicht!*

Die gute Nachricht: Eltern sind nicht zwangsläufig schuld an den Wutanfällen ihrer Kinder. Die schlechte: Dennoch steht das Verhalten ihres Kindes in einer Wechselwirkung mit ihrem eigenen. Erst wenn Eltern das durchschauen, können sie vorausschauend handeln und rechtzeitig für Ablenkung sorgen. Außerdem werden Kinder oft von den Wünschen der Eltern überfallen. Schließlich haben sie noch überhaupt kein Zeitgefühl, sind tief versunken in ihr Spiel. Wenn sie plötzlich herausgerissen werden, sind sie natürlich enttäuscht und wütend. Also äußert man Wünsche besser mit Vorankündigung: »Ich sehe, du baust einen Turm. Jetzt lege noch ein Stein drauf und dann gehen wir Hände waschen.« Das kostet nicht viel Zeit, aber es schont die Nerven von allen Beteiligten.

**!** Diese Tipps basieren auf dem Rat der Diplom-Psychologin
Doris Heueck-Mauß. Sie hat eine psychotherapeutische
Praxis in München und ist Autorin der Bücher »Das Trotz-
kopfalter«, »So rede ich richtig mit meinem Kind« und
»Stressfrei durch die Vorschuljahre«.

## Nein, auf das Töpfchen geh' ich nicht!
### Trocken werden

Das sagt das Kind:
»Pipi gemacht.«

Das sagen die Eltern:
*»Sag das doch eher.«*

Das sagen die Eltern der anderen:
*»Also unser Kind war schon mit sechs Monaten trocken.«*

Das sagen die Großeltern:
*»Lasst die Windel einfach weg.«*

Windeln sind so praktisch. Die Kinder schlafen länger am Morgen, die Eltern auch, schließlich müssen sie nicht mit ihnen zur Morgen-Toilette rasen. Später am Tag werden bei Spaziergängen keine Beete als spontane Pinkelstellen missbraucht. Und daheim sind die Eltern von Windelträgern nur dann nervös, wenn sich das Kleinkind mit Essensresten an Gesicht und Hand dem weißbezogenen Sofa nähert.

Wenn nur das Wickeln nicht wäre. Nach zweidreiviertel Jahren haben darauf weder Mutter, Vater noch Kind mehr Lust. Die Windel wird am Po gelassen, bis die aufgesaugte Flüssigkeit die Litergrenze erreicht und der Hosenboden fast auf dem Boden schleift. Ganz schnell zum Wickeln wollen die Eltern nur noch, wenn das Kind sein großes Geschäft gemacht hat: »Nein, nicht hinsetzen! Nicht! NICHT! … Ich hatte doch nicht hinsetzen gesagt.« Nicht einmal die teuerste Markenwindel hält diese Kombination aus »voller Windel« und »auf den Po fallen lassen« aus. Weitere Details verschweigen wir, Eltern wissen sowieso, wovon hier die Rede ist.

Ein gewichtiger Grund, künftig ganz ohne Windel auszukommen. Der andere ist der Kindergarten, der am Rande der Legalität mitgeteilt hat: Ihr Kind darf erst zu uns, wenn es trocken ist! Es bleiben noch drei Monate, dann muss das klappen mit Töpfchen und Klo.

Das Kind täuscht zunächst Kooperationsbereitschaft vor und ist sehr interessiert am Töpfchen: Es schiebt es durchs Bad, dreht es um und setzt es sich sogar als Hut auf. Nur sich selbst setzt das Kind nicht drauf. Also gleich aufs Klo?

»Du darfst selbst spülen, wenn du auch was reingemacht hast! Und dann darfst du dir ganz schöne Unterhosen raussuchen.« Bestechung klappt sonst immer, diesmal leider nur ein Mal. Denn der Windelträger stellt fest: Weiterspielen macht mehr Spaß als hektisch zum Klo zu rennen, bloß weil sich Darm und Blase in diesem wirklich ungünstigen Moment entleeren wollen. Also steht das Wickelkind im Sandkasten, halb aufgerichtet, und … schaut so komisch. »Sag mal, drückst du?«, fragt die Mutter, bereit für den Sprint zum Klo. »Nein«, behauptet das Kind. Die Stimme klingt gepresst. Sein Gesicht wird röter. »Natürlich drückst du«, ruft die Mutter empört. »Hmbrmpffft …«, sagt das Kind, hochrot. Die Mutter reißt es aus dem Sandkasten, rennt zur Toilette, doch die eindeutige Duftspur verrät: Es ist zu spät. Wieder wickeln.

Zwei Monate sind vergangen, es bleiben noch vier Wochen bis zum Kindergartenstart. Das Thema »rechtzeitig Bescheid sagen« ist inzwischen innerfamiliär vorbelastet. Bei jedem sinnierenden Blick in die Ferne, bei jedem Griff in den Schritt kommt die Frage: »Musst du Pipi machen?« Das Kind ist davon so genervt, dass es aus Prinzip nicht mehr muss, nie mehr in seinem ganzen Leben!

Die Mutter blickt auf den Kalender, der erste Kindergartentag ist rot eingetragen. Sie stellt sich vor, wie ihr Kind dereinst, kaum sozialisiert wegen des entgangenen Kindergartenbesuchs, als Erwachsener mit auffallend breitbeinigem Gang zum Gemeindezentrum geht, um vor der AW-Gruppe (Anonyme Windelträger) zu gestehen: Mein Name ist Heinz und ich bin noch nicht trocken.

Sie beschließt, zur nächsten Bestechungsstufe überzugehen: »Jedes Mal, wenn du ins Klo machst, bekommst du hinterher was Süßes.« Das scheint zu funktionieren, das schokoverschmierte Kind steigt den ganzen Nachmittag nicht mehr von der Toilette herunter. Und noch besser: Es ist begeistert, dass es so gut klappt.

In den nächsten Tagen sagt es schon fünf Sekunden, bevor es ernst wird, Bescheid. Gemeinsam mit der Mutter rast es willig zum Klo, ist stolz über ihre Freudentänze und besteht darauf, mit ihr genauestens Farben und Formen der jeweiligen Ausscheidungen zu begutachten, bevor der Gestank zu groß wird und das Ganze endlich hinweggespült werden darf. Die Mutter ist erleichtert, hofft aber, dass niemand heimlich die Klogespräche mitschneidet.

Nach zwei Wochen und nur drei nassen Hosen gilt das Kind als windelfrei, sauber, trocken! Die Streitfrequenz in der Familie hat sich wieder auf Normalmaß eingependelt. Auch die Oma ist stolz, die mal wieder zu Besuch kommt und erstmals auf den Enkel aufpassen darf, ohne wickeln zu müssen. Die Mutter nutzt die Zeit für sich. Gerade als sie ihrer Freundin im Café berichtet, wie sie mit Bestechung Erfolg hatte (seit einigen Minuten stiert diese Freundin etwas unkonzentriert in die Ferne, muss sie vielleicht aufs Klo?), klingelt das Handy. Die Oma ist dran.

»Euer Sofa«, sagt sie. »Das weiße?«, fragt die Mutter und

stellt langsam die Kaffeetasse ab. »Ja, das weiße«, sagt die Oma. »Aber«, sagt die Mutter, »es hatte doch jetzt immer so toll geklappt.« »Ja, aber …«, sagt die Oma.

Da hört die Mutter im Hintergrund ihr Kind schreien: »Ich sag es aber nur der Mama, wenn ich muss. Nur der Mama!«

### Tipps für ein Leben ohne Windel
#### *Allez hopp, aufs Töpfchen!*

Spätestens mit zweieinhalb Jahren steigt der Druck auf die Eltern, wenn andere fragen: Was, dein Kind hat noch Windeln? Dabei fangen die meisten Kinder in dem Alter erst an, sich überhaupt für ihren Körper zu interessieren, und die wenigsten sind dann schon Tag und Nacht trocken. Solche kritischen Stimmen stressen Eltern natürlich, aber viel größer ist der Druck oft wegen der Kinderbetreuung: Jahrzehntelang wiesen Kindergärten Dreijährige ab, die noch nicht trocken waren – manche fordern das heute noch ein. Auch in den Krippen wird wegen der schlechten personellen Ausstattung angestrebt, dass die Kleinen möglichst bald nicht mehr gewickelt werden müssen. Dann sollen 18 Monate alte Kinder aufs Töpfchen gehen. Dabei ist das für die meisten Kinder mit eineinhalb Jahren gar kein Thema, auch weil die Blase dem Hirn noch nicht meldet, dass sie voll ist. Ohne dieses Empfinden wäre es reine Dressur, in bestimmten Zeitabständen auf die Toilette zu gehen.

#### *Jetzt ist es aber Zeit*

Eltern merken, dass ihre Kinder bereit für die Sauberkeitserziehung sind, wenn die Kleinen ihre Körperteile und Gefühle benennen können und auch ihre Bedürfnisse, etwa dass sie großen Durst haben oder zu müde für etwas sind. Auf jeden Fall ist der richtige Zeitpunkt da, um das Interesse zu wecken, wenn Eltern dies beobachten: Das Kind hält im Spiel inne, horcht in sich hinein, stiert vor sich hin – und spielt dann weiter. Manche melden auch, »habe Pipi gemacht«. Falsch wäre es, dies lapidar abzutun: »Kein Problem, du hast ja eine Windel an.« Dann ignoriert das Kind den Vorgang künftig, scheint ja nicht so wichtig zu sein. Andere Eltern schimpfen sogar: »Warum hast du das nicht vorher gesagt?« Dabei kann das Kleinkind dies noch gar nicht. Aber dieses Bemerken im Nachhinein ist ein wichtiger erster Schritt, den Vorgang überhaupt wahrzunehmen. Wenn Eltern das unterstützen, achtet das Kind öfter darauf, wie sich eine volle Blase oder ein voller Darm anfühlt. So lernt es, schon auf die Signale zu reagieren. Wer dann mit dem Kind schnell genug zum Töpfchen rennt, verschafft ihm die nötigen Erfolgserlebnisse.

### Schnell, schnell, schnell … zu spät

Eltern müssen wirklich sehr aufmerksam und allzeit bereit für den Spurt zur Toilette sein – und ihrem Kind möglichst unkomplizierte Kleidung anziehen. Wer es erst aus einer Latzhose schälen muss, hat keine Chance. Geht das Ganze in die Hose, sollten Eltern dies ohne Schuldzuweisung abtun. Höchstens die Toilette darf schuld sein, »die war zu weit weg«.

### Heute mal wieder mit Windel

Generell sollten bei der Sauberkeitserziehung Kinderkrippe oder -garten und Eltern, auch die Großeltern, an einem Strang ziehen. Und sie dürfen keinen Schritt zurück machen, etwa Freitagnacht wieder eine Windel anziehen, weil die Eltern samstags länger schlafen wollen. Oder vor dem Stadtbummel, damit unterwegs ja nichts passiert. Dann merkt das Kind, es geht auch anders. Warum also soll es sich solche Mühe machen und sein Spiel unterbrechen, um aufs Klo zu rennen? Ist das Kind krank und leidet unter Durchfall, nützt die Windel auch noch Älteren. Aber sie verstehen, dass dies eine gerechtfertigte Ausnahme ist.

### Wenn du wickelst, hast du Zeit für mich

Viele Eltern und auch Erzieher machen den Fehler, die bewusste Aufmerksamkeit und Zärtlichkeit während des Wickelns nicht zu ersetzen. Durch das Sauberwerden dürfen die Kleinen aber keine Zuwendung verlieren. Sonst wäre das Kind ja schön dumm, da mitzumachen. Aber der Klogang kann mit einem lustigen Spiel verbunden werden, ruhig mit Körperkontakt, um dem Kind weiterhin direkte Aufmerksamkeit zu schenken. Und die Kleinen dürfen sich vielleicht besonders nette Höschen aussuchen. Dann lohnt sich das Trockenwerden auch für das Kind.

### Müffelnde Töpfchen-Muffel

Windeln sind so praktisch, finden einige Kinder, und machen erst mal weiter wie bisher. Am besten betonen die Eltern immer wieder, was für ein »großes Kind« es ohne Windel ist und dass es dann ganz andere Kleidungsstücke anziehen darf. Ab zwei Jahren werden Kinder sowieso Schritt für Schritt selbständiger: Sie streichen ihre Brote, sie ziehen sich selbst an. Diese Eigenständigkeit dürfen sie auch beim Sauberwerden erfahren: Sie sollten allein aufs Klo hochkommen können, sich selbst abputzen und spülen dürfen. Dann merken die Kinder: Ich kann mehr, und ich kann es selbst.

### Was für eine interessante Hinterlassenschaft

Die meisten Eltern sind nicht begeistert, wenn die Kinder sich nicht nur über den Töpfchen-Erfolg freuen, sondern das kleine oder große Geschäft näher untersuchen wollen. Da ist etwas

Gelassenheit nötig. Denn für Kinder ist das schwer zu verstehen: Erst machen die Eltern ein Riesentheater, dass endlich was im Töpfchen landet. Und wenn etwas da ist, ist es plötzlich »pfui« und: Nichts wie weg damit! Es funktioniert aber gut, wenn Eltern erklären: »Das ist der Müll, den dein Körper vom Essen übrig hat. Den bringen wir weg.« Das verstehen Kinder schnell, im Abfall wühlen sie ja auch nicht herum.

### Nachts wird es nass

Viele Kinder sind tagsüber schon lange trocken, bevor sie nachts ebenfalls ohne Windel schlafen können. Bei manchen dauert dies aber bis ins Schulalter. Bei einigen Kindern ist die Ursache offensichtlich: Sie trinken tagsüber fast nichts und holen alles abends nach – das hält niemand die ganze Nacht durch. Hier müssen Eltern tagsüber auf eine bessere Verteilung achten. Was nicht heißen soll, dass die Kinder abends nichts mehr trinken dürfen, nur eben nicht mehr so viel. Bei anderen sind die Gene schuld: Dass nachts weniger Urin produziert wird, liegt an einem Hormon. Dieses wird aber im Kindergartenalter in völlig unterschiedlichen Mengen gebildet. Hält das nächtliche Einnässen sehr lange an, kann ein Arzt entscheiden, ob das Hormon als Medikament verabreicht werden sollte. Allerdings schlägt diese Behandlung nicht bei allen an. Eine dritte Gruppe sind Kinder, die sehr viele, oft schwierige Erlebnisse vom Tag verarbeiten müssen. Sie nässen sich deutlich länger nachts ein und brauchen psychologische Unterstützung.

### Volle Blase? Glatt verschlafen!

Manche Kinder wachen nachts einfach nicht auf, wenn sie müssten: In verschiedenen Schlafzuständen ist die volle Blase für das Kind unterschiedlich wahrnehmbar. In manchen

Fällen wirken Klingelhosen – eine Unterhose mit Feuchtig-keitsfühler, die das Kind bei den ersten Tröpfchen weckt –, bei anderen bringen sie überhaupt nichts. Am wichtigsten ist, dass die Eltern entspannt bleiben und auf keinen Fall die Trinkmenge einschränken. Auch vorsorgliches Wecken in der Nacht ist eher kontraproduktiv: Erstens wird das Kind im Schlaf gestört, und zweitens läuft man Gefahr, dass ein Ein-nässen zum Weckzeitpunkt im Halbschlaf andressiert wird. Außerdem verringert sich die Chance, dass das Kind auf-grund des Signals »volle Blase« aufwacht.

**!** Die Tipps basieren auf dem Rat von Dr. Gabriele Haug-Schnabel. Sie ist Leiterin der Forschungsgruppe Verhaltens-biologie des Menschen *(FVM)* und Autorin zahlreicher Fachbücher. Als Schwerpunkt beschäftigt sie sich mit dem Thema Sauberkeitserziehung. Darüber und auch über andere Entwicklungsfragen informiert sie in einer Eltern-beratung (verhaltensbiologie.com).

## Nicht ohne meinen Schnuller:
### Leben ohne Stöpsel im Mund

Das sagt das Kind:
»Didi!« (wahlweise auch »'nuller!«)

Das sagen die Eltern:
*»Den brauchst du doch nicht mehr.«*

Das sagen die Eltern der anderen:
*»Also unserem Kind haben wir erst gar keinen Schnuller gegeben.«*

Das sagen die Großeltern:
*»Ja, schämst du dich nicht, mit dem Schnuller im Mund?«*

Eigentlich war es ja ganz im Sinne der Mutter, als ihr die Dreijährige eröffnete, es sei nun soweit. Heute sei die Nacht der Nächte: »Ich schlafe ohne Schnuller!« Diese voller Stolz vorgetragene Botschaft der kleinen Heldin hätte die Mutter freuen sollen. Schließlich hatte sie das Thema Du-bist-doch-schon-groß-und-musst-nachts-nicht-mehr-nuckeln bereits ein paarmal erwähnt. Bislang war das Kind von der Idee wenig begeistert gewesen, und nun das. Warum sie nicht in Jubel und Lobhudelei ausbrach? Sie wusste, wie es kommen würde, schließlich war das ihre Tochter: Bei Tageslicht mutig im Kampf gegen Sandschaufeldiebe und beim Erklimmen von Klettergerüst-Gipfeln. Doch nachts … allein im Dunkeln … das ist doch etwas ganz anderes.

Tagsüber war das Schnuller-Entwöhnen kein Problem gewesen, Eltern und Kind hatten klare Regeln vereinbart: nur beim Autofahren (schont die Nerven des Fahrers) und in der Nacht (schont die Nerven aller müden Eltern). Jetzt also ganz ohne. Dass das nur mit Anreiz ging, war klar. Dafür investierte die Mutter viel zu viel Geld in ein zu hässliches 20-teiliges Puppengeschirr aus knallbuntem Plastik, das das Kind unbedingt haben wollte. Der Plan war: Für jede nuckelfreie Nacht gibt es ein Stück aus dem Service, frei wählbar von der Puppenmutter. Danach sollte das Thema Schnuller erledigt sein.

Leider war die Tochter eine Nucklerin aus Leidenschaft. Das hatte die Mutter schon in der ersten Nacht daheim gemerkt, als Schnuller noch nicht ins pädagogische Konzept gepasst hatten und ein Ratgeber empfahl: »Bieten Sie dem Säugling Ihren kleinen Finger als Ersatz an. (Vorsicht, Fingernagel zur Zunge hindrehen, nicht zum Gaumen!)« Eine Woche lang hatten Schwestern im Krankenhaus dem Baby große Schnuller in den kleinen Mund gestopft. Daheim sollte es nun ohne schlafen, wollte aber nicht. Also reichte die Mutter den kleinen Finger, was sich leichter anhört, als es war: Hand durch das Gitterbett zwängen, nach hinten biegen, eine leichte Drehung, Finger in den Babymund. Der Kleinen gefiel es, sie saugte sich fest, sehr fest.

Nach fünf Minuten kribbelte der Arm, nach zehn Minuten war er blutleer. Das Baby schlief, die Mutter war wach und verfluchte den Ratgeber. Nach zwölf Minuten hatte das Baby wieder einen Schnuller im Mund. Und schrie, wenn er herauspurzelte. Später rief die Kleine, wenn der Schnuller weg war. Das war er oft, auch wenn die Eltern fünf Stück um das Kopfkissen herum drapierten. Nun, drei Jahre später, sollte es also ohne funktionieren.

Beim Aufwachen in der Nacht, im Halbschlaf.

Bei schlechten Träumen.

Und vor allem: beim Einschlafen.

Die Mutter war verzagt, ihr schwante Übles für den Verlauf des ruhigen Abends. Was erschwerend hinzukam: Es waren Gäste eingeladen, Nachbarn. Sie waren das erste Mal da, kinderlos und damit ohne jegliche Erfahrung in der Ohne-Schnuller-Dramatik. Das sollte sich ändern.

Die Tochter, stolz auf sich und ihre Entscheidung, stand noch immer erwartungsvoll vor der Mutter und erhoffte ein Lob. Diese überlegte, ob sie ihrem Kind einen anderen Anfangstermin für das schnullerfreie Leben vorschlagen sollte. Nicht ausgerechnet heute!

Sie kämpfte möglichst unauffällig mit sich und lobte dann ihre »Große« für diese historische, alles verändernde Entscheidung. Natürlich kam sie auch gleich auf das Spielservice zu sprechen, das die Tochter nun Nacht für Nacht, Stück für Stück als Belohnung bekommen würde. Die Mutter erwähnte es an diesem Tag etwa alle zehn Minuten, pries die bunten Teller, Untersetzer, die Tässchen und diese reizende Kaffeekanne. Ganz unauffällig natürlich.

Der Abend begann heiter, das Kind war erfreut über den Besuch. Die Nachbarn hatte man höflich vorgewarnt, dass es später, nun ja, etwas schwierig werden könnte. Sie drehten trotzdem nicht an der Haustür wieder ab. Vielmehr lobten sie die Tochter, so groß schon, schlafen ohne Schnuller, unglaublich, toll! Das Kind nahm die Komplimente freudig entgegen und gab sich souverän.

Dann wurde es ernst, die Spannung stieg (bei den Eltern), die Vorfreude auf das erste Teil des Puppengeschirrs auch (beim Kind). Vorlesen, reinkuscheln, und dann: Licht aus. Es war seltsam, denn es blieb still hinter der Zimmertür. Die Mutter schlich zurück zum Terrassentisch, an dem die Gäste warteten. Alle lauschten. Es blieb still. Die Eltern äußerten ihr Erstaunen. Es blieb still. Sie wagten es, die Unterhaltung wieder aufzunehmen. Es wurde laut.

Ein Schrei aus tiefstem Herzen, der mühelos den Kuscheltierberg überwand, die geschlossene Zimmertür durchstieß, die Treppe hinabbrauste, die Scheiben klirren und die Weingläser auf dem Tisch sowie die Nachbarn auf den Stühlen erzittern ließ.

»SCHNUUUUUUUHUUUUULLEEEER!!!!«

War ja klar. Auch, dass sie nicht mehr aufhörte.

Die Eltern wechselten sich ab: Mal redete der Vater, mal die Mutter mit Engelszungen auf das schreiende, gar nicht mehr so große Kind ein, während der andere versuchte, weiterhin ein guter Gastgeber für die Nachbarn zu sein, die sich tapfer schlugen. Nur wenn die Schreie besonders laut wurden, warfen sie sich besorgte Blicke zu. »Sollen wir lieber gehen?«, fragten sie höflich.

Doch noch gaben die Eltern nicht auf, wedelten mit der bunten Kaffeekanne vor dem schluchzenden Kind (»Will aber meinen Schnuuuuller!«) und waren sich einig: Wenn sie jetzt nachgaben, würden sie noch bei der Einschulung vollgesabberte Schnuller am Morgen auskochen.

Als man sich auch auf der Terrasse nicht mehr verständigen konnte, ohne laut zu werden, gingen die Gäste doch, voller Verständnis und mit guten Wünschen für Eltern und Kind. Wie lange das Drama dauerte, nämlich bis kurz vor Mitternacht, bekamen sie trotzdem mit. Wie gesagt, sie wohnten in der Nachbarschaft.

Dann, endlich, schlief das schnullerlose Kind mit tränennassen Wangen ein, jedes Einatmen ein zittriges Schluchzen. Die Eltern räumten die Reste eines fast geselligen Abends weg und weinten vor Erschöpfung auch ein wenig in die Kissen.

Im Morgengrauen stand ein strahlendes Kind am Bett, stolz auf sich und seine Entscheidung und voller Vorfreude auf die Belohnung: »Ich habe doch gesagt, ich kann ohne Schnuller schlafen!«

*Mein Schatz!*

Den Schnuller, den die Eltern ihrem Baby einst tröstend in den Mund steckten, werden sie später schwer wieder los. Wie können sie ihr Kind überzeugen, dass auch ein Leben ohne Schnuller Spaß macht? Ein erster Schritt zum Erfolg: der richtige Zeitpunkt. Im Allgemeinen sollen Kinder ihren Schnuller spätestens mit drei Jahren abgeben, weil dann schon die ersten Zahnfehlstellungen drohen. Das fällt oft ausgerechnet mit dem Kindergartenstart zusammen – eine Zeit großer Veränderungen und damit Unsicherheit für die Kinder. Da brauchen sie mehr Halt und Schutz. Dann auch noch den Schnuller wegzunehmen, ist eher schwierig.

*Jetzt wäre es recht*

Der passende Zeitpunkt für den Abschied vom Schnuller ist da, wenn gerade keine großen Veränderungen für das Kind anstehen und es ein bisschen autonomer wird, sich nicht mehr so an die Mutter klammert. Und wenn die Eltern merken, dass das Schnullern kein Nuckelbedürfnis mehr ist, sondern nur noch eine schlechte Gewohnheit. In dem Fall können sie ihn tagsüber schon mal verschwinden lassen.

Das heißt nicht, dass sie den Schnuller verstecken sollen, aber das Thema besprechen: »Du bist doch so groß, du brauchst den Schnuller beim Spielen gar nicht mehr.« Spielt das Kind gut gelaunt weiter, wird der Schnuller außer Sichtweite geräumt. Das führt bei vielen Kindern zu der Einsicht, dass sie ihn tagsüber tatsächlich nicht benötigen.

*Ich kann nicht ohne!*

Findet das Kind nicht, dass es auch ohne Stöpsel im Mund geht, ist es Zeit für Schritt zwei: Ein kleiner Talisman als Ersatz hilft. Das kann eine kleine Puppe sein, die das Kind selbst in der Tasche hat, oder die es bekommt, wenn es Trost sucht. Die Kinder brauchen eine Alternative für den Schnuller – ähnlich wie Raucher zur Entwöhnung, die oft Kaugummi kauen. In dieser Phase sollte man das Kind in typischen »Schnullersituationen« viel ablenken und ihm Sicherheit vermitteln. Wenn das Schnullerthema aber zum Machtkampf zwischen Eltern und Kind wird, ist es vielleicht noch nicht so weit. Dann sollte man nichts erzwingen, denn Zähne sind leichter zu reparieren als die Psyche. Die Zahnfehlstellung bildet sich häufig von allein wieder zurück. Und beim Bewerbungsgespräch fragt keiner danach, wie lange man früher einen Schnuller hatte.

### Das Gute daran

Wieso sollten Eltern ihren Babys überhaupt Schnuller geben, wenn hinterher das Abgewöhnen so schwerfällt? Das Nuckeln entspricht einem menschlichen Saugbedürfnis und beruhigt ungemein. Außerdem wird spekuliert, dass durch die Kaubewegungen das Gehirn stimuliert und so das Risiko von plötzlichem Kindstod verringert wird. Aber manche Babys nehmen den Schnuller überhaupt nicht an – selbst wenn die Eltern es gerne wollten.

Diese Kinder werden nicht zwangsläufig zu Daumenlutschern, aber manche nuckeln schon am Finger. Und das wieder abzugewöhnen, ist wesentlich schwieriger. Der Daumen lässt sich schließlich nicht wegpacken. Bei Säuglingen hat das Daumen-Herausziehen sowieso keinen Sinn. Bei Zweijährigen können Eltern versuchen, sie vom Nuckeln abzulenken. Oder sie kleben um die Finger lustige Pflaster: Die sehen hübsch aus und schmecken nicht.

*Ohne Schnuller die Nacht durchgemacht*

Nun bleibt der Schnuller zwar tagsüber in der Schublade, doch nachts wird es schwierig. Für Argumente sind weinende Kleinkinder im Halbschlaf nicht wirklich offen. Die ersten schnullerlosen Nächte sind für alle Beteiligten einfacher, wenn das Kind noch mit Schnuller einschlafen darf. Meist plumpst er dann sowieso heraus. Die erste völlig schnullerfreie Nacht sollte man ganz offiziell mit dem Kind planen und gleich einen kleinen Ersatz anbieten – und nicht erst für den nächsten Tag versprechen, falls die Nacht ein voller Erfolg war. Dann hilft zum Beispiel ein neuer Kuschelbär beim Einschlafen ohne Nuckeln.

Das ist keine Bestechung, eher eine Belohnung für den Verzicht. Diese müssen die Kleinen aber gleich in die Hand bekommen und nicht erst am nächsten Morgen. Sonst ist die Belohnung viel zu weit weg, während der Abschied vom Schnuller doch schon am Abend so sehr schmerzt. Zusätzlich sollten die Eltern viel trösten und sich wenn nötig mit ans Bett setzen, bis die erste Zeit überstanden ist.

*Jetzt bloß nicht einknicken! Oder?*

In der Nacht weint das Kind hysterisch, schreit nach seinem Schnuller und schleudert den Ersatz-Tröster aus dem Bett, während die Eltern verzweifeln. Dürfen sie in dem Moment einknicken? Oder war dann alle Mühe vergebens? Ruhig bleiben und nichts dogmatisch sehen: Wenn es gar nicht geht, können alle ruhig einen Schritt zurück machen. Selbst wenn es im Alltag schon ohne Schnuller klappt, braucht das Kind ihn vielleicht mal wieder, um bei Fieber schlafen zu können. Kinder verstehen es, wenn man ihnen die Ausnahme erklärt. Dann ist es vielleicht in den nächsten Nächten ohne Schnuller etwas schwieriger, aber das gibt sich wieder. Und wenn es gar nicht klappt, ist das Kind vielleicht im nächsten Monat so weit. Und – großer Vorteil – will es dann auch selbst.

### Brenn, Schnulli, brenn!

Den Schnuller feierlich und final über Bord beziehungsweise in den Müll zu werfen, ist sehr hart für die Kleinen. Vielleicht mag das Kind ihn selbst in eine Schublade packen, so dass er zur Not wieder da wäre. Wenn gerade ein Baby in der Nachbarschaft geboren wurde, kann das Kind ihm den Schnuller schenken, schließlich ist es selbst schon groß und braucht ihn nicht mehr. Bei eigenen Geschwisterkindern ist aber davon abzuraten, das könnte die Eifersucht auf das Baby verstärken.

### Hilfe, die Schnullerfee!

Die Schnullerfee-Idee ist eigentlich nicht so schlecht, aber manche Kinder haben ein Problem mit ihr. Sie bringt zwar als Ersatz für den Schnuller ein Geschenk – aber immerhin schwebt da nachts eine fremde Gestalt durchs dunkle Zimmer, hin zu Kind und Schnuller. Manche können bei dieser Vorstellung erst recht nicht mehr einschlafen, und wer mag ihnen das verdenken? Dann holt sich die Fee den Schnuller besser vom Fensterbrett in der Küche ab.

> **!** Diese Tipps basieren auf dem Rat der Münchner Kinderärztin Dr. Ursula Keicher. Sie ist Autorin von medizinischen Werken (unter anderem des Bestsellers »Kinderkrankheiten«) und Kinderbüchern, darunter das Bilderbuch »Tschüss, mein kleiner Schnuller«.

# Hallo, hallo, schön, dass ihr da seid:
## Krabbelgruppen

Das sagt das Kind:
»Mein Spielzeug!«

Das sagen die Eltern:
*»Habt ihr schon mit der Beikost angefangen?«*

Das sagen die Eltern der anderen:
*»Also unser Kind empfindet das gemeinsame Spiel mit
Altersgenossen stets als große Bereicherung. Auch wenn es
mal laut wird.«*

Das sagen die Großeltern:
*»Mit Kindern am Boden herumzuhocken, die Zeit
hatten wir nicht.«*


Geh mit deiner Kleinen in eine Krabbelgruppe, hatte eine
Freundin geraten. Dies sei der beste Platz für Erfahrungsaus-
tausch und noch dazu ein Mittel gegen die Wohnungsdecken,
die vielen Müttern und manchen Vätern auf den Kopf zu fallen drohen – besonders im Winter. »Wer dann keine Krabbelgruppe hat«, sagte die Freundin mit düsterem Blick, »sitzt mit
seinem Einsiedlerkind frierend auf dem verschneiten Spielplatz. Allein.«

Außerdem könnten in einer Krabbelgruppe echte Freundschaften entstehen. Zwischen den Kindern? »Zwischen den
Erwachsenen.« Sie selbst, erklärte die Freundin, treffe sich mit
ihrem Schulkind noch immer mit der »Krabbeltruppe«, nun
zum Skifahren und nicht mehr zum Spielen. Über Kinder-
themen redeten sie dabei übrigens nur noch selten.

Also meldete sich die junge Mutter mit ihrer Tochter an. Sie habe Glück, sagte die Leiterin, sie habe den letzten Platz bekommen, nun sei die Gruppe voll. Als die Mutter das erste Mal den Krabbelraum betrat, hatte sie das ungute Gefühl, dass die Gruppe vielleicht sogar übervoll war. In dem Raum in Wohnzimmergröße saßen zehn Frauen auf dem Boden, um sie herum rollten und tapsten elf Kinder (eine hatte Zwillinge).

»Sucht euch einen Platz«, sagte die Leiterin, »wir fangen gleich mit dem Willkommenslied an.« Die Mutter suchte, ihre verunsicherte Tochter klammerte sich dabei an ihren Hals. In der Ecke war neben einem Spielzeugberg noch ein wenig Teppich zu sehen – leider direkt an der Heizung. Die Mutter setzte sich dennoch, die Tochter klammerte, beide schwitzten.

Nur eine Armlänge entfernt lag ein Spielzeug-Handy, es war unter die Puppenküche gerutscht. Die Mutter reichte es der Tochter, die begeistert auf die Knöpfe drückte. Solch lautstarkes Spielzeug gab es zu Hause nicht. Über das Piepsen, Tuten und Klingeln hinweg versuchte die Mutter, bei den Gesprächen ringsum mitzuhören. Sie drehten sich nur um ein einziges Thema: die Kinder. Genauer: Mit welchem Brei schläft dein Kind durch, wie lange hast du selbst heute Nacht geschlafen und kaufst du besondere Schuhe zum Laufenlernen?

Die Kinder beschäftigten sich währenddessen damit, die Puppenküche aus-, aber nicht wieder einzuräumen. Ein Junge spielte mit einem Polizeiauto, dessen kaputte Sirene der Kleine gekonnt durch die eigene Stimme ersetzte. Zwei Kinder hatten die Sicherheit des mütterlichen Schoßes noch nicht verlassen. Eines versuchte, aus einer achtlos abgestellten Kaffeetasse zu trinken, wurde aber noch vor dem ersten Schluck ertappt.

Die Mutter fühlte sich ein wenig überfordert. Da wandte sich die Frau neben ihr an sie: »Du bist neu, nicht wahr? Wie heißt denn deine Kleine? Und wie alt ist sie? Kann sie schon laufen? Ach, nein? Na, das kommt bestimmt bald. Mein Tom läuft schon seit einem Monat.« Wie schön für ihn, dachte die Mutter. Tatsächlich tapste Tom gerade entschlossen auf sie zu, ein wenig unsicher zwar. Aber nur, weil er über einen Teddy stolperte. Der Junge wollte nicht zu seiner Mutter. Sondern zu dem Spielzeug-Handy. Auf dem drückte noch immer die Tochter herum.

Das hielt Tom nicht ab. Er zerrte an dem Handy, die Tochter riss entrüstet am anderen Ende – diesen Schatz würde sie nicht ohne Widerstand aufgeben.

»Ach ja«, sagte die Sitznachbarin lächelnd, »das Handy wollen immer alle haben.« Als der Junge merkte, dass er so nicht weiterkam, packte er ein Büschel Haare. Die Tochter brüllte und ließ das Handy los. Ihre Mutter zog die Hand des Jungen in die andere Richtung und versuchte, seine verkrampften Finger aufzubiegen. Toms Mutter rief: »Tom, du sollst doch nicht an den Haaren ziehen.« Und machte nichts.

Tom ließ das Handy fallen und stimmte in das Gebrüll der Tochter ein. Ein paar Kinder heulten solidarisch mit, die Gespräche der Mütter verstummten. Ein Kind nutzte die Gelegenheit, krabbelte mit dem nun herrenlosen Handy hinter die Puppenküche und schob sich genüsslich die Ecke mit den Tasten in den Mund. Bei jeder Kaubewegung piepste es.

Die Mutter hatte es geschafft, alle fünf Finger von Toms Faust aufzubiegen. Ein paar blonde Haarsträhnen fielen zu Boden. Die Frau nahm den tobenden Sohn auf den Arm: »Wir setzen uns besser mal woanders hin.« »Willkommenskreis!«, rief die Gruppenleiterin.

»Hallo, hallo, schön, dass ihr da seid, hallo, hallo, wir freuen uns so sehr«, sangen fast alle Mütter. Tom brüllte dazu. Die Tochter schluchzte. Die Mutter war nun völlig durchgeschwitzt. Eine andere Mutter beugte sich zu ihr und flüsterte: »Das ist nur der erste Kulturschock. Nächstes Mal wird es besser.« Die Mutter nickte zweifelnd.

Ihre Tochter bewegte sich in dieser Stunde keinen Zentimeter von ihrem Schoß weg. In der Woche darauf sammelte sie das Spielzeug ein, das eine Armeslänge von der Mutter entfernt lag. Diese wusste nun, welcher als der beste Kinderarzt im Viertel galt – ihrer war es nicht. In der dritten Woche wagte sich ihre Tochter zur Puppenküche, behielt aber stets im Auge, wo Tom gerade war. Die Mutter diskutierte währenddessen das Für und Wider der fleischlosen Ernährung bei Kindern und erfuhr, dass die Turnstunde am Donnerstag unbedingt empfehlenswert sei, während die Dienstagsstunde von einer eher herrischen Trainerin geleitet werde.

Nach einem Monat sang auch die Mutter am Morgen, »Schön, dass ihr da seid«. Nur Tom und seine Mutter, die blickte sie bei dieser Zeile niemals an.

### Tipps für die Krabbelgruppe
*Ich bin nicht allein*
Zehn Mütter oder Väter sitzen mit mindestens zehn spielfreudigen Kindern in einem Gruppenraum, unterhalten sich oder singen mit den Kleinen. Das entspricht nicht bei allen Eltern der Vorstellung von einem angenehmen Vormittag. Wenn sie trotzdem hingehen, bieten sie ihren Kindern Kontakt zu Gleichaltrigen, was besonders für Einzelkinder wichtig ist. Allerdings hat sich der Zulauf zu den Krabbelgruppen in den vergangenen 20 Jahren extrem gewandelt. Früher boten die kirchlichen Träger jeden Vormittag und oft auch nachmittags Gruppen an, weil es so viele Interessenten gab. Heute sind aufgrund der veränderten Arbeitswelt viele Kinder in der Krippe, da haben Mütter und Väter kaum Zeit für eine zusätzliche Eltern-Kind-Gruppe.

## Wofür hat man denn Geschwister?

Schön, wenn das Jüngste kein Einzelkind ist. Aber selbst wenn nur ein Jahr zwischen den Geschwistern liegt, ist der Unterschied in der Entwicklung und den Interessen enorm. Natürlich beobachten Babys ihre Schwestern und Brüder gerne, sind aber noch nicht so schnell in ihrer Auffassungsgabe. Da sind die Älteren schon wieder weitergesaust, und das Kleine kommt mit dem Schauen nicht hinterher. In Gruppen für die ganz Kleinen hingegen (zum Beispiel bei Kursen des Prager Eltern-Kind-Programms PEKIP) ist es oft so, dass ein Baby etwas macht und alle anderen schauen wissbegierig zu. Oder lauschen einfach. Bei den Treffen lernen Babys viel dazu – und Eltern ebenfalls: Sie werden zum Beispiel dafür sensibilisiert, dass beim Wickeln auch Zeit für Streicheleinheiten oder ein »Zwiegespräch« mit dem Kind ist. Und den Eltern tut es gut, von anderen zu hören, dass sie nicht die Einzigen waren, die in der vergangenen Nacht fünf Mal aufstehen mussten. Diese Erfahrungen und Tipps können den hektischen Familienalltag durchaus bereichern.

## Kaffeekränzchen mit Kind

Baby- und Krabbelgruppen haben oft den Ruf, eher gesellige Kaffeerunden zu sein. Das kommt aber ganz auf die Gruppe an: Ist sie angeleitet oder nur ein zwangloser Treff? Außerdem ist es völlig legitim, das Kaffeetrinken zu genießen, während die Kinder den Raum erforschen. Schließlich dienen die Gruppen auch zum Austausch und zur Entspannung der Eltern – und das kommt wieder dem Kind zugute.

Bei angeleiteten Gruppen muss man ebenfalls keine Angst haben, dass es im allgemeinen Förderwahn eine Art »Lehrplan für Krabbelgruppen« gibt. Es geht eher darum, über den familiären Tellerrand hinauszuschauen und den Blick fürs

Kind zu schärfen: Was kann es schon, worauf haben es die Kinder neugierig gemacht? Dabei geht es nicht um eine Erwartungshaltung, was ein Kind in einem bestimmten Alter können muss, sondern um eine liebevolle Einstellung zum Kind. Und darum, ihm Möglichkeiten zu eröffnen.

### Ich komme wieder!

In einigen Städten und Gemeinden gibt es für Zweijährige die Möglichkeit, an mehreren Vormittagen in der Woche eine Spielgruppe als Vorbereitung auf den Kindergarten zu besuchen, ohne die Eltern. Für Kinder und auch die Eltern ist es ein großer Schritt, wenn ein Kind ohne sie in der Gruppe bleibt. In einer gut geführten Spielgruppe ist dieser Loslösungsprozess sachte gestaltet, auf keinen Fall nach dem Prinzip »rein und weg«. Gerade weil die Gruppe nicht täglich stattfindet, brauchen sensible Kinder länger für die Eingewöhnung. Und die Eltern sollten beim Loslassen ebenso begleitet und beraten werden.

### Üben für den Kindergarten

Eltern, deren Kind weder Spielgruppe noch Krippe besucht, wollen es ebenfalls für den Kindergarten stärken. Wer seinen Alltag mit Kind liebevoll gestaltet und auf seine Signale achtet, eine anregende Umgebung schafft, die es entdecken darf, und auch andere Familien mit Kindern trifft, tut bereits einiges für die Vorbereitung. Die wesentlichen Dinge passieren immer in der Familie – Krippe und Kindergarten sind die Ergänzung. Darüber hinaus kann man Angebote wie Turnen oder Schwimmen wahrnehmen, um das Selbstbewusstsein des Kindes zu stärken. Oder es bleibt mal kurze Zeit bei der Oma oder einer Freundin, während die Mutter weg ist – dann merkt es, dass sie ja wiederkommt. Das kann man mit Jüngeren sogar beim Versteckspiel üben: Sie sehen die Eltern nicht, aber wissen, sie sind noch da. Und tauchen wieder auf.

**!** Die Tipps basieren auf dem Rat der Sozialpädagogin Monika Hofmann. Sie leitete diverse Eltern-Kind-Gruppen und ist Ko-Autorin von »Treffpunkt Krabbelgruppe: Eine Ideenbörse für Eltern mit kleinen Kindern«.

## Willkommen daheim:
### Väterzeit

Das sagt das Kind:
»Aber die Mama hat gesagt ...«

Das sagt der Vater:
»Ich bin aber nicht die Mama.«

Das sagen die Eltern der anderen:
»Also mein Kind war so glücklich, Zeit mit
seinem Vater verbringen zu dürfen.«

Das sagen die Großeltern:
»Das schafft der nie allein.«

Die Elternzeit beginnt mit einem Missverständnis. Denn
Elternzeit heißt nicht: Zeit für Eltern. Schon gar nicht für-
einander. Für Väter ist die Elternzeit eine Zeit der Reife und
der Prüfung. Es gilt, eine tiefe Beziehung zum Kind aufzubau-
en oder, falls bereits vorhanden, sie zu stärken. Gut, vorher
müssen noch die Hecke geschnitten und der Dachboden
entrümpelt werden, und die Rechnungen von der Kranken-
versicherung türmen sich seit einem Dreivierteljahr. Nach
einem normalen Zehn-Stunden-Tag im Büro verzichtete der
liebende Vater bislang auf ein Feierabendbier mit Kollegen
und hetzte nach Hause, um den Kleinen noch einen flüch-
tigen Gute-Nacht-Kuss auf die süßen Bäckchen zu drücken.
Und um der von der täglichen Domptur ermatteten Partnerin
lebenserhaltende Nahrungsmittel zuzubereiten.

Dann konnte er, im guten Gewissen, den väterlichen
Pflichten einmal mehr im Rahmen der Möglichkeiten genügt

zu haben, neben ihr auf dem Sofa wegdämmern. Nun aber beginnt die Elternzeit. Und der moderne Vater, im Kreise anderer Kerle immer bereit, es mit einem Brontosaurus, einem wilden Bison oder, Teufelskerl, mit dem Beamer der Heimkinoanlage aufzunehmen, stellt sich mannhaft seiner Pflicht. Waschen, wickeln, föhnen (den Bauch, hilft gegen Krämpfe) – wir werden das Kind schon schaukeln.

Vor wenigen Jahren noch galt bereits als Mustervater, wer die Kinder samstags mit ins Fußballstadion nahm und ihnen dabei kein Bier zu trinken gab. Die Zeit ist vorbei. In Bayern etwa nimmt jeder dritte junge Vater Elternzeit, viele allerdings nur für zwei Monate. In diesen Wochen stürmen die neuen Väter wild entschlossen jeden Windelberg. Die Mama soll mal schön ein wenig an sich denken, man muss auch gönnen können, nicht wahr?

Nur die Kinder – ein Mädchen, vier Jahre, und ein Junge, zwölf Monate alt – zeigen wenig Einsicht. Sie rufen nach Mama. »Papa, ich hab' Hunger«, sagt die Große. »Was hättest du denn gern, mein Schatz?« – »Eis. Schoko-Eis.« – »Hach, mein Spatz. Als Nachtisch vielleicht. Aber erst gibt es was Vernünftiges.« – »Will nichts Vernünftiges.« – »Ich mach' euch … (an dieser Stelle blättert der noch sehr zuversichtliche Vater im Rezeptbuch unter »geht schnell und schmeckt Kindern!«) … ich mach' euch Schinkennudeln.« – »Aber die Mama macht uns immer Nudeln mit Butter und wahme Sahne.« – »Wahme Sahne?« – »Hmh. Viel wahme Sahne.« – »Ah, meinst du: Parmesan?« – »Hab' ich doch gesagt: wahme Sahne.« – »Parmesan ist aus. Ich mach' euch Schinkennudeln.«

Der Vater geht beschwingt ab in die Küche, sehr zufrieden ob seiner Konsequenz und argumentativen Überlegenheit. Der Einjährige brabbelt: »Am-am.« Wenig später stehen die Nudeln auf dem Tisch, dampfend und duftend. »So, mein

Schatz, iss schön. Guten Appetit.« – »Mag keine Schinken-nudeln.« – »Ach, Spätzchen: Der Papa hat die Nudeln ganz frisch gemacht. Mit viel Schinken.«

Die Vierjährige stochert lustlos in den Nudeln herum. »Schinken ist eklig.« – »Ich will nicht, dass du sagst, Essen ist eklig. Der Schinken ist gut. Also iss jetzt.« Der Einjährige kaut mit seinen dreieinhalb Zähnen begeistert auf einem Schin-kenwürfelchen herum, bis es schön schäumt, um es dann mit lautem »bah!« auf die Nudeln zu spucken. »Bei der Mama schmeckt's viel besser«, sagt die Vierjährige.

Ein wenig unsensibel, das Kind. – »Du isst jetzt, sonst gibt's nachher kein Eis.« – »Aber die Mama hat gesagt, dass ich nicht aufessen muss, wenn's mir nicht schmeckt.« *Aber die Mama hat gesagt:* Fünf Wörter, die einen Vater in die Enge treiben.

Entweder unterläuft er nun den von der Mutter aufgestell-ten Verhaltenskodex und schwingt sich für 60 Tage zum Des-poten auf (»Ja, aber jetzt bin ich da, und ich sage dir …«). Oder er beeinflusst den sich gerade ausbildenden Wertekanon des Kindes in einer Art, die er später noch bereuen wird (»Also gut, dann lass es stehen, ich mach' dir was anderes.«). Was bleibt ihm am Ende übrig, als zu kapitulieren, will er nicht den Familienfrieden aufs Spiel setzen?

Drei Kugeln Schoko-Eis später ist die Große draußen beim Spielen. Zeit für den Kleinen. Der Vater ist jetzt ganz bei sich und seiner Vorstellung von Vater-Sohn-Beziehung-Aufbauen, nur dieser durchdringende Geruch … »Sag' mal, hast du die Windel voll?« Der Kleine gluckst vor Vergnügen und gurgelt »A-a« – »Na komm, dann lass uns wickeln gehen.« Von einem Moment auf den anderen weicht das Lächeln aus dem Gesicht des Kindes, es beginnt erbärmlich zu schreien und zu strampeln, der Windelwechsel gerät zum Ringkampf griechisch-römisch. Nur unter Aufbietung aller Körperkräfte obsiegt der Vater, schwer keuchend, aber glücklich. Nennt mich Herkules! Die Augen des Einjährigen sagen: Nächstes Mal soll mich die Mama wickeln. Von draußen dringen herzzerreißende Schreie an das väterliche Ohr.

Die Große ist vom Laufrad gestürzt und hat sich das Knie aufgeschrammt. Der Vater stürzt mit dem notdürftig verpackten Knaben unterm Arm nach draußen, reißt die flennende Tochter an sich und fragt: »Soll ich pusten, dann tut's gleich nicht mehr weh?« – »Neiiin, die Maamaaaa soll puhusten!« – »Die Mama ist heute zum ersten Mal wieder bei der Arbeit.« – »Aber die Mama soll kommään!« In den Augen des Kleinen steht ein Vorwurf: Bei der Mama wäre das nicht passiert.

Am Abend, die Kinder haben überlebt, der Vater denkt nur noch an die Aufnahme lebenserhaltender Nahrungsmittel und einen schönen Dämmerschlaf, wartet die größte Hürde: »Papa, wer bringt uns eigentlich heute ins Bett?« – »Na, ich.« – »Aber du sollst uns nicht ins Bett bringen. Die Mama soll uns ins Bett bringen!« – »Aber die Mama ist nicht da, mein Schatz. Ich les' euch auch noch was vor. Was wollt ihr denn …?« – »Die Mamaahaha!«

Nach zwei ebenso entbehrungs- wie lehrreichen Monaten in Eltern- und Gehaltsteilzeit hat der nun staatlich anerkannte Vater eine leise Ahnung davon entwickelt, was das bedeuten könnte, den lieben langen Tag allein zu Hause mit den Kindern: Kinder können sehr lieb sein. Aber die Tage auch sehr lang.

Wenn das Schicksal es gut mit ihm meint, hat er die Beziehung zu seinen Kindern fürs Leben vertieft oder zumindest eine aufgebaut. Wenn das Schicksal knauserig war, wird er am ersten Tag nach der Elternzeit, wenn er ehrlich ist, eigentlich gar nicht so ungern für die nächsten acht bis zehn Stunden zur Arbeit fahren. Vielleicht auch zwölf. Auf den Fotos auf dem Schreibtisch sehen die Kinder ja auch lieb aus.

Am ersten Tag nach der Elternzeit, gegen Abend, ungefähr zur Schlafenszeit, klingelt im Büro das Telefon. Die Ehefrau ist dran, im Hintergrund leises Schluchzen: Die Kinder seien traurig. Sie sagen, der Papa soll sie ins Bett bringen.

Der Papa heult.

> **!** Diese Glosse stammt aus gegebenem Anlass nicht von Katja Schnitzler, sondern von ihrem Ehemann und Vater ihrer Kinder, Johannes Schnitzler, ebenfalls Journalist.

### Tipps für die Väterzeit

*Sicherheit hoch zwei*

Ist die Elternzeit für Väter nur Urlaub vom Beruf? Oder vor allem eine Entlastung für die Mütter? Was haben Kinder wirklich davon, wenn Väter in Elternzeit gehen? Einiges, denn die Kinder bekommen sozusagen ein zweites Standbein: Spätestens in der Väterzeit lernen die Kleinen, dass ihnen zwei kompetente Bezugspersonen zur Seite stehen, welche auch noch Abwechslung und verschiedene Sichtweisen bieten. Denn Mutter und Vater kümmern sich jeweils auf unterschiedliche Weise um die Bedürfnisse des Kindes. Die Erfahrung, dass beide Elternteile für das Kind da sind, schenkt ihm Sicherheit und (Selbst-)Vertrauen.

### Und was hat der Vater davon?

Spätestens in der Elternzeit erleben Väter, dass Haushalt und Kinderpflege sehr viel Zeit brauchen – und sie das auch hinkriegen. Die gemeinsamen Wochen und Monate, das Miteinander Tag für Tag, diese Zeit intensiviert die Beziehung zwischen Vater und Kind: Wenn Väter merken, dass sie ihren Kindern in allen Lagen Gutes tun können, macht das nicht nur stolz, es ist auch sehr verbindend. Und das langfristig.

## Genau das richtige Alter

Es ist ein Geschenk für alle, wenn Väter in den ersten sechs bis acht Wochen daheim sein können und nicht nur die Mutter unterstützen, sondern auch ihr Kind kennenlernen. Und der Beziehung zwischen Mutter und Vater tut es gut, wenn die Eltern diese Anfangszeit gemeinsam stemmen. Ist der eine da, wenn dem anderen die Kraft ausgeht, hat das partnerschaftlich einen immensen Wert – und das kommt ja wieder dem Kind zugute. Ein zweiter spannender Zeitpunkt für die Vätermonate ist nach den ersten sechs Monaten, dann stehen gewaltige Entwicklungsschritte an: Das Baby lernt sitzen, krabbeln und seine Umgebung ganz anders wahrzunehmen und zu entdecken. Väter füttern nach dem Stillen gerne die ersten Breimahlzeiten. Aber schon vorher, wenn die Mutter noch stillt, kann ein Vater zum Beispiel das Einschlafritual mit dem Kind übernehmen. Das schließt eine ganz andere Verbindung, als wenn der Vater in den ersten Monaten das Feld allein der Mutter überlässt.

## Alles anders, dennoch gut

Während sich manche Mütter über Hilfe und Entlastung freuen, fällt es anderen eher schwer, die Verantwortung an den Vater abzugeben. Sie schauen ihm kritisch über die Schulter und korrigieren ihn mit wohlmeinenden Hinweisen – Männer würden es wohl mindestens besserwisserisch, eher aber nörgelig nennen. Wie oft mag sich das ein Vater anhören, bis er sagt, dann mach es doch selbst? Wenn Väter ihre eigene Art haben, mit dem Kind umzugehen, muss das nicht falsch sein. Es ist anders, aber trotzdem gut – und für das Kind eine bereichernde Erfahrung. Also sollten Mütter sich auf die Zunge beißen und Väter und Kinder einfach mal probieren lassen. Natürlich werden und müssen Väter nicht gleich alles wissen oder sofort können. Sie sollten aber von der Mutter nicht ein Rundum-sorglos-ich-mach-das-schon-Paket für die Elternzeit geschnürt bekommen, sondern ihre eigenen Erfahrungen machen dürfen.

### Nicht du, Papa!

Der Vater ist enthusiastisch, das Kind leider nicht. Mancher Nachwuchs ist wenig begeistert, wenn statt der Mutter plötzlich der Vater füttern, wickeln und trösten will. Diese Ablehnung schmerzt natürlich. Doch Väter sollten ihre eigene Ungeduld zügeln und der (vielleicht ja zunächst verständlichen) Skepsis des Kindes mit liebevoller Hartnäckigkeit begegnen. Das Kind braucht Zeit, der Vater ebenfalls. Wer das abmildern will, sollte schon vor der Väterzeit kleine verbindliche Beziehungsrituale in den Alltag einbauen. Zum Beispiel eine feste Zeit am Samstagvormittag, die nur Vater und Kind gehört.

### Kostbare zwei Monate

Immer mehr Väter gönnen sich und dem Kind mehr als zwei Monate Auszeit. Doch auch acht Wochen sind wertvoll. In dieser Zeit gewinnen Väter mehr Verständnis für den Charakter ihres Kindes, sie erleben Höhen und Tiefen gemeinsam – das verbindet. Nun wissen Väter eher, welches das Lieblingskuscheltier ist, und bei Älteren, wie deren wichtigsten Freunde heißen. Auf die Erfahrungen dieser Zeit können sie immer wieder zurückgreifen und mit gezielten Nachfragen weiterhin Interesse am Alltag ihres Kindes zeigen. Und hat das Baby bereits Geschwister, profitieren diese von der Väterzeit genauso.

### Hin und weg?

Nun ist die Elternzeit schneller vergangen als gedacht. Väter, die unter der Woche kaum zu Hause sind, stehen vor der Aufgabe, dennoch ein gutes Verhältnis zu ihren Kindern zu bewahren: Wie soll es jetzt weitergehen und was ist möglich? Wo kann ich trotz Job weiterhin Verantwortung übernehmen und meinem Kind nah bleiben? Welches Ritual bleibt oder wird neu erfunden? Gehe ich einmal in der Woche mit ihm schwimmen und bringe es morgens in die Krippe? Von Anfang an sollten sich Väter genau überlegen, welche Rolle sie spielen wollen in Beruf, Freizeit und Familie. Die Arbeit wird oft zum Automatismus, die Alltagsstruktur als gegeben hingenommen. Daher sollten sich beide Eltern etwa halbjährlich zusammensetzen und besprechen, ob sie mit dem jetzigen Zustand zufrieden sind und was sie sich voneinander wünschen. Und wie sie sich wechselseitig den Rücken freihalten können, wenn die Mutter wieder arbeitet. Das auszuhandeln und zu ritualisieren ist wichtig, damit die Beziehung zum Kind nicht auf der Strecke bleibt – und die Partnerschaft auch nicht.

### Mehr als nur Mutter und Vater

Um auch die Paar-Beziehung zu stärken, müssen nicht nur eingefahrene Strukturen immer wieder in Frage gestellt werden. Eltern sollten von Anfang an Paarrituale in kurzen Zeitabständen fest einplanen. Da ist ein guter Babysitter sein Geld, ja Gold wert. Denn Zeit für den Partner und für offene Gespräche fern von Alltagsdingen ist das beste Mittel gegen Unzufriedenheit und Streit. Es sollte nicht einer der beiden aus allen Wolken fallen, wenn er erfährt, dass der andere schon seit Jahren das Gefühl hat, ständig zu kurz zu kommen.

### Sie können doch nicht einfach gehen!

Manche Arbeitgeber wollen nicht, dass Väter mehr als zwei Monate Zeit in ihre Familie investieren. Da gibt es nach wie vor Mitarbeiter, die sich kritische Fragen gefallen lassen müssen: Wie sollen wir das ohne Sie schaffen? Also sollte man sich selbst um diesen Punkt vorher schon Gedanken machen und eventuell auch anbieten, zumindest stundenweise doch im Betrieb weiterzuarbeiten. Auf jeden Fall sollten die Väter in Kontakt mit dem Team bleiben, das ihre Auszeit durch Mehrarbeit auffängt. Und sich ruhig bedanken, dass es diese Zeit ermöglicht.

### Wenn nicht Elternzeit – was dann?

Väter, die nicht in Elternzeit gehen können, werden für die Entscheidung gute Gründe haben, die man respektieren sollte. Möglicherweise wissen sie aber nicht genau, was ihnen entgeht, denn gerade Kleinkinder machen so rasante Wachstumsschritte, die es einfach wert sind, sie mitzuerleben. Das ist ein unglaubliches Geschenk. Mit der Elternzeit entsteht oft eine sehr hohe emotionale Qualität zwischen Kind und Vater. Es ist wunderbar, gemeinsam mit seinem Kind die Welt neu zu entdecken. Und diese Verbindung übersteht sogar die Pubertät. Wer diesen Schritt noch nicht gehen kann, für den stellt sich die Frage, welcher Termin für das Kind im Kalender freigehalten werden kann. Letztlich sind Kinder schneller aus dem Haus, als sich das Eltern bewusst machen. Da sollte man jede Chance nutzen, intensive(r) Zeit mit der Tochter oder dem Sohn zu verbringen.

**!** Die Tipps basieren auf dem Rat des Diplom-Pädagogen
Ansgar Röhrbein. Er ist unter anderem Autor des Buches
»Mit Lust und Liebe Vater sein: Gestalte die Rolle deines
Lebens«.

Elternzeit in Deutschland: In den ersten drei Lebensjahren
eines Kindes haben Väter und Mütter Anspruch auf Elternzeit, aber nur für 14 Monate gibt es Elterngeld. Ob sich mehr
die Mutter oder mehr der Vater oder beide gemeinsam um
das Kind kümmern, bleibt ihnen überlassen. Das dritte Jahr
der Elternzeit kann übrigens aufgespart werden und muss
erst bis zum achten Lebensjahr des Kindes genommen
werden.

## Verbot, welches Verbot?

### Grenzen setzen (oder die geheimen zehn Regeln des Regelverstoßes)

Das sagt das Kind:
»Ich kann machen, was ich will!«

Das sagen die Eltern:
»Ich zähle jetzt bis drei.«

Das sagen die Eltern der anderen:
»Also unserem Kind muss ich ein Verbot nur einmal sagen, und es hält sich immer daran.«

Das sagen die Großeltern:
»Wann wolltet ihr eurem Kind eigentlich mal Manieren beibringen?«

Es gibt eine Phase, in der Kinder austesten, wie weit sie Regeln ignorieren und überschreiten können. Die Phase lässt sich in drei Abschnitte einteilen: Kleinkind, Schulkind, Jugendlicher. Dann ist das Kind volljährig und kann sich seine eigenen Grenzen setzen. Die Abschnitte unterscheiden sich durch die Eloquenz bei den Ausreden und dadurch, dass sich die Kinder bei späteren Regelverstößen nicht mehr so leicht erwischen lassen. Wobei es immer noch Teenager geben soll, die nicht bedenken, dass sich Alkohol und Zigarettenrauch auch Stunden später noch erschnuppern lassen.

Doch eigentlich soll der Nachwuchs das Einhalten von Regeln schon im ersten Teil dieser langen Phase erlernen: im Kleinkindalter. Leider haben Zwei- bis Dreijährige nicht immer die Absicht, Grenzen zu respektieren – jedenfalls nicht, solange diese ihrem freien Willen entgegenstehen. Zum Beispiel dem Willen, ihrem Spielnachbarn erst die Sandschaufel zu stehlen und sie ihm, sollte er etwas dagegen haben, kräftig über den Kopf zu ziehen. Ob daheim, im Supermarkt, auf dem Spielplatz, beim Spaziergang oder in der Nähe von übelriechenden Misthaufen, die nur in den Augen von Kindern wie ideale Spielstätten aussehen: Wer Kinder in diesem Alter beobachtet, stellt bald fest, dass alle den zehn ungeschriebenen Gesetzen des Regelverstoßes folgen.

### 1. Überhöre die Regel

»Lass die Schaufel liegen, die gehört dir nicht!« Von weitem dringt die Stimme der Mutter nur bis an den Rand des kindlichen Bewusstseins vor. War da was? Oder war es nur der Wind? Es muss der Wind gewesen sein. Zurück zum Wesentlichen: der Schaufel.

### 2. Mach es gleich noch mal, das scheint interessant zu sein

Also diese Schaufel, in einem wunderbaren Rot gehalten, muss ja etwas ganz Besonderes sein, wenn dieser Junge nach der von der Mutter erzwungenen Rückgabe so eifrig damit gräbt. Mit dieser Schaufel, und nur damit kann man bestimmt die tiefsten Löcher buddeln. Und ist es nicht ungerecht, dass dieser fremde Junge allein damit spielen kann? Her mit der Schaufel!

### 3. Gib dich kooperativ

Die Mutter hat ihren Beobachtungsposten am Spielplatzrand verlassen, um ihrem Sprössling die rote Schaufel abermals aus der Hand zu winden. Er bockt, sie droht mit sofortigem Verlassen des Platzes. Er gibt sich einsichtig und kratzt lustlos mit seiner eigenen grünen Schaufel im Sand herum. Die Mutter geht zurück auf ihren Posten.

### 4. Teste die Grenzen

Das Kind schaut sich vorsichtig um und stellt fest: Es steht unter Beobachtung. Also scharrt es weiter mit der grünen Schaufel im Sand und rutscht unauffällig näher an den Sandkastennachbarn heran. Der hat das rote Prachtstück neben sich abgelegt. Das ist so gut wie eine Einladung. Das Kind schnappt sich die rote Schaufel, dreht dem Spielnachbarn und der Mutter den Rücken zu und fängt wie wild an zu schaufeln. Das größte, schönste Loch aller Zeiten muss gebuddelt sein, bis Mutter wieder die Schaufel aus der Hand windet!

### 5. Lass dich nicht erwischen

Noch besser ist es, gar nicht auf frischer Tat ertappt zu werden: Profis halten den Buddel-Drang zurück und verziehen sich hinter einen Sichtschutz, etwa das Spielhäuschen, zur Not tut es auch die Rutsche. So verliert der Schaufel-Eigentümer viel Zeit mit Suchen, bevor ihm bewusst wird, dass nicht er das gute Stück vergraben, sondern der Dieb wieder zugeschlagen hat.

### 6. Erwischt? Streite alles ab

Die Mutter stellt ihr Kind hinter dem Spielhäuschen zur Rede. »Jetzt hast du wieder die Schaufel weggenommen. Ich hatte dir doch gesagt, die gehört dir nicht! Sie gehört dem anderen Jungen!« Ihr Kind setzt eine unschuldige Miene auf. Dass es die rote Schaufel in der Hand hält, ist schließlich noch lange kein Beweis. »Ich habe sie nicht genommen.« »Aber du hältst sie doch in der Hand!« »Das ist meine.« »Aber deine ist grün und liegt da vorne.« »Das ist nicht meine. Die hier ist meine.« Könner auf diesem Gebiet brauchen nur drei Minuten, um Eltern an sich selbst und der Realität zweifeln zu lassen.

### 7. Schick jemand anderen vor

Nun ist klar: Das Kind kann keinen unbeobachteten Moment nutzen, denn es gibt keinen mehr. Die Mutter verfolgt jede Bewegung und hat ihren diebischen Nachwuchs außerdem ans andere Ende des Sandkastens verbannt. Was sie nicht bedacht hat: Dort spielt das Nachbarskind. Dieses ist völlig unverdächtig – und hilfsbereit: Gerne holt es seinem Freund die rote Schaufel, die er dort drüben vergessen hat.

### 8. Verwende die Strafe gegen die Eltern

Die Mutter hat ihre Drohung wahrgemacht, jegliches Sandspielzeug – bis auf die rote Schaufel – eingepackt und samt Kind nach Hause geschleppt. Sie hätte den sonnigen Nachmittag gerne noch draußen verbracht, »aber nicht so, so nicht!«. Dabei wird es drinnen nicht besser. Das Kind verfolgt sie überall hin (»Mir ist langweilig. Ich habe Hunger. Ich habe Durst. Spielst du mit mir? Ich will aber nicht allein spielen. Mir ist langweilig.«). Die Mutter ist kurz davor, zum Spielplatz zurückzukehren. Allein.

### 9. Schmeichle dich wieder ein

Ein wenig zu weit gegangen? Die Mutter knurrt die Antworten nur noch und kümmert sich gar nicht mehr um das dauernde Quengeln? Dann wird es Zeit für den Vier-Stufen-Plan des kindlichen Charmes: Anschmiegen an das Bein (die Mutter entspannt sich etwas), Aufblicken zur Mutter und treuherziges Augenklimpern, aber nicht übertreiben (die Mutter wendet sich dem Kind etwas mehr zu), ein zaghaftes Lächeln (die Mundwinkel der Mutter heben sich zwar kaum sichtbar, aber immerhin) und dann das i-Tüpfelchen, ein gehauchtes »Meine Mama!«.

### 10. *Probiere es noch einmal*

Beim nächsten Spielplatzbesuch hält das Kind gleich Ausschau nach dem Jungen mit der roten Schaufel. Wäre doch gelacht, wenn es sie diesmal nicht bekommt. Und die Erwachsenen, die haben den Diebstahl vom letzten Mal doch sowieso schon wieder vergessen. Die können sich doch eh nichts merken.

#### Tipps für Regelsetzer und Grenzenzieher
### *Tu dies nicht, mach das nicht!*

Nimm anderen nichts weg, schließe niemanden vom Spiel aus, Großzügigkeit zahlt sich aus: Eltern setzen Grenzen und stellen Regeln für das Miteinander nicht nur in der Familie auf. Doch viele lassen dabei einen wichtigen Schritt aus oder nehmen sich nicht genug Zeit dafür: Mütter und Väter müssen erst einmal darüber nachdenken, welche Werte und Regeln ihnen für ihre Kinder wirklich wichtig sind. Was wollen sie überhaupt vermitteln?

Sie können sich überlegen, was ihnen an ihrer eigenen Erziehung gut gefallen hat – und was sie auf keinen Fall von ihren Eltern übernehmen wollen. Eine gute Richtschnur ist es, zum einen die Bedürfnisse der Kinder zu befriedigen und andererseits zu berücksichtigen, dass nicht alles für sie gut ist, was sie selbst wollen. Da fangen die Regeln an. Kinder lernen so erst, was ihnen schadet, und dass sie auf die Bedürfnisse anderer Rücksicht nehmen müssen.

### *Hohe Kunst der Erziehung*

Für diese Kunst brauchen Eltern zweierlei: gesunden Menschenverstand und Einfühlungsvermögen. Dann ist vieles schnell klar: Kinder würden natürlich gerne fünf Stunden am Tag vor dem Fernseher oder Computer hocken, mehr Süßigkeiten essen, überhaupt entscheiden, wann sie was essen und wann sie ins Bett gehen. Dass das nicht gut für sie ist, leuchtet wohl jedem ein – nur dem Kind nicht.

### Ich geb's auf ...

Die Regel ist klar, nur bei der Durchsetzung hapert es. Das liegt mitunter daran, dass in vielen Familien nur auf die jeweilige Situation reagiert wird. Idealerweise sollten Eltern aber grundsätzlich überlegen, welchen Rahmen sie setzen wollen. Dieser gilt dann immer und ist nicht von der erzieherischen Tagesform der Eltern abhängig: Etwa dass nur am Tisch gegessen wird und das Kind nicht mit dem Brot in der Hand im Wohnzimmer herumrennt. Es ist hilfreich, diese Grundregeln zu ritualisieren. Sonst kostet es immens viel Kraft, sie jedes Mal aufs Neue auszuhandeln: Jetzt bleibst du aber sitzen! Der beliebteste Elternfehler ist das genervte Nachgeben. Und im Grunde wissen Mütter und Väter das auch.

### Endlich eine klare Linie

Welche Regeln gibt es bei Ihnen zu Hause? ...

Na, schon eine eingefallen? Nein? ...

Und jetzt?

Damit sind Sie nicht allein, viele Mütter und Väter müssen erst einmal länger sinnieren, bis sie auf nur eine einzige Regel kommen. Eltern sollten sich gemeinsam Gedanken darüber machen, was ihnen im Zusammenleben wichtig ist. Und ruhig auch andere fragen: Wie geht ihr mit dieser und jener Situation um? Man darf sich durchaus inspirieren lassen. Schließlich sind Eltern immer wieder damit konfrontiert, dass das Kind tun möchte, was es nicht machen soll. Oder wiederum etwas machen soll, was es aber nicht will.

*Ich hab doch gesagt, du sollst nicht ...*
Viele klagen, dass die Kinder ihnen nicht zuhören und sie nicht respektieren. Dabei liegt das an der Art, wie sie mit ihnen reden. Der häufigste Fehler ist es, dem Kind Vorwürfe zu machen: »Du naschst schon wieder!« Oder Warum-Fragen zu stellen: »Warum musst du wieder Süßes essen?« Dieses Meckern geht zum einen Ohr rein, zum anderen wieder raus. Eltern sollten nicht bitten und betteln, damit machen sie sich klein. Dabei sind sie es doch, die ihr Kind anleiten sollen.

Weitverbreitet sind Ankündigungen, die nicht umgesetzt werden (können): »Dann bekommst du eben nie mehr Süßigkeiten! Nie mehr!« Zudem lassen viele Eltern auf unerfüllte Forderungen keine Konsequenzen folgen – das können Kinder natürlich nicht ernst nehmen. Wenn sich Mütter und Väter dann hilflos fühlen, schimpfen sie, drohen oder strafen, im schlimmsten Fall bis hin zu körperlicher Gewalt.

### Vorausschauend erziehen
Damit das alles nicht passiert, sollten Eltern Situationen vorausdenken. Ein Kind kann immer sagen: »Nein, das mache ich nicht.« Dann sollten Eltern wissen, wie sie reagieren wollen: am besten Klartext reden, ohne lange zu diskutieren. Das vorwurfsvoll-nörgelige »Du hast wieder nicht aufgeräumt« wird ersetzt von einem bestimmten, aber freundlichen »Bitte räume die Legosteine in diese Kiste.« Wenn Eltern dabei auf Augenhöhe mit dem Kind gehen, merkt es, dass sie es ernst meinen und Überhören diesmal nicht drin ist. Will es dennoch nicht, wiederholen Eltern die Aufforderung bis zu drei Mal – ohne sich auf Diskussionen einzulassen. Diese führen in vielen Familien dazu, dass Eltern genervt nachgeben. Wenn sich das Kind dann immer noch weigert, muss eine logische Folge kommen – aber mit Ankündigung: »Wenn du es nicht

wegräumst, mach ich es. Aber dann stelle ich die Legokiste in dieser Woche auf den Schrank.« Danach bekommt das Kind die nächste Chance, sich an die Regel zu halten.

### Logisch, oder?

Konsequente Eltern haben es leichter im Familienleben. Aber welche Folgen sind sinnvoll und logisch? Nachvollziehbar ist, wenn dem Kind das Streitobjekt eine Zeitlang entzogen wird: Ist das Kind verbotene Wege mit dem Fahrrad gefahren, wird das Rad weggesperrt – und nicht der Nachtisch für die nächsten Tage gestrichen. Hat es heimlich ferngesehen, fällt das Kinderprogramm aus. Schlägt es trotz Warnung weiter mit einem Stock um sich, wird der erst mal konfisziert.

### Er hat mich gehauen!

Bei aggressivem Verhalten und bei sehr impulsiven, willensstarken Kindern wirkt bei andauernden Regelverstößen meist eine Auszeit. Bei kleineren reicht es schon, dass sie kurz auf einem Stuhl sitzen müssen, in Sichtweite der Mutter. Ältere können aufs Zimmer und sich dort austoben, herumschreien dürfen sie dann auch. In Minuten soll die Auszeit aber nicht länger dauern, als ein Kind alt ist. In diesen Abständen sollten die Eltern nachfragen: »Ist alles wieder gut oder mache ich die Tür wieder zu?« Das Kind weiß dann, es entscheidet selbst mit seinem Verhalten, wann die Auszeit endet.

Und es muss vorher die Regeln kennen, wann mit einer Auszeit zu rechnen ist: Zum Beispiel wenn ein Kind schlägt, beißt, tritt oder kratzt. Hat es sich beruhigt, sollten die Eltern es wieder mit offenen Armen empfangen und nicht weitermeckern. Und ganz bewusst darauf achten, ob sich das Kind nun gut verhält. Wenn ja, loben Sie los, gerne schon nach 30 Sekunden.

### Das hast du aber gut gemacht

Kinder im guten Verhalten zu bestärken, bringt unglaublich viel. Überhaupt ist das eine ganz wichtige Voraussetzung, dass Regeln befolgt werden: Kinder müssen immer wieder für ihre guten Seiten gelobt und mit ihren Schwächen und Fehlern angenommen werden. Regeln durchzusetzen macht nur die eine Hälfte aus. Die andere ist, auf das Gute zu achten.

Nur geht das im Alltag leider oft unter. Fehlverhalten wird sofort bemerkt, braves Spielen hingegen nicht. Das birgt die Gefahr, dass ein Kampf um Aufmerksamkeit entbrennt. Das Kind merkt, dass es beachtet wird, wenn es über die Stränge schlägt. Und die Eltern sind genervt und geben diesem Kind immer weniger spontane Zuwendung. Also verhält sich das Kind bewusst falsch, um wieder Aufmerksamkeit zu bekommen. Ein Teufelskreis, den nur die Eltern durchbrechen können. Beispielsweise indem sie dann und wann sagen: »Ihr spielt so schön miteinander, da schaue ich richtig gerne zu.«

### Zeit für dich

Mütter und Väter sollten bewusst einmal am Tag Zeit einplanen, um bewusst Zuwendung zu schenken. Das können auch nur zehn Minuten sein, wenn man mehrere Kinder hat und sehr beschäftigt ist. Das Kind darf bestimmen, was es in dieser Zeit machen möchte – das verstehen schon die Kleinsten. Und Eltern fällt es in diesem begrenzten Spielzeitraum leichter, ihrem Kind zu vermitteln, wie froh sie sind, es zu haben. Das können sie natürlich direkt sagen, aber auch über Körpersprache weitergeben: in den Arm nehmen, streicheln, kuscheln. Das zeigt dem Kind, dass es geliebt wird. Diese Zeit müssen wir uns nehmen, gerade bei Kindern, die schwieriger sind. Werden Kinder angenommen, wie sie sind, wirkt sich das positiv auf ihr ganzes Erwachsenenleben aus. Wenn nicht, kann ihnen das ein Leben lang Probleme machen. Durch die bewusste Zuwendung wird das Zusammenleben für alle leichter: Auch die Eltern fühlen sich sicherer und gerechter. Und verlieren in schwierigen Situationen seltener die Kontrolle.

### Ausnahmen von der Regel

Nun haben die Eltern den Rahmen für die Familie vermittelt, alles läuft gut. Da ist eine Ausnahme kein Problem, auch nicht, wenn bei den Großeltern andere Regeln gelten. Allerdings darf auf eine Ausnahme nicht die zweite oder dritte folgen. Lockern Eltern eine Regel, kann es gut laufen. Wenn nicht, sollten Eltern das wieder zurücknehmen.

### Einmal die Regel, immer die Regel?

Welche Regel passt zu meinem Kind in welchem Alter? Das müssen Eltern sehr individuell entscheiden. Wenn ein Zehnjähriger an der Straße nie auf den Verkehr achtet, kann er im Gegensatz zu Gleichaltrigen eben noch nicht allein zum Bäcker radeln. Auf jeden Fall muss die Sicherheit des Kindes gewährleistet sein, es muss die Bedürfnisse anderer achten und Gewalt ist nicht akzeptabel. Ansonsten sollten Eltern ihre Kinder möglichst selbständig sein lassen. Es hat keinen Sinn, einen Dreijährigen zu füttern oder einem Sechsjährigen die Hausaufgaben abzunehmen. Kinder sollen tun dürfen und erledigen müssen, was sie schon können. Auch wenn sie keine Lust auf kleine Aufgaben im Haushalt haben, sind sie am Ende doch stolz darauf, die Spülmaschine alleine ausgeräumt zu haben. Eltern dürfen ihren Kindern ruhig ein wenig mehr zutrauen.

**!** Diese Tipps basieren auf dem Rat der Diplom-Psychologin
Annette Kast-Zahn, die seit 1991 eine Praxis für Verhaltens-
therapie führt. Sie verfasste unter anderem die Elternrat-
geber »Jedes Kind kann Regeln lernen« und »Jedes Kind
kann schlafen lernen« (zusammen mit H. Morgenroth).

# Ein Drama, Baby:
## Kindergeburtstag

Das sagt das Kind:
»Dies wird der schönste Tag in meinem ganzen Leben!«

Das sagen die Eltern:
»Bestimmt weint es wieder, weil es sich den schönsten Tag
in seinem Leben anders vorgestellt hat.«

Das sagen die Eltern der anderen:
»Also mein Kind kann ruhig die Sau rauslassen.
Die Feier findet ja nicht bei uns statt.«

Das sagen die Großeltern:
»Geschenketüten für die Gäste? Ich dachte,
euer Kind hat Geburtstag?«

Es gibt einen Tag im Jahr, den alle Eltern fürchten. Sie werden
nervöser, je näher er rückt. Und sind erleichtert, wenn er vorbei ist. Doch wer diesen Tag überstanden hat, weiß, in einem
Jahr kommt er wieder: der Kindergeburtstag. Eines der großen Abenteuer im Familienleben, von den Kindern ersehnt,
von den Erwachsenen zu Recht gefürchtet. Die Feier wäre
kein Problem, wenn die Gäste nicht wären. Und das eigene
Geburtstagskind noch dazu.

Dieses plant schon lange, gerne ein Jahr im Voraus, wer
zum großen Fest kommen darf. Je nach momentaner Beliebt-
heit wird hinzugefügt und bei Streit wieder von der Gästeliste
gestrichen, manchmal auch spontan und ohne Rücksprache
eingeladen. Sogar der freundliche Obdachlose würde kommen, wäre die Wegbeschreibung des Kindes nicht etwas vage.

Diese Gästeliste bereitet den Eltern schlafarme Nächte, stöhnend wälzen sie sich im Bett und rufen: »Nein, nicht die ganze Klasse und die Fußballmannschaft noch dazu!« Aus dem Kinderzimmer antwortet es gespenstisch: »Vergesst nicht die zehn Nachbarskinder ...«

Der Vater albträumt von Fußbällen inmitten von Spiegel-, Gläser- und Fernseherscherben. Die Mutter hat Visionen von Nähten der Ledercouch, die unter den Sprüngen von zwanzig Trampolinspringern platzen. Nur Nervenstarke halten nach dem Aufwachen an dem Plan fest, den Kindergeburtstag in der eigenen Wohnung zu feiern.

Wenn die tatsächliche, aber immer noch raumsprengende Gästezahl in harten Verhandlungen bestimmt wurde (»Du mochtest Luis doch nie, der schlägt dich doch?«, »Aber er sagt, dass er mich nicht mehr so oft haut, weil er jetzt mein Freund ist.«), machen sich die Eltern an die Planung, schließlich ist es schon in zwei Monaten so weit. Das baldige Geburtstagskind ist währenddessen damit beschäftigt, die Feier mit Erwartungen zu überfrachten. Außer es ist dafür noch zu klein.

Übereifrige Eltern (von Einzelkindern) laden schon beim allerersten Geburtstag andere Kleinstkinder aus der Krabbelgruppe zur allerersten Kinderfeier ein. Süß! Oder?

Leider ist das Kleinkind überfordert, die krabbelnden und sabbernden Gäste auch. Geschenke, mit denen die Eltern aufdringlich vor dem Gesicht wedeln, wischt der Ein-Jahres-Zwerg knurrend beiseite und beißt lieber die fünfzig Luftballons kaputt, die den Wohnzimmerboden bedecken. Beim dritten Knallen heulen die Krabbelgruppen-Gäste und flüchten in den Schoß der jeweiligen Mutter. Es ist lauter als gedacht, und das den ganzen Nachmittag.

Also den ersten Kindergeburtstag frühestens im Kindergartenalter zelebrieren? Auch da kann es Eltern passieren, dass ihre Dreijährige angesichts der hereinstürmenden Gästeschar beschließt, dass sie ihren Geburtstag doch nicht feiernswert findet: »Ich gehe jetzt ins Bett!« Die Kinderzimmertür knallt zu, sechs Dreijährige schauen fragend die Mutter an, die schaut fragend den Vater an, der schaut fragend die geschlossene Zimmertür an.

Doch Kinder sind offen für neue Erfahrungen und lernen schnell: Geburtstagsfeiern machen doch Spaß. Den Eltern, wenn sie bei anderen stattfinden. Den Kindern, wenn sie woanders stattfinden und sie sich darauf freuen, genau so etwas auch daheim zu erleben.

Außerdem schleppen sie einen Kilo-Sack Süßigkeiten mit nach Hause, der das Einhalten der strengen Naschregeln in den kommenden drei Wochen erschwert. Spätestens vor dem vierten Geburtstag verlangt der Nachwuchs vehement nach einer eigenen rauschenden Party, mit den Eltern als Animateuren, Kellnern, Tröstern, Aufpassern, Streitschlichtern und Dompteuren.

Also pädagogisch wertvoll feiern. Dazu gehört das erste Spiel gleich nach der Ankunft, um fremdelnde Gäste in Stimmung zu bringen.

Leider fremdelt nur ein Kind, der Rest der Horde ist überdreht, will gleich Kuchen essen, zwei setzen sich Richtung Kinderzimmer ab. Ein Junge hat den Saftbecher umgestoßen, der landet auf dem Boden. Weil der Junge zuvor den Deckel heruntergerissen hatte, der den Saft im Becher halten sollte, breitet sich eine klebrige Pfütze aus. Unfälle ziehen Gaffer an, ein Gaffer steht in der Pfütze. Während die Mutter trockene Socken für den Pfützen-Gaffer sucht und der Vater die Pfütze aufwischt, müssen die ersten drei auf die Toilette. Dringend. Alle gleichzeitig.

Das Geburtstagskind schmollt, es fühlt sich zu wenig beachtet und hat sich das alles ganz anders vorgestellt. Der Fremdler fremdelt weiter, und die Eltern fühlen sich ebenfalls wie im falschen Film. Auch sie hatten sich alles ganz anders vorgestellt. Fünf Minuten sind überstanden.

Schnell ein Spiel, aber wer fängt an? »Du darfst nicht zulassen, dass dir jemand die Führungsrolle abnimmt, sonst endet alles im Chaos«, denkt die Mutter und sagt: »Ich bestimme, wer anfängt.« Nein, sagt der Nachwuchs, er bestimme, er habe Geburtstag! »Ja«, echot die Feiergemeinde, »so ist es, er bestimmt, er hat Geburtstag! Er ist der Bestimmer! Er darf alles bestimmen!« Das Kind bestimmt. Acht Minuten sind überstanden.

Es folgte noch eine Schnitzeljagd (ein Kind weint, weil es als einziges nie einen Hinweis fand), Topfschlagen (getroffen wurden die Bodenvase, drei große Zehen und das Schienbein des Vaters), Essenschlacht (war eigentlich als Programmpunkt »gesittetes Kuchen verzehren« eingeplant), Tiere raten (»Nein, ein Tyrannosaurus Rex wird auch erkannt, wenn er sich nicht in die Beine der anderen verbeißt!«). Die Stimmung war heiter, kaum wolkig.

Selbst die Eltern wurden gelassener, vielleicht war es auch Fatalismus. Die gute Nachricht: Es geht vorbei – solange Sie daran gedacht haben, eine Abholzeit auf die Einladungskarte zu schreiben.

Die schlechte Nachricht: Es war nicht das letzte Mal.

## Tipps für den Kindergeburtstag
### Es wird so schön, es wird so toll
Kindergeburtstage sind eine Steilvorlage für Enttäuschungen. Die Erwartungen sind riesig: bei den Kindern – aber auch bei den Eltern, die die Bilder ihrer eigenen Kindergeburtstage im Kopf haben. Die Party soll perfekt sein, doch irgendwann

läuft ausgerechnet das Geburtstagskind heulend ins Zimmer und knallt die Tür zu. Das ist nicht schön, aber normal.

Wer gleich hinterherstürzt, riskiert, seine eigene Enttäuschung über dem Kind zu entladen. Schließlich hält es sich nicht an das Drehbuch für seine wunderbare Feier. Also beruhigen Sie sich erst einmal selbst, atmen tief durch, und dann gehen Sie ins Kinderzimmer und bauen Ihr Kind wieder auf. Immerhin hat sich Ihr Nachwuchs gerade die Blöße gegeben, vor seinen acht besten Freunden weinend rauszurennen. Da verlangt es dem Kind schon einiges an Kraft ab, überhaupt wieder zu erscheinen.

*Hei-ho, Piraten, jo-ho!*
Feiern Sie in Wellen und lassen Sie auch Stimmungstäler zu: Auf ein Actionspiel folgt etwas Ruhigeres, bei dem die Kinder sitzen. Wer das Adrenalin ständig hochhält, geht unter.

*Planung ist wertvoll, aber nicht alles*
Viele Eltern planen den ganzen Nachmittag durch. Ihre größte Angst: dass die Stimmung kippt, sobald sie nicht als Entertainer auftreten. Doch wenn so eine Eltern-Entertainer-Nummer wirklich aufgeht, ist es meistens kein Kinderfest mehr – dann sind die Kinder Zuschauer und nicht Festgäste. Planen ist wunderbar, um etwas in der Hinterhand zu haben; ein paar Joker, um eine randalierende Kinderhorde mit einem ruhigen Spiel wieder einzufangen – und andersherum. Aber am besten ist es doch, wenn Eltern ihre Planung irgendwann über Bord werfen können, weil sich das Fest verselbständigt. Wollen die Kinder zum Beispiel nicht aufhören, sich zu verkleiden, hebt man die vorbereiteten Bastelsachen eben für einen langweiligen Regennachmittag auf.

### Ruhe jetzt

Auch kleine Actionhelden müssen mal langsamer machen. Dafür sind Konzentrations- oder Tischspiele wie »vergiftete Smarties« ideal: Schon der Name ist spannend und Süßigkeiten gibt es noch dazu. Zehn Smarties (oder Gummibärchen) werden in die Mitte gekippt, dann geht ein Kind raus und die anderen bestimmen, welches »giftig« ist. Kommt das Kind wieder herein, darf es so lange futtern, bis es das »giftige« erwischt. Da fiebern alle mit.

### Einer heult doch immer

Jedes gute Spiel birgt die Gefahr, dass es Tränen gibt. Aber das gehört dazu und ist auch nicht schlimm. Schließlich sind die Kinder so aufgeregt, dass sie sowieso schnell weinen. Beim Schokoladenessen in Winterkleidung etwa heult immer jemand, wenn er noch in die Fäustlinge schlüpft und ein anderes Kind schon eine Sechs gewürfelt hat und er kein einziges Schokoladenstück abbekommt. Das ist hoch emotional – aber dafür spannend.

### Sparen Sie sich Ein-Kind-Spiele

Bei den Spielen sollten möglichst alle Gäste eingebunden sein. Wer da auf den Klassiker »Topfschlagen« setzt, hat schon verloren: Die Erwachsenen sind mit dem Lenken des jeweiligen Kindes beschäftigt, der Rest der Gruppe langweilt sich. Man muss es sich ja nicht härter machen, als es sowieso schon ist.

### Seien Sie optimistisch

Keine Sorge, irgendwann ist der letzte Kindergeburtstag vorbei: Jugendliche wollen lieber allein feiern, da sind Eltern sowieso außen vor. Doch es gibt schon in den Jahren zuvor Geburtstage, die einfacher zu handhaben sind als andere:

Jungs-Partys. Ab einem gewissen Alter sind alle zufrieden, wenn man einen Ball in die Mitte wirft und schnell zur Seite springt. Dann müssen Sie nur noch für kühle Getränke sorgen. Wenn die Kinder das doch irgendwann langweilt: Detektivspiele können sogar den Fußball ersetzen. Versteckte Hinweise in ebenfalls versteckten Luftballons, und der Code eines geheimnisvollen Koffers muss geknackt werden. Die Kinder werden es lieben, und Sie haben schon Spaß bei der Vorbereitung.

### Ich finde das blöd

Natürlich kann man einem Kind, das einfach nicht in Feierlaune ist, gut zureden oder es mit Süßigkeiten bestechen. Doch funktioniert das? Eher selten. Geben Sie dem Kind Zeit, sich allein wieder zu integrieren. Das klappt meistens am besten. Es weiß ja selbst, dass es gerade Außenseiter ist. Da fühlt es sich blöd an, wenn die Eltern noch eins obendrauf geben: »Was kann ich für dich tun?« Kinder merken sowieso, dass die Gasteltern eigentlich meinen: »Nun zieh nicht so ein Gesicht, mach mit und verdirb uns nicht die Laune!«

### Eifersüchtige Geschwister

Natürlich kann man dem Geschwisterkind erklären, dass man seine Gefühle versteht und es ja auch Geburtstag feiern darf, vielleicht schon bald. Leider nützt das in dem Moment meist recht wenig. Da hilft eine vorsätzliche Gelassenheit: Einer heult doch immer. So ist das nun mal. Wenn man große Gefühle haben will, gehört das eben dazu.

> **!** Diese Tipps verdanke ich dem Rat von Georg Cadeggianini. Der Autor schreibt in dem Buch »Aus Liebe zum Wahnsinn« über sein Familienleben mit sechs Kindern (inzwischen

sind es sieben). Mit ihnen hat er schon etwa 264 Kindergeburtstage mitgemacht. Sein neues Buch heißt »Vorher
ist man immer klüger – Überraschende Erkenntnisse eines
Familienvaters«.

## Reden und reden lassen:
### Störungsfreie Gespräche (und Telefonate)

Das sagt das Kind:
»Und dann hab ich ... und dann hat er ...
und jetzt brauche ich ... und wo ist eigentlich ...«

Das sagen die Eltern:
»Nur einen Moment Ruhe, bitte, nur einen Augenblick!«

Das sagen die Eltern der anderen:
»Also unser Kind weiß, wann es still sein muss.«

Das sagen die Großeltern:
»Du warst doch genauso.«

Es ist nicht leicht, mit Ihnen, lieber Leser, ins Gespräch zu kommen. Damit Sie das nicht falsch verstehen, dies liegt nicht an Ihnen! An mir eigentlich auch nicht, ich gelte nicht als unkommunikativ. Jedenfalls war ich bis vor wenigen Jahren durchaus in der Lage, eine normale Unterhaltung zu führen. Mit Begrüßung, Mittelteil, Abschied, im Idealfall noch mit einer Pointe. Diese Zeiten sind vorbei. Jetzt bin ich Mutter.

Das ist schön, meistens jedenfalls, erschwert aber die Unterhaltung mit anderen Erwachsenen …

»Sei bitte mal ruhig, ich unterhalte mich. Und hör auf, an meinem Ärmel zu zerren!«

Entschuldigen Sie bitte die kurze Unterbrechung, meine Große brauchte Sandspielzeug, und zwar sofort. Für alle Kinderlosen, »sofort« bedeutet nicht innerhalb der nächsten zehn Sekunden. Es verlangt, dass Sie sich zur Sandschaufel beamen und sich damit neben dem Kind wieder materialisieren. Sonst wird weitergenörgelt, bis Sie den Gesprächsfaden und die Nerven verlieren. Aber wo waren wir?

Es ist erstaunlich, was Kinder plötzlich alles brauchen, sobald Erwachsene die ersten Worte wechseln. Schon Babys haben einen sechsten Sinn dafür. Für sie ist ein Telefonat ein unerträglicher Zustand der Nichtbeachtung. Die Begrüßung warten sie noch ab. Dann schreien sie, die Babys laut, die Eltern innerlich, und …

*»Wie bitte? Kannst du es nicht noch aushalten, bis ich hier fertig bin?«*

… Verzeihung, da bin ich wieder, der Kleine schafft es noch nicht allein auf die Toilette, Sie verstehen, es war dringend. Aber zurück zum Thema, was wollte ich sagen …

*»Nein, ich baue deinen Kran jetzt nicht wieder auf! Du siehst doch, dass ich mich unterhalte! Kann ich nicht mal EINEN Moment meine Ruhe haben? Dich darf ich auch nicht stören, wenn bei ›Feuerwehrmann Sam‹ das abertausendste Feuer ausbricht! Und außerdem …«*

Oh, das Kind ist gegangen.

Entschuldigen Sie bitte diesen Ausbruch, aber wenn man nie seine eigenen Gedanken zu Ende denken kann, dann …

*»WAS IST DENN JETZT SCHON WIEDER, HABE ICH NICHT GESAGT, IHR SOLLT MICH NICHT … Wie, beim Aufbauen des Krans vom Stuhl gestürzt? Und liegt am Boden? Schreiend? Sag das doch gleich!«*

Ich muss Schluss machen, ein Notfall! Wir können uns ja in drei Jahren weiterunterhalten. Ganz in Ruhe.

Tipps für (halbwegs) ungestörte Gespräche
### Still, wenn Erwachsene reden
Ob bei Telefonaten oder direkten Gesprächen zwischen Erwachsenen, diese Klage von Eltern hört man immer wieder

(falls sie den Satz zu Ende sprechen können): »Ich kann kein Gespräch führen, ohne dass mich mein Kind ständig unterbricht!« Einige Eltern gehen zum Telefonieren in den Keller, um eine zusammenhängende Unterhaltung führen zu können. Oder sie verstecken sich auf der Toilette. Oder sie werden lauter, als sie eigentlich wollen. Doch warum sind die Kinder einfach nicht ruhig, wenn sich andere unterhalten? Kinder wollen Aufmerksamkeit. Die bekommen sie auch, wenn sie Erwachsene unterbrechen und sich diese unterbrechen lassen – allerdings anders als erhofft, nämlich durch Schimpfen der genervten Eltern.

### Mittendrin statt nur dabei

Diese Schimpferei ist für alle unschön. Aber Kinder möchten dazugehören. Haben sie das Gefühl, dass sie im Alltag durch positives Verhalten nicht genug beachtet werden, versuchen sie es eben auf negative Weise, etwa indem sie Gespräche unterbrechen. Wenn Mütter und Väter verstehen, dass Kinder am Leben der Eltern teilhaben möchten, können sie sie an anderer Stelle immer wieder konstruktiv einbeziehen. So lernen sie auf positive Weise einen Beitrag zu leisten und dazuzugehören. Mit der Zeit haben die Kinder es dann nicht mehr nötig, eine Unterhaltung zu stören. Und jüngeren Kindern genügt es oft, wenn sie still auf dem Schoß sitzen und zuhören dürfen, oft wollen sie einfach nur mit dabei sein.

### Eine Frage des Respekts

Mit älteren Kindern können Eltern für solche Gesprächssituationen klare Regeln aufstellen, aber unbedingt gemeinsam mit den Kindern. Ganz wichtig ist, dass diese überhaupt verstehen, worum es geht: Erst wenn sie nachvollziehen können, dass es eine Frage des Respekts ist, seinem Gesprächspartner zuzuhören – übrigens auch wenn dieser ebenfalls noch ein Kind ist – fällt es ihnen leichter, in diesem Moment nicht zu stören und zu warten, bis das Gespräch beendet ist. Auch Jüngere lernen das schon, durch die Reaktion und das Vorbild der Eltern.

### Wie du mir, so ich dir

Lässt das Alter es schon zu, können Mütter und Väter das Problem mit konkreten Beispielen thematisieren: Etwa indem sie gemeinsam mit den Kindern hinterfragen, wie sie selbst es finden, wenn Eltern ständig unterbrechen, während sie mit ihren Freunden sprechen oder spielen wollen.

### Das ist gegen die Regeln!

Nun haben die Eltern mit ihrem Kind die Unterbrich-mich-nicht-Regel aufgestellt, diese so gut wie möglich vermittelt – und beim nächsten Gespräch quatscht das Kind trotzdem wieder rein. Dass es die Regel mal vergisst, kommt natürlich vor. Ganz wichtig ist, dem Kind in dieser Situation nicht zu antworten, also auf die Unterbrechung nicht zu reagieren – Notfälle sind davon natürlich ausgenommen. Ansonsten kann man Folgendes ausprobieren, wenn man es vorher mit dem Kind so besprochen hat: Man legt ihm einfach die Hand auf die Schulter, führt sein Gespräch weiter und verzichtet auch auf nonverbale Kommunikation wie Gestikulieren. Allein mit der aufgelegten Hand zeigen die Eltern, ich nehme dich wahr, bleibe aber bei meiner Unterhaltung. Damit ignorieren sie das Verhalten, nicht aber das Kind als Person. So stehen Eltern liebevoll und konsequent zu den gemeinsamen Regeln, und das reicht bei den meisten Kindern schon aus.

### Bleiben oder gehen

Wenn das Kind gar keine Ruhe gibt, unterbrechen Mutter oder Vater ihr Telefonat oder Gespräch kurz und nehmen das Kind zur Seite. Statt nun loszuschimpfen, kann man es vor eine Wahl stellen und es so ernst nehmen mit seinem Wunsch, eigene Entscheidungen zu treffen: »Du kannst gerne im Raum bleiben, wenn du wie vereinbart ruhig bist. Du kannst aber auch in einem anderen Zimmer spielen, wenn dir das Ruhig-bleiben heute schwer fällt. Du entscheidest.« Wichtig ist, dass dann die Konsequenz folgt: Nach seiner Wahl verlässt das Kind den Raum oder bleibt ruhig dabei.

### Ruhig, Brauner, ruhig

Kindererziehung wäre so viel einfacher, würde es uns Eltern leichter fallen, trotz Ärger ruhig zu bleiben. Sind wir wirklich wütend, sagen wir besser erst mal gar nichts. Sonst haben wir unseren Tonfall nicht unter Kontrolle, können nicht respektvoll sein und bereuen es gewöhnlich später. Wichtig ist auch, keine »Du«-Aussagen zu treffen, also zu beschuldigen, wie: »Du warst schon wieder nicht ruhig!« Ansonsten dürfen wir mit einer Retourkutsche rechnen: »Und du hast nie Zeit für mich!«. Du-Aussagen führen zumeist zu respektlosem Umgang, den die Kinder nachahmen. Es ist also im Interesse der Eltern, sich zu beruhigen, indem sie tief durchatmen oder bis zehn zählen – und erst dann mit dem Kind sprechen.

Hierbei fördert es das Verständnis, dem Kind die eigenen Gefühle offenzulegen, zum Beispiel: »Wenn ich gestört werde, kann ich mich nicht auf die Unterhaltung mit meinen Freunden konzentrieren.« Und dann nehmen die Eltern wieder das Kind mit in die Verantwortung: »Was können wir tun, damit ich in den nächsten zehn Minuten ohne Unterbrechung mit meinen Freunden sprechen kann?«

### Kleiner Störenfried

Je jünger Kinder sind, desto öfter muss man natürlich in verschiedenen Situationen immer wieder deutlich machen, welches Verhalten angebracht ist. Das können sich Eltern aber schon bei den Kleinsten angewöhnen. So hilft es, den Kindern nahezubringen, dass sie nicht die Brille der Mutter herunterreißen, weil das weh tut und die Brille kaputtgehen kann. Macht das Kind dann weiter, setzt die Mutter das Kind sanft ab – nur für kurze Zeit. Denn Kinder brauchen immer wieder eine Chance, um zu zeigen, dass sie dazugelernt haben: zum Beispiel eine Zeitlang still zu sein, wenn andere sich unterhalten. Oder die Brille auf der Nase zu lassen.

### Ich komme mir vor wie eine kaputte Schallplatte!

Manchen Kindern muss man eine Regel nur einmal erklären, anderen sagt man dasselbe immer und immer wieder – wie es auch bei Erwachsenen vorkommt. Jeder Mensch hat nun mal einen anderen Charakter, ein anderes Temperament. Es gibt keinen Knopf, den man drückt, damit Wohlverhalten herauskommt. Da müssen Mütter und Väter ausprobieren, was zum jeweiligen Kind passt. Es ist wichtig, sich in Geduld zu üben sowie dem Kind Zeit zu geben, etwas nach und nach zu lernen. Aber respektvoll können und wollen wir als Erwachsene stets sein – unabhängig vom Verhalten der Kinder. Schließlich lieben wir unser Kind und wissen, dass es dazugehören möchte. Durch unser Verhalten helfen wir ihm, sich angenommen, geliebt und als Teil des Ganzen zu fühlen.

### Endlich Ruhe

Man darf aber von kleinen Kindern nicht zu viel erwarten. Ist ein Kind vier Jahre alt, sollte es schon möglich sein, sich zwanzig Minuten am Stück unterhalten zu können – zwei

Stunden wären aber sicher nicht realistisch. Falls so eine Situation bevorsteht, etwa wenn Freunde zu Besuch kommen, empfiehlt es sich, dies dem Kind anzukündigen und gemeinsam zu überlegen, was es für diese Zeit braucht. Dann können die Eltern schon vorher die Malsachen herrichten und das Kind muss später nicht danach fragen. Zugleich können die Eltern klarmachen, dass sie in den kommenden zwanzig Minuten nicht auf Unterbrechungen reagieren werden. Der Hinweis auf den Zeiger der Uhr ist dann eine entscheidende Orientierungshilfe für das Kind. Auch die Freunde sollte man informieren, dass eine Störung in dieser Zeit ignoriert wird. Sonst gehen sie aus falschem Mitleid auf das Kind ein und sabotieren so ungewollt die Einhaltung der neuen Regel. Und hinterher ärgern sich dann alle wieder, wenn das Kind ständig dazwischenquatscht …

**!** Die Tipps basieren auf dem Rat von Trudi Kühn, die nach dem pädagogischen STEP-Konzept ausbildet: Die ehemalige Gymnasiallehrerin und Trainerin für Verhandlungsführung ist gemeinsam mit Roxana Petcov Herausgeberin des STEP-Programms im deutschsprachigen Raum. Das Systematische Training für Eltern und Pädagogen hat zum Ziel, Eltern durch mehr Erziehungskompetenz sowie Erziehern und Lehrern durch verstärkte Handlungskompetenz zu mehr Gelassenheit im Alltag zu verhelfen, www.instep-online.de

## Schon tausendmal gesagt:
### Schimpfen, immer nur schimpfen

Das sagt das Kind:
*»Warum sagt ihr mir eigentlich immer dasselbe?«*

Das sagen die Eltern:
*»Ich kann das nicht mehr hören, so oft habe ich es dir gesagt!«*

Das sagen die Eltern der anderen:
*»Also unser Kind weiß selbst, was sich gehört.«*

Das sagen die Großeltern:
*»Das Kind tanzt euch doch auf der Nase herum.«*

Wieso, fragte einmal ein Vater zweier Kinder im selben Alter wie die der Nachbarin, wieso eigentlich finde er das Herumzicken ihrer Kinder nicht so schlimm, während ihn dasselbe Zicken seiner Töchter sofort zur Raserei bringe? Sie blickten sinnierend auf den gerade friedlichen Nachwuchs, bevor das eine Kind seine Schwester an der Jacke zerrte, diese nach hinten umkippte und heulend am Boden lag. Das brachte den Vater sofort zur Raserei. Die Nachbarin betrachtete die Szene entspannt.

Natürlich interessieren sie die Fehler ihrer eigenen Kinder schon deswegen mehr, weil sie deutlich öfter Zeit mit ihrem Nachwuchs verbringt als mit allen anderen Kindern in der näheren und ferneren sozialen Umgebung. Und weil sie als offizielle Erziehungsberechtigte und -verpflichtete dafür zuständig ist, dass ihr Kind am nächsten Tag am Spielplatz nicht wieder seinen Nächsten mit der Plastikschaufel niederstreckt.

Diese Verantwortung, ein sozial kompatibles Mitglied der Gesellschaft heranzuziehen, das sich idealerweise auch schon in jüngeren Jahren in die Familie integriert, lastet ständig auf den Eltern. Immer. Überall. Da wäre es schön, wenn man sein Kind nur ein- bis dreimal auf ein Fehlverhalten hinweisen müsste, um dieses abzustellen. Doch so einfach ist das nicht. Schuld ist der Faktor tausend.

Er offenbart sich in erzieherisch gemeinten Dialogen spätestens bei der dritten Ermahnung:

*»Leon, du sollst doch nicht mit Sand werfen, das tut weh.«* (»Nicht mit Sand werfen« können Sie durch jedes beliebige Thema ersetzen, etwa mit »Du sollst dein Zimmer aufräumen«, dieser Anblick schmerzt ebenfalls.)

Leon klatscht eine Ladung Sand auf den Kopf des Kontrahenten.

*»Leon, gerade habe ich dir gesagt, du sollst nicht mit Sand werfen!«*

Leon wartet, bis sich das Kind neben ihm den Sand aus dem Haar geschüttelt hat, zielt diesmal besser und schleudert die nächste Handvoll direkt ins Gesicht.

*»LEON, HABE ICH DIR NICHT SCHON TAUSENDMAL GESAGT, …«*

Kinder, die die Gefahr suchen, sagen in diesem Moment: *»Nein, hast du nicht.«* Die meisten reagieren aber gar nicht, denn ja, sie haben das schon oft gehört, sehr oft, wie das ferne Rauschen einer Autobahn an einem Sommerabend. Und auf dieses Rauschen zu achten, haben sie in dem Moment wirklich keine Zeit. Sie sind beschäftigt, mit Sandwerfen.

Erst wenn die Mutter – rot vor Zorn – das Erziehungsgeheul anstimmt, mit sofortigem Verlassen des Spielplatzes und dem Verbot sämtlicher Süßigkeiten droht, erst dann dringen die Schreie durch.

Wer schon länger nicht mehr gesehen hat, wie eine Kinnlade herunterklappt, lässt das tobende Elternteil nun nicht aus den Augen. Denn das Kind, das gerade wieder eine Handvoll Sand schleudern wollte, fragt mit zartem Stimmchen:

*»Hast du was gesagt, Mama?«*

### Nicht schon wieder

Mütter und Väter wiederholen hundert – gefühlt tausendmal – ihre Verbote, und dennoch machen Kinder immer und immer wieder dasselbe falsch. Was läuft da schief? Wie so vieles ist das eine Einstellungssache: Eltern müssen berücksichtigen, dass jederzeit folgsame Kinder ein unrealistischer Traum sind. Mit dem Älterwerden sind sie immer unabhängiger und wollen eigene Entscheidungen treffen – und die decken sich nicht immer mit den Wünschen der Eltern. Zudem haben Erwachsene viele erlernte soziale Regeln im Kopf. Doch die kann das Kind noch gar nicht kennen, ihm fehlt naturgemäß die Erfahrung. Setzen Eltern diese Regeln voraus, ohne sie zu äußern, klappt das nicht. Wenn jedoch den ganzen Tag lang eine Aufforderung nach der anderen auf das Kind einprasselt, bekommt es das Gefühl, es sowieso nicht recht machen zu können. Und hört dann gar nicht mehr hin.

### Lass uns das regeln

Ihre Erwartungen und Regeln im sozialen Miteinander vermitteln Eltern wenn möglich schon vorher, nicht erst in der Situation: Besprechen Sie vor dem Gang zum Spielplatz sowohl, welches Verhalten im Sandkasten in Ordnung ist, als auch was Sie nicht wünschen – etwa Werfen mit Sand oder beim Restaurantbesuch Herumrennen zwischen den Tischen. Und erklären Sie, warum Sie das nicht wollen, auch schon kleinen Kindern. Jeder, der den Grund für eine Regel verstehen und nachvollziehen kann, hält sich eher daran – das gilt ja auch für Erwachsene. Wird die Vorgabe aber als sinnfreie Spaßbremse empfunden, ignoriert man sie lieber. Gerade beim Essengehen hilft zusätzlich die richtige Vorbereitung, indem Eltern überlegen, was sie zur Beschäftigung mitnehmen. Denn haben Kinder eine halbe Stunde lang ruhig und reglos am Tisch zu sitzen, machen sie sich die Situation lieber selbst interessant. Das ist dann meist nicht im Sinne der Erwachsenen.

### *»Jetzt hör aber mal auf!«*
Trotz aller Vorbereitung schleudert das Kind vergnügt Sand auf den Nebenmann. Die Eltern müssen reagieren, belohnen den kleinen Übeltäter so aber mit Aufmerksamkeit. Ein Dilemma, solange man es nicht richtig macht. Eltern müssen nicht bei jedem kleinen Fehler gleich eine Ermahnung quer durch den Raum rufen, die kommt sowieso nicht an. Sondern sich überlegen, ob ihnen die Angelegenheit wirklich wichtig ist, oder ob sie das Verhalten doch noch tolerieren können. Wenn andere Kinder in Mitleidenschaft gezogen werden, müssen Mutter oder Vater natürlich aktiv werden. Das bedeutet aber nicht, von der Spielplatzbank herüberzuschreien. Sie müssen sich schon erheben, zum Kind gehen, es direkt ansprechen und sagen, was sie sich wünschen.

### *Ich wünsche mir …*
Oft wissen Kinder nicht gleich, was sie statt des Fehlverhaltens tun könnten. Konkrete Handlungsorientierung hilft ihnen aus dem Dilemma, also gehen Sie ins Detail: »Hör bitte auf, mit Sand zu werfen, der tut in den Augen weh. Schaufel den Sand stattdessen in den Eimer.« Wenn das Kind dann normal

weiterspielt, sollten Eltern genau das loben. So fördern sie Verhalten, das sie sich wünschen – und nicht das Sandwerfen. Wer hingegen nur schimpft, belohnt unangemessenes Benehmen, ohne es zu wollen: mit Aufmerksamkeit.

*»Ich habe gesagt: HÖR AUF!«*
Schaufelt das Kind dennoch den Sand lieber auf den Nachbarn als in den Eimer, holen Eltern ihr Kind aus der Situation: mit einer kurzen, logischen Konsequenz, zum Beispiel muss es zwei Minuten raus aus dem Sandkasten. Das kann man gleich nutzen, um sein Kind an die vereinbarten Regeln zu erinnern. Nach dieser wirklich nur kurzen Auszeit darf das Kind wieder in den Sandkasten – und wird gelobt, wenn es nun normal spielt. Wer aber wutentbrannt Kind und Spielzeug packt und nach Hause rauscht, bringt es um diese Chance, sich zu bewähren. Und verdirbt sich selbst Spaß und Erziehungserfolg.

### Ist da jemand?
Wenn Eltern schimpfen, schauen viele Kinder sie nur mit einem eher leeren Gesichtsausdruck an. Der Verdacht, dass sie recht wenig von dem Gesagten aufnehmen, könnte zutreffen: Viele Eltern erklären und erklären und erklären in der Hoffnung, dass es bei ihrem Kind irgendwann »Klick« macht. Aber wenn Kinder immer wieder dasselbe in einer Endlosschleife hören, schalten sie ab. Es ist zwar durchaus wichtig, die möglichen Folgen einer Handlung zu erläutern. Aber nicht sechsmal hintereinander. Da bringt eine zweiminütige Auszeit mit einer einmaligen Begründung langfristig mehr.

*Du bist doch schon groß und einsichtig ...*

Schulkinder haben zwar andere Ansprüche als Kleinkinder, aber das Grundprinzip ist bei Jung und Älter dasselbe: Regeln erklären und begründen sollte man schon bei kleinen Kindern. Je älter sie sind, desto mehr Entscheidungsspielraum wollen die Kinder haben, also sollten Eltern Alternativen in Aussicht stellen: Sie können das Kind zum Beispiel abends beim Schlafengehen wählen lassen, ob es lieber noch eine Viertelstunde spielt oder direkt ins Bett geht und noch etwas vorgelesen bekommt.

*Ich trau meinen Augen nicht*

Nun haben die Eltern Regeln und Konsequenzen besprochen, haben gelobt und sind wenn nötig eingeschritten – trotzdem macht das Kind schon wieder dasselbe falsch. Nein, resignieren Sie nicht! Nehmen Sie sich vor, nach der Situation zu besprechen, was gut funktioniert hat – und was nächstes Mal anders werden soll. Überlegen Sie gemeinsam mit den Kindern, wie Sie das hinbekommen. Wer Kinder mit einbezieht, wird überrascht sein, was für gute Ideen sie haben.

> **!** Diese Tipps basieren auf dem Rat der Psychologin und ausgebildeten Psychotherapeutin Silke Rieckenberg. Sie bildet Pädagogen, Erzieher und Eltern in dem Trainingsprogramm Triple P (Positive Parenting Program) weiter, das unter anderem die Kommunikation in der Familie verbessern soll.

## Über die Unmöglichkeit, Liebe gerecht zu verteilen:
### Eifersucht unter Geschwistern

Das sagt das Kind:
»Du hast mich viel weniger lieb!«

Das sagen die Eltern:
»*Ihr seid beide mein Lieblingskind.*«

Das sagen die Eltern der anderen:
»*Also unsere Kinder kennen das gar nicht, Eifersucht.*«

Das sagen die Großeltern (zu den eifersüchtigen Enkeltöchtern):
»*Wir hätten sowieso lieber einen Enkel gehabt.*«

Der Prozess beginnt kurz vor Mitternacht. Auf der Anklagebank fährt die Mutter zusammen, als der Richter mit lauter Stimme verkündet: Nun sei die Zeit gekommen, die Vorwürfe gegen die Beklagte vorzutragen. Sogleich springen die Kläger T. (Tochter) und S. (Sohn) auf. Es entsteht ein Gerangel, weil beide versuchen, als Erster den Richtertisch zu erreichen. T. ist schneller: »Unsere Mutter hat S. viel lieber als mich!« S. versetzt T. einen Ellenbogenhieb: »Herr Richter, das stimmt nicht, im Gegenteil! Glauben Sie ihr kein Wort! Unsere Mutter liebt T. mehr als mich!«

T. tritt S. vors Schienbein, um ihn abzulenken. Schnell geht sie zum Richterpult und sagt eindringlich: »Herr Vorsitzender, ich habe Beweise, die zeigen, wie sehr unsere Mutter S. bevorzugt, in schändlicher Verletzung ihrer elterlichen Pflicht zur absoluten Gleichbehandlung!«

»Beweise? Ha! Die habe ich auch«, ruft S. leicht gepresst, weil er immer noch in der Hocke kauert und sein schmerzendes Bein reibt. Die Mutter rutscht auf der Anklagebank nervös hin und her: »Herr Richter, wenn ich kurz erklären dürfte …« Doch der Richter unterbricht sie: »Nein. Mich interessieren Fakten, keine Erklärungen. Sie haben das Schlusswort, bis dahin sind Sie gefälligst ruhig! Die beiden Kläger mögen mit ihrer Beweisführung beginnen.«

»Sehr gerne«, sagt T. mit einem triumphierenden Seitenblick zur Mutter, zieht eine Liste hervor und übergibt sie dem Richter. »Sind das Tomatensoßenflecken auf dem Papier?«, fragt er. »Ja, aber die sind für den Fall völlig unerheblich«, erwidert T. hastig. Wesentlich sei, dass diese Liste zeige, wie sehr S. von der Mutter bevorzugt werde, jeden Tag, morgens, mittags und abends! Der Richter liest laut vor: »Besteck mit gewöhnlicher Tier-Gravur am Griff: T. zwölf Mal, S. vier Mal; Besteck mit Dinosaurier-Gravur am Griff: T. vier Mal, S. zwölf Mal.«

»Sehen Sie?«, ruft T. erregt. »Nein«, sagt der Richter. »Ich bekomme IMMER das langweilige Tier-Besteck, und S. das tolle mit den Dinosauriern. Das ist so ungerecht!«, klagt T. »Aber du hast es doch auch vier Mal bekommen«, sagt der Richter. »Ja, vier Mal nur!«, jammert T., den Tränen nahe. »Magst du denn Dinosaurier so gerne?«, fragt der Richter. »Nein«, sagt T. Der Richter blinzelt etwas verwirrt.

»Aber das war doch keine …«, setzt die Mutter an. »Ich habe Ihnen nicht das Wort erteilt!« Der Richter hat seine Autorität wiedergefunden, aber nur kurz.

»Dafür«, schmettert nun S., »dafür bekommt T. an Weihnachten immer viel mehr Geschenke als ich. Diese Ungerechtigkeit ausgerechnet an Heiligabend kann ich belegen!« »Tu das«, sagt der Richter und reibt sich die Stirn. Er fühlt das erste Pulsieren eines Kopfschmerzes. Auch S. zieht eine Liste hervor. »Sind das Brandflecken?«, fragt der Richter. »Die Wunderkerzen, Sie verstehen«, sagt S. Der Zettel ist klein, es steht auch nicht viel darauf: T. zwölf Minuten; S. vier Minuten.

»Was bedeuten diese Zeiten?«, fragt der Richter. »So lange«, sagt S., »haben wir an Weihnachten gebraucht, um unsere Geschenke auszupacken! Nach vier Minuten war ich fertig, kein Geschenk mehr für mich weit und breit. Ich habe sogar hinter dem Sofa nachgesehen, ob dort noch eines für mich versteckt war. Aber nein, nichts! Stellen Sie sich vor, wie ich acht Minuten lang zusehen musste, wie sich T. durch ihren Präsenteberg wühlte. Und sie hat es genossen. Hat sich noch extra viel Zeit gelassen, damit ich auch ja merke, dass sie viel mehr bekommen hat als ich!«

»Von wegen«, ruft T. empört. »Nur weil du alle Verpackungen herunterreißt wie ein Irrer und damit die ganze Besinnlichkeit zunichtemachst, warst du so schnell. Überhaupt verhielt sich alles ganz anders: Während ich mich nämlich mit mühsam zu öffnenden Klein- und Kleinstgeschenken begnügen musste, bekam S. genau das Skateboard, das er sich gewünscht hatte. Und wo stand mein Pferd? Nirgends!«

»Aber lassen Sie mich doch erklären …«, sagt die Mutter. »Nein!«, rufen S. und T. Der Richter reibt sich die Falte zwischen den Augenbrauen. Der angekündigte Kopfschmerz ist da. Zusätzlich hat er das unangenehme Gefühl, dass ihm diese Verhandlung entgleitet.

»Außerdem«, keift T., »darfst du immer viel länger auf Mamas Schoß, wenn sie uns vorliest!« »Und du«, schnaubt S., »willst überhaupt nur auf ihren Schoß, wenn ich drauf sitze. Und dann muss jeder auf einem von ihren Beinen sitzen. Total unbequem!« »Ach du«, schreit T., »wickelst sie mit deinem Schmusekurs doch nur um den Finger, um mir eins auszuwischen!« »So, und was ist mit deinem aufmerksamkeitsheischenden Dauererzählen?«, brüllt S. »Wenn ich mal was sagen will, komme ich ja gar nicht zu Wort!«

Der Richter versucht, den bohrenden Kopfschmerz zu ignorieren und einzuschreiten, doch zu spät. T. und S. haben einen stieren Blick. Sie senken die Köpfe und packen sich an den Armen, an den Beinen, stoßen, kratzen, keifen.

»SCHLUSS, SCHLUSS JETZT. DAS IST MEIN SCHLUSSWORT!«, schreit die Mutter. Auch noch als sie aufgewacht ist.

### Tipps zu Eifersucht unter Geschwistern

#### Nicht eifersüchtig? Gibt's doch gar nicht

Viele Eltern haben das Gefühl, ihre Kinder können nicht wirklich miteinander, aber ohne einander auch nicht. Ständig wird misstrauisch verglichen: Wie lange kuschelt der eine mit der Mutter, wie groß ist die Portion vom Lieblingsessen für den anderen? Gibt es überhaupt Geschwister, die nicht eifersüchtig aufeinander sind? Wenn, dann nur im Märchen. Neid und Eifersucht sind in der Kindheit immer präsent. Studien haben ergeben, dass die größte Angst eines Kindes ist, seine Eltern zu verlieren. Am zweitgrößten ist die Furcht, dass keine Liebe mehr auf sie fällt. Also wird eifersüchtig beobachtet, wie Mutter und Vater mit dem Geschwisterkind umgehen – und heftig um die Gunst der Eltern gestritten.

#### Nur eine Kleinigkeit

Für das Gefühl, dass Bruder oder Schwester bevorzugt werden, genügen schon Lappalien: scheinbar größere Geschenke oder der andere erhält offenbar immer den ersten vollen Suppenteller. Eltern denken, dass sie durch gerechtes Handeln Eifersucht vermeiden können. Ein Irrtum. Denn zu jedem Kind haben sie eine andere Bindung. Eltern sehen in ihren

Kindern unterschiedliche Typen, die ihnen mal näher sind, mal weniger nah: Die schüchterne Mutter erkennt sich selbst in der zurückhaltenden Tochter wieder, die draufgängerische Ältere ist ihr vom Wesen her fremder.

### Mein kleiner Liebling

Eltern können daher gar nicht anders, als ein Lieblingskind zu haben – auch wenn sie diese Bevorzugung gar nicht wollen. Das kann zwar situationsabhängig sein, etwa wenn man mit dem mutigen Kind im Schwimmbad mehr Spaß hat als mit dem ängstlichen. Oft ist der Unterschied aber grundsätzlich, weil Eltern bei jeder Tochter und jedem Sohn einen anderen Zugang zum Kind haben. Und manchmal ist die Bindung besonders stark, weil sie sich eben vom Charakter her ähnlich sind. Oder weil die Eltern bei der Geburt um das Überleben eines Kindes ringen mussten. So etwas prägt die Beziehung auf Dauer, und das merken auch die anderen Kinder.

### Du hast meinen Bruder viel lieber!

Den Vorwurf streiten Eltern am liebsten ab, weil sie ihn selbst nicht wahrhaben wollen. Doch sie tun dem Kind keinen Gefallen, wenn sie einfach darüber hinweggehen und sagen: »Da irrst du dich, natürlich habe ich euch gleich lieb!« Denn das andere Kind merkt ja den Unterschied. Natürlich hilft ein gnadenlos offenes »Tut uns leid, da hast du eben Pech gehabt« auch nicht weiter. Dafür die Erklärung, woher die enge Bindung kommt: »Ich hatte bei der Geburt viel Angst um deinen Bruder, deswegen achte ich noch heute sehr auf ihn. Aber auf dich passe ich ebenfalls auf, habe aber das Gefühl, dass du viel mehr alleine schaffst.« Wichtig ist, dem Kind zu zeigen: Du bist genauso wertvoll für mich, auch wenn ich anders mit dir umgehe.

## Alles ein wenig anders

Im Erziehungsalltag müssen Eltern dem Draufgänger viel verbieten, einem vorsichtigen Kind können sie mehr erlauben. Eine Tochter hebt ihre Süßigkeiten wochenlang auf, die andere würde alles sogleich hinunterschlingen und muss gebremst werden. Geschwister sind so verschieden, dass Eltern keine Wahl haben: Sie müssen unterschiedlich mit ihnen umgehen. Aber das sollten sie erklären und dabei hervorheben, was jedes Kind besonders macht. Diese Unterschiedlichkeit wollen Kinder erkennen, so erfahren sie auch, wer sie selbst sind. Und ihnen muss immer deutlich vermittelt werden, dass sie ihren Platz in der Familie haben – sogar als Energiebündel unter gemütlich veranlagten Verwandten.

## Oh. Ein Baby.

Kritisch wird es, wenn die Eltern noch mal Nachwuchs bekommen. Ein Kind kann sich gar nicht vorstellen, wie die Beziehung zu diesem neuen Geschwisterchen aussehen könnte. Oft versprechen die Eltern, dass die Kinder später miteinander spielen können. Dass dies Jahre dauert, versteht ein kleines Kind nicht. Und dann liegt da ein Baby herum, schreit und fordert die Aufmerksamkeit der Eltern – was für eine Enttäuschung! Also sollten Mütter und Väter nur realitäts- und zeitnahe Versprechungen machen und schildern, wie es sein wird: Dass das Baby sie mehr braucht, weil es noch nicht so viel kann wie das große Kind. Dieses darf jedoch helfen, es zu versorgen.

## Ich war aber zuerst da!

Ist das Baby geboren, werden viele Geschwister trotz aller Vorbereitung neidisch auf die Nähe zur Mutter. Da muss man die Kinder schon verstehen: Sie kommen in ein Mehrbettzimmer im Krankenhaus und müssen sich ruhig verhalten wie ein Erwachsener, während das Baby bei der Mutter kuscheln darf. Hier sind Gesten wichtig, die dem Älteren zeigen: Du hast noch einen Platz. Dann darf er eben kurz mit unter die Decke schlüpfen. Und wenn das Baby daheim gestillt wird, kann sich die Mutter mit den älteren Geschwistern Lieder anhören oder vorlesen. Hauptsache, sie vermittelt, dass die anderen Kinder weiterhin wichtig sind. Auf das Umfeld können und sollten Eltern einwirken, wenn Omas und Opas nur noch das Neugeborene beachten. Allerdings gehört Eifersucht dazu: Kinder lernen zu teilen, fühlen sich mal zurückgesetzt, aber auch mal im Vordergrund und können so unterschiedliche Rollen ausprobieren. Mal sind sie hilfsbereit, mal aggressiv, mal großzügig, mal neidisch. Und sie erleben, wie das kindliche Gegenüber reagiert. Eine wichtige Erfahrung.

### Hört endlich auf zu streiten

Das machen die Kinder unter sich aus? Manchmal brauchen Geschwister die Hilfe der Eltern als Friedensstifter: Natürlich wenn ein Kind dem anderen weh tut, aber auch, wenn sich eines sehr benachteiligt fühlt. Dann müssen sich Mütter und Väter fragen, was sie dazu beigetragen haben und wie sie dieses Kind wieder mit einbinden, ihm wieder seinen Platz in der Familie verschaffen. Manchmal schiebt man ein Kind aus Stress immer weg, vertröstet es auf später und löst das nie ein. Also muss man sich selbst Verschnaufpausen gönnen, um einem Kind wieder positiv zu begegnen. Dazu gehört, dass der Partner Zeit nur mit den »Großen« verbringt. Und auch den Geschwistern sollte man die Möglichkeit geben, eine eigene Beziehung zu entwickeln. So können die Älteren beim Spazierengehen ruhig mal den Kinderwagen und damit ein wenig Verantwortung übernehmen.

*Aus zwei soll eins werden*

Bei Patchwork-Familien treffen Kinder aufeinander, die sich plötzlich als Geschwister fühlen sollen. Das ist sehr schwierig und mit ein Grund, warum zahlreiche Patchwork-Familien wieder auseinanderbrechen. In einer Familie gibt es einen ritualisierten Alltag, der als verlässlich empfunden wird. Jetzt kommt plötzlich ein ganz anderes Muster dazu, man muss erst mal einen gemeinsamen Weg finden. Daneben steht die Beziehung zu den leiblichen Eltern, viele Kinder haben da Loyalitätsprobleme: Darf ich die neue Freundin des Vaters überhaupt mögen? Und die neuen Partner bemühen sich oft sehr um die Kinder des anderen, was die eigenen wieder eifersüchtig macht. Grundsätzlich sollten Patchwork-Familien nicht zu schnell zusammenziehen, sondern den Kindern erst viel freien Raum geben, sich kennenzulernen. Je schneller sie sich vertragen müssen, desto ablehnender werden viele Kinder reagieren. Druck erzeugt immer Gegendruck. Und gegen den Willen der Kinder zusammenzuziehen, ist ein immenser Druck.

*Eine unendliche Geschichte*

Wann hört das endlich auf, fragen sich Eltern. Die schlechte Nachricht: Eifersucht zwischen Geschwistern endet niemals. Auch wenn man als Erwachsener die Gründe für eine Ungleichbehandlung eher einordnen und vielleicht sogar nachvollziehen kann – die Eifersucht beschäftigt Geschwister immer. Oder zumindest immer wieder.

> **!** Die Tipps basieren auf dem Rat des Sozialpädagogen
> und Erziehungswissenschaftlers Joachim Armbrust.
> In seiner Praxis bietet er unter anderem Beratungen und
> Therapien bei Erziehungsfragen und Konflikten in der

Familie an. Zudem hat er Ratgeberbücher zu den Themen Kinderängste, Jugendliche sowie Streit unter Geschwistern verfasst.

# Ist doch nicht so schlimm, oder?

## Gefühle ernst nehmen

Das sagt das Kind:
»Die Welt ist so ungerecht!«

Das sagen die Eltern:
»Das ist kein Grund, sich dermaßen aufzuregen.«

Das sagen die Eltern der anderen:
»Also unser Kind kann mit Frust sehr gut umgehen.«

Das sagen die Großeltern:
»Ein Indianer kennt keinen Schmerz.«


Als ihr Sohn erstmals in nur wenigen Sekundenbruchteilen von einer Mischung aus Wut, Enttäuschung und Trauer überwältigt wurde, kam das nicht nur für ihn überraschend. Auch die Eltern staunten. Das, was gestern noch kein Problem gewesen war (die Jacke alleine anziehen, aber der zweite Ärmel macht nicht mit), warf ihren Sohn heute um. Und das wortwörtlich.

Wut und Enttäuschung, die beiden üblen Gefühlsgesellen, schlichen sich von hinten an und erschütterten das Kleinkind seelentief: Sein ganzer Körper spannte sich zu einem zornigen Ausrufezeichen, steif knickte es nach hinten weg, die Hände zu zitternden Fäusten verkrampft. Und die Tränen, sie sprangen so empört aus den Augen, dass einige nicht mal die Wangen berührten. Das Kleinkind brüllte, die Welt sollte von seinem Schmerz erfahren.

Und die Eltern? Nun, die Eltern hatten zwar schon von den Gefühlsstürmen gelesen, die ein kleines Kind noch nicht steuern kann. Von Trost und Zuspruch, die es in diesem Moment braucht. Dennoch mussten sie jetzt einen Punkt auf ihrer Beim-Erziehen-versagt-Liste hinzufügen: Sie lachten.

Erst ein verschämtes Schmunzeln, dann ein unhaltbares Prusten, gefolgt von leisem Kichern. Beim Atemholen riss der Sohn die Augen auf und sah die lachenden Eltern. Kurz hielt er inne. Dann weinte er trommelfellzerfetzend: doppelte Enttäuschung, doppelte Lautstärke.

Die Eltern würden natürlich niemals lachen, wenn sich der Sohn weh getan hätte. Aber diese plötzlich auftauchenden, mehr oder weniger grundlosen Heulattacken, nun, sie entbehrten nicht einer gewissen Komik.

Dass sie nicht die einzigen Eltern waren, die sich von weinenden Kindern nicht zwangsläufig zu Tränen rühren ließen, wussten die Eltern. Im Internet stellte zum Beispiel ein Vater seinen einjährigen Sohn regelmäßig bloß, mit Fotos, auf denen der Junge weinte. Weil er keinen Whiskey trinken durfte. Weil er seinen Bruder nicht länger mit der Fliegenklatsche schlagen durfte. Weil er im Autositz festgeschnallt wurde. Weil sein Vater ihm nicht schnell genug die Fotos zeigte, auf denen er weinte.

Trotzdem war den Eltern nicht ganz wohl dabei, dass sie lachten, während ihr Sohn so offensichtlich litt. Noch mehr belastete es ihr Gewissen, wenn es nicht beim Lachen blieb. Denn die Situation war nicht mehr komisch, wenn die Eltern doch endlich das Haus verlassen wollten. Mitsamt Kind. Mit angezogener Jacke. In die sich der heulende Sohn aber nicht helfen lassen wollte. Nie mehr. Blöde Jacke. Blöde Eltern. »Blöder Zeitdruck«, dachten die Eltern und verloren ihren Humor.

Sie sagten: »Ist nicht so schlimm« und »Jetzt stell dich nicht so an«. Der Sohn heulte: »Doch!«

Letztendlich verließen zwei Erwachsene und ein schluchzendes Kleinkind das Haus mit einer Viertelstunde Verspätung. Schlecht gelaunt waren nun alle, Jacken hatten nur zwei von ihnen an.

»Wie habt ihr das nur gemacht?«, fragten die Eltern ein befreundetes Paar, das die Heul-und-Schrei-Phase schon mehr oder weniger geräuschlos hinter sich gebracht hatte. »Wir haben uns an die Zauberformel gehalten«, sagte das Paar und wartete genüsslich ab, bis die Eltern ergeben fragten: »Welche Zauberformel?«.

»In den Arm nehmen, Verständnis zeigen.« Aber das Kind müsse doch bei diesen Temperaturen eine Jacke anziehen, meinte die Mutter. Doch das, erfuhr sie, war das falsche Verständnis: Es ging um die Gefühlslage, weniger um die Jacke.

Als der Sohn das nächste Mal mit der Jacke kämpfte und das Gefühls-Trio aus Wut, Enttäuschung und Trauer ihr Kind aus der Fassung brachte, probierten die Eltern die Zauberformel aus. Auf den Arm nehmen klappte nicht, das Wutkind wehrte sich strampelnd. Aber eine leichte Umarmung war möglich.

Die Armbeuge war bald nass von den Tränen, der kleine Kinderkörper wurde von Schluchzern geschüttelt. »So eine blöde Jacke«, sagte die Mutter, »dass sie dich einfach nicht in den Ärmel schlüpfen lässt!« Das Schluchzen wurde schwächer. »Klar, dass du dich jetzt so richtig ärgerst. Würde ich mich auch«, sagte die Mutter. Der kleine Körper entspannte sich, matt hing ihr Sohn in ihrem Arm. »Jaaa«, flüsterte er leise. Er weinte noch ein wenig vor sich hin. Dann stand er schniefend auf. »Gehen wir jetzt?«

Sie gingen, das Kind noch etwas erschöpft, aber wieder bereit für die Herausforderungen dieser Welt. Die Mutter durchaus stolz. Innerlich malte sie einen dicken Pluspunkt auf die Heute-war-ich-pädagogisch-wertvoll-Liste. Und kicherte dann.

»Warum lachst du?«, wollte ihr Sohn wissen. Die Mutter redete sich auf das lustige Bilderbuch von heute Morgen heraus. Der Kleine musste nicht wissen, wie urkomisch er wieder ausgesehen hatte, heulend und zitternd vor Wut.

Tipps für mehr (Mit-)Gefühl

### Na, so schlimm ist es doch nicht

Das andere Kind macht nicht augenblicklich die Schaukel frei, der Fuß weigert sich, in den Schuh zu passen, und Eis zum Frühstück gibt es auch nicht: In den Augen der Eltern mögen das Kleinigkeiten sein, doch für kleine Kinder bricht wegen so etwas fast die Welt zusammen. Sie reagieren mit großer Wut und Tränen, wenn es nicht so läuft, wie sie es sich vorgestellt haben. Manche Eltern amüsieren sich mitunter köstlich über ihre vor Wut weinenden Kleinkinder oder sagen: »Ist doch nicht so schlimm.« Da fühlen sich die Kinder unverstanden und das zu Recht. Eltern müssen die Gefühle ihrer Kinder ernst nehmen. Natürlich ist es schlimm, es gibt für das Kleinkind in diesem Moment nichts Schlimmeres auf der Welt!

### Ich fahr mal eben aus der Haut

Ältere Kinder und Erwachsene haben gelernt, ihre Emotionen zu steuern. Wenn wir uns in der Arbeit ärgern, holen wir uns abends Trost beim Partner oder bei Freunden. Kleinkinder in der Autonomiephase, gemeinhin als Trotzphase verschrien, haben diese Möglichkeit nicht. Sie haben einen Plan, und der muss jetzt sofort erfüllt werden – sonst sind Frust und Enttäuschung überwältigend groß. Sie können auch Verlockungen erst gegen Ende des vierten Lebensjahres widerstehen, wenn bestimmte Areale in der Großhirnrinde ausgereift sind. Das zeigen Versuche, in denen Vierjährige mit einer Süßigkeit auf dem Tisch allein im Raum bleiben. Ihnen wird eine ganze Tüte Süßes versprochen, wenn sie dieses eine Bonbon nicht essen. Die meisten greifen aber lieber gleich zu, sie können sich einfach nicht zurückhalten. Eltern hilft die Erkenntnis, dass Kleinkinder sich nicht bewusst für Wut und Tränen entscheiden, sondern dass sie sich gar nicht anders verhalten können. Sie sind einfach noch nicht so weit. Wer die Hilflosigkeit und Verzweiflung der Kinder in diesem Moment wahrnimmt und sich hineinversetzen kann, tut sich leichter, selbst ruhig zu bleiben.

### Komm in meine Arme

Also müssen Eltern nur trösten und alles ist wieder gut? Leider ist es nicht so einfach. Trösten hilft eher älteren Kindern, während die Kleinen in der Autonomiephase in ihrem Wüten meist gar nicht in den Arm genommen werden wollen. Da ist es besser, sie – wenn möglich – wüten zu lassen, aber zu signalisieren: Ich bin da, wenn du mich brauchst. Wenden sich Eltern genervt ab, weil sich das Kind so aufführt, entziehen sie ihm damit ihre Liebe. Also lassen Sie es sich abreagieren, solange es nicht sich selbst oder andere gefährdet. Es hilft, wenn das Kind hört, dass Mutter oder Vater in der Nähe sind und es zu ihnen kommen kann, wenn es sich beruhigt hat. Wenn es schon ein wenig heruntergekommen ist, funktionieren manchmal Ablenkung oder ein Kompromissvorschlag.

### Wut? Kenne ich

Es ist sehr wichtig, dass Eltern vermitteln: Sie haben selbst manchmal Wut im Bauch, solche Emotionen sind ganz normal. Nach einem Gefühlsausbruch des Kindes sollten sie klarmachen, dass das zum Größerwerden dazugehört und dass sie wissen, wie schwierig der Umgang mit Emotionen ist. Das hilft auch in der Situation selbst: Benennen Eltern die Gefühle, »Du hast jetzt aber eine Wut, weil du noch warten musst«, merken die Kinder: Mutter und Vater kümmern sich um mich und verstehen, was mit mir los ist – ich bin nicht allein mit meinem Zorn und der Enttäuschung. Dann wissen sie, die Eltern sind immer auf ihrer Seite. Und das ist das Wichtigste überhaupt.

**!** Die Tipps basieren auf dem Rat von Professor Hartmut Kasten. Er ist Entwicklungspsychologe, Frühpädagoge und Familienforscher und lehrt an der Ludwig-Maximilians-Universität in München. Unter anderem hat er den Ratgeber »0 bis 3 Jahre. Entwicklungspsychologische Grundlagen« verfasst.

## Geht's ein bisschen ruhiger?
### Kinder und Fernsehen

Das sagt das Kind:
»Darf ich fernsehen?«

Das sagen die Eltern:
»Du hast doch gerade erst ausgeschaltet.«

Das sagen die Eltern der anderen:
»Also unser Kind ist so kreativ, das vermisst den Fernseher gar nicht.«

Das sagen die Großeltern:
»Natürlich dürft ihr noch länger schauen. Nur sagt es den Eltern nicht!«


Es war an einem Tag im November mitten im schönsten Erkältungswetter, als die Mutter einknickte. Ihre beiden Kinder hatten sich wochenlang gegenseitig die Viren zugeschleudert und waren emsig dabei, das kindliche Immunsystem zu stärken und das Nervenkostüm der Eltern zu zerstören. Denn Vorschulkinder, ach was, alle Kinder im krankheitsbedingten Hausarrest, treiben Mütter und Väter in den Wahnsinn, sobald sie das Schlimmste überstanden haben. Ihre Kräfte reichen nur dafür, um penetrant ihre Langeweile kundzutun. Um sich selbst zu beschäftigen, sind sie noch zu schwach.

Ein Brettspiel? »Langweilig!« Malen? »Langweilig!« Eine CD anhören? »Laaaaangweilig!« Dabei waren es noch zehn Stunden bis zur Gute-Nacht-Geschichte. In diesem Moment gab die Mutter ihren Widerstand auf und griff zur TV-Zeitschrift. Bislang hatte sie ihren Kindern bewusst das Fernsehen vorenthalten, wusste sie doch aus eigener Erfahrung, was für ein hypnotischer Freizeitvernichter das ist. Ihre Kinder sollten spielen, toben, gerne auch mit anderen. Aber während der Krankheit konnten sie das nicht, miteinander wollten sie nicht. Wenn doch, dann nur mit Mama. Doch nach zwei Wochen reichte es, den Kindern und ihr auch.

Mit zwiespältigen Gefühlen blätterte die Mutter im Programmheft. Dann schaltete sie ihr schlechtes Gewissen ab: Was für ein Glück, sie konnte es kaum fassen, lief doch gerade Biene Maja, die gute alte Biene Maja, die sie selbst als Kind so gerne gesehen hatte.

Die konnte ja auch ihrem Nachwuchs nicht schaden. Obwohl ihre eigene Mutter immer geklagt hatte, dass diese Maja für eine Biene ungewöhnlich, ja ohrenbetäubend laut sei. »Gar nicht«, hatte sie damals knapp geantwortet, ohne den Blick vom Bildschirm zu nehmen. Schließlich drohte sich Maja gerade im Netz der garstigen (sowie schief und laut geigenden) Spinne Thekla zu verfangen.

Also nun wieder Biene Maja, drei Jahrzehnte später: »Wollt ihr vielleicht, aber nur ausnahmsweise, weil ihr krank seid, fernsehen?«, fragte die Mutter etwas scheinheilig, denn die Antwort war klar. Schon oft hatten die Kleinen geklagt, wie viele im minderjährigen Bekanntenkreis Fernsehen schauen durften, nur sie nicht, sie ganz allein nicht. Daher schrien sie begeistert: »Jaaaaa!« »Aber wirklich nur ausnahmsweise«, rief die Mutter ihnen hinterher. Da sie das Durchsaugen auch an diesem Tag wieder nicht geschafft hatte, wirbelten die armen, kranken Patienten eine Staubwolke auf, so schnell rannten sie zur Couch.

Aus reiner Nostalgie setzte sich die Mutter dazu. Bei der Titelmelodie summte sie sogar mit, schließlich hatte sie früher dieses von Karel Gott gesungene Lied so faszinierend gefunden, was vor allem an der etwas ungewöhnlichen Aussprache lag. Nur sangen jetzt Frauen, akzentfrei. Die Geschichte begann, alle drei lehnten sich gespannt vor. Nur die Mutter schreckte gleich wieder zurück. Denn Willi schmetterte mit seiner, nun ja, sehr eigenen, trötenden Stimme, als würde sich der Sprecher die Nase zuhalten, was er vielleicht auch tat: »MAJA! MAJAAA! MAAAJAAAAA!«

Vielleicht war es doch keine so gute Idee gewesen, die »Laaangweilig«-Seufzer der eigenen Kinder gegen die »MAAAAJA«-Schreie der tumben Drohne einzutauschen. Überhaupt, konnte in dieser Serie keiner normal sprechen? Von der Spinne Thekla war doch weit und breit noch nichts zu sehen? »WO STECKST DU DENN, ICH SUCH DICH SCHON DIE GANZE ZEIT!« Willi hatte Maja gefunden, leiser sprach er deswegen nicht. Da kam auch noch Flip (DOING, DOING, DOING): »MAJAAA!«

Die Mutter versuchte, es herunterzuschlucken, den Mund zu halten, es nicht zu sagen, doch es drängte heraus, unaufhaltsam: »Müssen die eigentlich die ganze Zeit so schreien?« Die Kinder blickten sie nur kurz, aber verwundert an: »Die schreien doch gar nicht.«

Die Mutter beschloss, ihren Nachwuchs den kreischenden Insekten zu überlassen und floh ins Nebenzimmer, verfolgt von den wändedurchdringenden Stimmen von Willi und Flip. Acht Minuten später, ein Schrei. Eindeutig nicht von Willi oder Flip.

Das Kind, das jüngere: »Mamaaaaa, da ist eine böse Spinne, die will die Maja fressen, Mamaaa, komm, du musst dableiben!« Die Mutter zwängte sich wieder zwischen ihre Kinder. Auftritt Thekla, die Spinne. War ja klar. Sie geigte so falsch wie früher, nur irgendwie … lauter, viel lauter. Die Mutter drehte den Ton leiser, die Kinder beschwerten sich, sie drehte wieder lauter und war genervt. Dieses eine Mal und dann nie wieder, schwor sie sich. Lieber zwang sie die Kinder zu »Mensch ärgere dich nicht«, krank hin oder her.

Die Kinder sahen das anders. Die Dämme waren gebrochen und durch TV-Abstinenz nicht mehr zu reparieren. Schon eine Stunde nach dem Ende der (sehr lauten) Biene-Maja-Folge fragten sie: »Wieder Fernsehen?« Nein. »Jetzt Fernsehen?« Nein. »Wann dürfen wir fernsehen?« Mal schauen. »Aber wann denn?« In einer Stunde. »Ist jetzt eine Stunde um?« Neihein. »Uns ist langweilig.« So ging es an diesem Tag. Am nächsten Tag. Und am übernächsten Tag.

In der Nacht hatte die Mutter einen Albtraum: Laut kreischende Bienen mit breiten Monitor-Köpfen trieben sie auf ein Spinnennetz zu, in dessen Mitte Thekla fröhlich fiedelte. Doch keine Geigentöne erklangen, sondern Karel Gott schmetterte: »MAJAAAAAA!« Das Netz kam näher und näher, der Lärm wurde lauter und lauter, näher, lauter, näher, lauter … Die Mutter schreckte hoch.

Sie schaltete das Licht an, rüttelte den Vater wach und rief: »Wir müssen den Kindern das Fernsehen verbieten! Was soll aus ihnen werden! Sie wollen nur noch vor dem Bildschirm sitzen. Und die Bienen, diese Bienen!« Der Vater sah auf die Uhr, es war kurz nach drei. Dann blickte er auf seine Frau, die war kurz vorm Durchdrehen. Oder schon kurz danach. Anscheinend war es trotz der Uhrzeit angebracht, etwas Beschwichtigendes zu sagen: »Wenn die Kinder fernsehen wollen, schadet das doch nicht. Aus Bully Herbig ist auch was geworden. Und aus diesem anderen, diesem … dings … Mittermeier. Der saß seine ganze Kindheit vor der Glotze.«

Die Mutter war nun hellwach und empört: »Hast du schon mal seinen Blick gesehen, diesen wilden Blick auf der Bühne?

Da kannst du ja wohl nicht im Ernst behaupten, Fernsehen schadet nicht. Und überhaupt ...«

»Wenn es dir so wichtig ist«, unterbrach sie der Vater und drehte sich auf die Seite, »dann verbiete es den Kindern eben wieder. Du hast es ihnen schließlich auch erlaubt.« Wütend starrte ihn die Mutter an. Wie er da so im Bett lag, rund und dick unter der Decke, schon wieder leise schnarchend, erinnerte er sie an jemanden. Nur an wen? Der Vater grunzte ein wenig, flüsterte etwas. Die Mutter beugte sich vor und lauschte, es war schwer zu verstehen. Hielt er sich etwa die Nase zu?

»Maja«, brummte der Vater ins Kopfkissen, »Maaaajaaaa!«

Tipps für ein Leben mit mehr oder weniger fernsehen

### Fernseher an, Kind aus

Sobald Kinder den Fernseher anschalten, leeren sich ihre Gesichter, sie sind kaum noch ansprechbar. Das wirkt auf den unbeteiligten Zuschauer beinahe unheimlich. Dabei sind die Kinder nicht abgeschaltet, sondern konzentrieren sich offenbar besonders stark auf die Handlung und blenden ihre Umgebung aus, um nichts zu verpassen. Erwachsene sehen vielleicht ganz ähnlich aus, wenn sie einen Film ansehen. Du sollst nicht zu viel fernsehen, predigen Eltern, aber schauen selbst ganz gerne Spielfilme, Talkshows oder Serien – oft macht es einen Großteil ihrer Freizeit aus. Und Kinder merken sehr genau, wann Eltern fernsehen. Zumindest das Einschalten bekommen sie kurz vor dem Einschlafen noch mit.

### Erzähl mir doch nichts

Kinder beobachten, wie wir mit dem Fernsehen umgehen und merken, dass es nicht immer mit der Realität übereinstimmt, was ihnen die Eltern über Fernsehkonsum erzählen. Erwachsene sehen meistens zur Entspannung fern, ältere Kinder auch. Doch wir wollen uns das oft nicht eingestehen, weil wir ein gespaltenes Verhältnis zum Fernseher haben. Während Kinder noch offen sagen, dass ihnen Fernsehen Spaß macht, würde das ein Erwachsener nicht zugeben: Er entschuldigt sich eher dafür, seine freie Zeit derart zu vergeuden. Ganz typisch ist der Satz: »Ich war gestern so erledigt, dass ich nur noch ein wenig ferngesehen haben.« Da ist man nicht ehrlich zu sich – und zu den Kindern ebenfalls nicht. Denen hält man vor: »Du kannst doch deine Lieblingssendung auch mal ausfallen lassen!« Aber am Sonntag sind in vielen deutschen Haushalten um Schlag acht Uhr abends die Kinder im Bett, damit sie beim »Tatort« nicht stören. Da messen Eltern mit zweierlei Maß. Das sollten sie sich bewusst machen, bevor sie das nächste Mal ihren Kindern Vorhaltungen wegen zu langem Fernsehen machen.

### Schon wieder überzogen

Hocken die Kinder vor dem Bildschirm, können Mütter und Väter natürlich ein ungestörtes Telefonat führen oder Abendessen kochen. Nur vergessen sie oft darauf zu achten, dass das Kind nach einer halben Stunde wirklich – wie vereinbart – den Fernseher wieder ausschaltet. Den Ärger über sich selbst muss dann meist das Kind ausbaden. Dabei wissen wir doch, wie sehr man sich in spannenden Sendungen verliert und nicht mehr auf die Uhr achtet. Das müssen schon die Eltern tun und zum Beispiel nach 20 Minuten ankündigen, dass in zehn Minuten oder nach dieser Sendung Schluss ist.

### Pling und weg

Es gibt zwar Kindersicherungen, die nach einer halben Stunde den Fernseher kompromisslos ausschalten. Doch Erziehung sollten Eltern nicht einem Gerät überlassen. Erstens ist es für jeden frustrierend, wenn an der spannendsten Stelle des Films der Strom gekappt wird. Außerdem nimmt das Gerät die Gelegenheit zu Verhandlungen: Du darfst heute zehn Minuten länger schauen, dafür aber morgen zehn Minuten kürzer.

### Begleiteter Bildschirm-Genuss

Ein Kind sollte frühestens mit vier, fünf Jahren erste Sendungen schauen. Obwohl manche Filmchen schon für Jüngere konzipiert sind, müssen kleine Geschwisterkinder nicht mit vor dem Fernseher hocken. Eltern sollten sich zudem bewusst machen, dass manche Filme zwar ab null Jahren freigegeben sind, aber selbst Vorschulkindern noch Angst einflößen. Am besten setzen sich Eltern am Anfang beim ersten Fernsehen dazu, bis sie merken, womit ihr Kind allein klarkommt – und dann sollten sie trotzdem immer mal wieder nachschauen, ob noch alles in Ordnung ist. Übrigens können sich aus dem Fernsehkonsum Gesprächsmöglichkeiten ergeben: Wenn ein Kind im Kino war oder ein Buch gelesen hat, fragen die meisten Mütter und Väter nach, wie es war. Beim Fernsehen aber nur selten, dabei erzählen Kinder ebenfalls sehr gerne, welche Abenteuer ihr Serienheld überstanden hat. Oder dass sie gelernt haben, weshalb Elefantenohren so groß sind.

### Fernseh- oder Bildschirmzeit

Fernsehen kann man nicht mehr isoliert sehen: TV-Sendungen sind auch über den PC oder das Smartphone konsumierbar. Dazu kommen Computerspiele und Internetsurfen. Daher sollten Eltern heute eher auf die Zeit achten, die sie und ihre Kinder vor Bildschirmen verbringen. Dann kann ein über Achtjähriger selbst entscheiden, wie er zum Beispiel eine Stunde Bildschirmzeit einteilt: Wenn er länger am Computer hängen bleibt, reicht das Kontingent vielleicht nicht mehr für die Lieblingssendung. Diese Einschränkung gibt Kindern Raum, auch mal geistig zur Ruhe zu kommen – etwas, das vor dem Bildschirm nicht möglich ist. Übrigens auch nicht für Erwachsene, obwohl diese glauben, vor dem Fernseher abschalten zu können.

### Ich schau nur noch schnell ...

Eltern müssen schon kritisch überprüfen, was sie ihren Kindern vorleben: Müssen sie wirklich ans Telefon gehen, wenn es während des Abendessens klingelt? Und muss jede Mail sofort beantwortet werden? Selbst wenn man nicht ständig erreichbar ist, geht das Leben weiter – und man hat mehr davon. Das merkt die ganze Familie, wenn sie zum Beispiel einen bildschirmfreien Samstag einführt. Das ist zwar erst mal anstrengend, aber dann erfindet man den Samstag neu, wenn man nicht um Viertel nach acht vor dem Fernseher sitzen muss. Stattdessen werden eben Spieleabende mit Freunden und deren Kindern organisiert. Oder man hat endlich wieder die Möglichkeit, sich beim Langweilen zu entspannen. Das verlernen ja die meisten.

> **!** Die Tipps basieren auf dem Rat von Thomas Feibel. Der Experte für Kindermedien ist Autor von Fachbüchern, darunter »Kindheit 2.0 – So können Eltern Medienkompetenz vermitteln« oder »Crashkurs Kind und Fernsehen – Medienfit in 90 Minuten«. Feibel hat zudem den Facebook-Roman »Like Me« sowie die Kindersachbücher »Facebook und andere Netzwerke« sowie »Facebook, Twitter & Co« veröffentlicht. Auf seiner Webseite feibel.de beurteilt er nicht nur PC-Spiele für Kinder, sondern auch klassische Brettspiele. Zudem hat er den Kindersoftwarepreis »Tommi« mit angestoßen.

## Räum endlich auf!
### Chaos-Kinder

Das sagt das Kind:
»Es ist mein Zimmer!«

Das sagen die Eltern:
*»Es ist unsere Wohnung!«*

Das sagen die Eltern der anderen:
*»Also unser Kind kann in einem unordentlichen
Zimmer gar nicht einschlafen.«*

Das sagen die Großeltern:
*»Wir hatten früher nur eine einzige Puppe zum Spielen.«*


In der Ferne war ein Lichtschimmer auszumachen, dort musste das Fenster sein. Das Kinderzimmer lag im Dunkeln, aber nicht, weil der Rollladen geschlossen war. Den hatten die Eltern schon lange nicht mehr zugemacht. Sie kamen einfach nicht so weit.

Den Weg zum Fenster versperrten: Ein mehrfach aus- und angebautes Prinzessinnenschloss (wahlweise auch Pferdestall), errichtet aus Bausteinen, den großen natürlich. Diese Kostbarkeit durfte nicht angerührt werden, jeder herausgestemmte Stein brach zugleich das Herz der Kinderzimmerbesitzerin. Jeder.

Wenn Mutter und Vater dem kinderfußbreiten Trampelpfad durchs Spielzeugdickicht folgten, endete dieser abrupt am Bücher-Mittelgebirge, das sich gletschergleich aus dem übervollen Regal schob. Von Abtauen keine Spur, im Kinderzimmer herrschte Eiszeit.

»Bücher kann man nie genug haben«, sagte die Verwandt- und Bekanntschaft und sorgte für ständigen Nachschub. Jede Bücherei hätte sich über diese Sammlung gefreut. Leider wachte das Kind auch über diesen Schatz und verzichtete weder auf Fühl-, noch auf Klapp- oder gar platzraubende Panorama-Bücher. Das Bücher-Mittelgebirge ging über in die Puzzle-Hochebene, die sich rings um eine Puppen-Buggy-Erhebung erstreckte, und durch eine Murmel- und Hüpf-gummi-Anhäufung unbegehbar geworden war.

Direkt vor der Fensterscheibe türmten sich Stofftiere zu einem Berg auf, alle heiß geliebt, keines durfte weggegeben werden. Wohlmeinende Verwandte vergrößerten diesen Mount Everest der Kuscheltiere auf Rekordhöhe. Ob Tag oder Nacht war, konnte man nur an dem matten Lichtstrahl erkennen, der zwischen Teddybär Nummer acht und Plüschhund Nummer vier durchschimmerte.

Die Eltern hatten einiges versucht, um den Spielzeugbergen Herr zu werden. Doch während in anderen Familien die Mütter und Väter heimlich länger verschmähte Sachen verschwinden ließen, frei nach dem Motto: »Aus dem Sinn, dann aus den Augen und dann weg damit«, kamen die Eltern damit bei ihrer Tochter nicht weiter. Sie hatte offenbar einen sechsten Sinn dafür, wenn sich Spielzeug in Luft auflöste – egal wie lange sie es nicht mehr benutzt hatte. Oder ob überhaupt.

War der werbebedruckte Mini-Laster in der Tonne entsorgt, sagte die Kleine während der nächsten Autofahrt: »Schau nur, der Lastwagen sieht genauso aus wie meiner. Den such ich daheim gleich!« So ging das immer, es wurde den Eltern schon unheimlich. Und es endete stets gleich: mit Tränen, schließlich war der Laster unauffindbar, sogar wenn die Tochter ganze Spielzeug-Berge verrückte.

Die Eltern nutzten die Situation, um an die Vernunft ihrer

Tochter zu appellieren: »Schau, du findest ja gar nichts in den vielen Sachen. Und Platz zum Spielen hast du auch nicht mehr. Vieles hattest du ewig nicht mehr in der Hand. Du solltest erst was aussortieren, bevor es etwas anderes gibt, gell: Alt ergibt Neu!« Ihre Argumente prallten an einer Mauer aus Spielsachen ab.

So konnte es nicht weitergehen, so sollte es auch nicht weitergehen. Ein wenig Licht im Kinderzimmer wäre doch schön, und zwar natürliches, beschlossen die Eltern. Sie rangen drei Abende und Nächte mit sich, ob sie bereit wären für eine radikale Entsorgungs-Kur – und stark genug für die himmelschreiende Konsequenz. Noch zögerten sie.

Bis die Mutter die Tür zum Kinderzimmer öffnete. Ihre Tochter hatte dahinter einen neuen Höhenrekord aufgestellt, die einzige Grenze war die Zimmerdecke. Und die hatte sie erreicht: Das Kind hatte alle im Zimmer verfügbaren Mittelgebirge, Hochebenen und Plüschtierberge zu einem einzigen Giganten des Überflusses vereint. Dieser Koloss türmte sich nun vor der Mutter auf. Aber nur kurz. Dann stürzte er um.

Eine Nachbarin brachte an diesem Tag die Tochter vom Kindergarten nach Hause. »Hab … heute … keine … Zeit!«, hatte die Mutter ins Telefon gekeucht. Sie klang, als sei sie auf einer Bergtour, einer anstrengenden. Als die Nachbarin klingelte, öffnete die Mutter. Sie hatte zerzaustes Haar, in denen Staubflocken hingen, und hektisch gerötete Wangen. In der Hand hielt sie eine Schneeschaufel. »Ähem«, setzte die Nachbarin an, räusperte sich und fragte: »Ist alles in Ordnung?« »Jetzt schon«, seufzte die Mutter zufrieden. Die Tochter ahnte Schlimmes und rannte in ihr Zimmer.

Die Möbel, der Teppich, die Wände – alles war gut zu sehen, obwohl kein Licht brannte: Die Sonne schien ungehindert durchs Fenster (sauber). Der Weg dorthin war passierbar.

Keine Spur mehr von Spielzeug-Gipfeln oder Bücher-Gletschern. Die Eiszeit war vorüber.

Das Kind stand stumm.

Dann blickte es die Mutter an, die ihm gefolgt war. »Wo …?«, flüsterte es. »Im Keller«, sagte die Mutter zufrieden. Dass sie die Hälfte davon bereits im Internet zum Kauf feilbot, verschwieg sie. Die wichtigsten Bücher standen noch im Bücherregal, die Kugeln und Hüpfbälle waren in einem Säckchen verstaut und vier Lieblingskuscheltiere warteten auf dem Kopfkissen.

Die Tochter streifte durch ihr groß gewordenes Reich. »Ganz schön viel Platz«, sagte sie, widerwillig anerkennend. »Jawoll!«, sagte die Mutter zufrieden. »Und wenn du mit deinen Sachen spielen willst, holst du etwas vom Keller hoch. Und dann räumst du es wieder runter.« Ein guter Plan, fand die Mutter. Die Tochter schien einverstanden. Jedenfalls widersprach sie nicht. Vielleicht stand sie noch unter Schock.

Doch offenbar funktionierte es: Drei Tage lang holte sie, brachte wieder weg und genoss die unbekannten Weiten ihres Zimmers. Bis zum vierten Tag. Da hörte die Mutter am Nachmittag ein Poltern auf den Treppenstufen. Etwas Schweres wurde nach oben geschleift. Es rauschte und krachte, wie eine Geröll-Lawine.

Die Mutter stürzte ins Kinderzimmer. In der Mitte türmte sich ein zugspitzgroßer Haufen aus Gerümpel: ein Lampenschirm, ein Teddy ohne Arme, eine lange nicht mehr geputzte Puppenküche. Davor stand strahlend die Tochter: »Stell dir vor, diese tollen Sachen haben die Leute einfach an die Straße gestellt! Da hab ich das Allerschönste mitgenommen. Weil meine alten Sachen doch weg sind. Und Alt ergibt Neu. Hast du gesagt.«

### Schönes Vorbild

In einigen Kinderzimmern herrscht Chaos, während in anderen die Bausteine nach Farben sortiert sind. Und wer ist schuld? Leider die Eltern, beziehungsweise diejenigen unter den Müttern und Vätern, die erst einmal Stühle freiräumen müssen, bevor sich Besucher setzen können.

Auch beim Aufräumen kommt es auf die inneren Werte an: Schaffen Eltern gerne oder zumindest selbstverständlich Ordnung, überträgt sich das auf ihre Kinder – genauso, wenn sie dabei ein langes Gesicht ziehen. Also halten Sie Ihre Mimik im Zaum, drehen Sie die Musik laut und sehen Sie das Aufräumen als persönliche Herausforderung.

### Kreatives Chaos

Je nach Alter fördert Chaos das kreative Spielen, wenn es gewisse Grenzen nicht überschreitet – zum Beispiel die Zimmergrenze. Für ältere Kinder ist es toll, Spielsachen zu mischen: Autos kurven um die Baustein-Stadt, ein Raumschiff fliegt knapp darüber. So entdecken Kinder neue Spielmöglichkeiten. Jüngere überfordert eine große Menge an Spielsachen eher. Für sie ist es wichtig, sich auf wenige Dinge fokussieren können: Kleinkinder lieben etwa Würfel, in die sie runde, drei- oder viereckige Steine sortieren können. Da fängt der Spaß am Aufräumen schon an.

### Ab wann Kinder aufräumen

Dürfen Kleinkinder beim Sortieren oder Putzen helfen, platzen sie fast vor Stolz. Dieser Enthusiasmus gibt sich zwar leider wieder, aber dann hat schon eine gewisse Routine eingesetzt. Je größer Kinder sind, desto eigenständiger können sie aufräumen. Doch von Fünfjährigen darf man nicht erwarten, dass sie ihre Chaoshöhle ganz allein in ein Zimmer aus dem Möbelhaus-Katalog verwandeln. Und selbst für Schulkinder ist die Aufforderung »Räum endlich mal auf« viel zu pauschal.

### Sagen Sie, was Sie wirklich wollen

»Räum bitte diese Ecke auf« halten Sie für eine konkrete Anweisung? Ihr Kind sieht das anders. Helfen Sie ihm, indem Sie einzelne Schritte benennen: »Leg die Steine in die Kiste und die CDs in den Schrank.« Das ist auch wichtig fürs Loben hinterher, übrigens für jedes Lob: je konkreter, desto wirkungsvoller. Kinder wollen gesehen werden, also sollten Sie genau hinschauen, tief Luft holen und sagen: »Du hast die CDs ins Regal gestellt und alle Bausteine sind in ihrer Kiste. Da freue ich mich, so ein toll aufgeräumtes Zimmer zu betreten.« In der Pädagogik wird das beschreibendes Lob genannt und funktioniert ungemein gut. Je mehr Details gewürdigt werden, desto stolzer sind die Kinder.

### Lohn der Mühe

Sie wollen die Arbeit hinterher versüßen? Eine kleine Aufmerksamkeit nach dem Aufräumen kann schon mal motivieren, sollte aber nicht zur Regel werden. Es muss den Kindern ja nicht alles Unangenehme mit Belohnungen schmackhaft gemacht werden. Da ist Ihre Anerkennung hinterher wichtiger.

### Wie Ordnung Spaß macht

Selbstbestimmung ist der Schlüssel: Je mehr Kinder mitentscheiden können, was in ihrem Zimmer wo »wohnen« darf, desto eher merken sie sich diesen Platz. Mit Farben und Bildern kann man die Kisten und Schubläden zusätzlich kennzeichnen. Nur dumm, wenn diese bereits überquellen: Zu viel Spielzeug erschwert es, eine Grundordnung aufrecht-zuerhalten. Also machen Sie sich die Mühe und packen Sie weg, womit gar nicht mehr gespielt wird. Wenn Sie es erneut hervorholen, ist es plötzlich wieder spannend. Sie können es aber auch ganz verschwinden lassen.

Außerdem ist es wichtig, wann und wie gründlich die Kinder aufräumen: Haben sie zum Beispiel einen riesigen Zoo aufgestellt, wäre es frustrierend, ihn gleich wieder abreißen zu müssen. Dürfen sie ihn einstweilen stehenlassen, fühlen sich Kinder ernst genommen. Dann ist Aufräumen gleich weniger negativ besetzt.

### Der richtige Zeitpunkt

Rituale helfen auch hier, etwa wenn das Spielzeug immer vor dem Abendessen ins Regal kommt. Die Abstände sollten jedenfalls nicht zu groß werden, damit nur wenig aufgeräumt werden muss und das Kind (und die Eltern) ein schnelles Erfolgserlebnis hat – statt vor einem kaum zu bewältigenden Haufen zu kapitulieren.

### So sag ich's meinem Kind

Es kommt durchaus auf das »Wie« der Aufforderung an: Wer im Vorbeigehen ruft, »Räum mal auf«, kann auch mit der Zimmerpflanze reden. Das Kind ist im Spiel versunken, in seiner eigenen Welt. Das ist eigentlich ein gutes Zeichen, weil es in der Lage ist, seine Aufmerksamkeit ganz auf eine Sache zu fokussieren. Aber sein Fokus liegt eben nicht darauf, dass gleich Besuch kommt und die Atmosphäre in der Wohnung einen Hauch von Anarchie verströmt.

Der Zauberschlüssel zum Aufräum-Erfolg ist die richtige Reihenfolge: erst die Aufmerksamkeit bekommen und dann zur Ordnung rufen. Das bedeutet konkret: Gehen Sie zu Ihrem Kind. Nun denken Sie daran, sich auf Augenhöhe zu begeben und in die Welt Ihres Kindes einzutreten: »Du spielst aber schön mit den Zootieren.« Wie gesagt, Kinder wollen in ihrem Tun gesehen und wertgeschätzt werden, also bitteschön. Erst dann holen sich professionelle Eltern die Aufmerksamkeit, indem sie Augenkontakt halten und konkret werden: »Ich möchte, dass du die Bausteine aufsammelst und in ihre Kiste legst. Dann darfst du weiter spielen.« Generell sollten Sie positiv formulieren, was Sie wollen, und nicht über »ständige Unordnung« schimpfen. Das ändert nichts und macht nur schlechte Laune.

### Einmal nachdenken statt ständig streiten

Das Gute an regelmäßigen Problemen wie dem Zwist über die Unordnung ist: Dieser Streitpunkt kommt sowieso wieder, man muss also nicht sofort eine Lösung parat haben. Wiederkehrende Konflikte besprechen Eltern und Kinder besser nicht in der akuten Situation, sondern in einem ruhigen Gespräch. Nur so haben sie die Chance, gemeinsam einen Weg aus dem Dilemma zu finden. Wenn das Kind zum Beispiel nach der Schule jeden Tag seinen Ranzen einfach im Flur fallen lässt und dort vergisst: Vielleicht macht es das, weil es vor Durst an nichts anderes denken kann, als an Wasser, Wasser, Wasser?

Oder weil es zuerst auf die Toilette muss, weil es sich weigert, die indiskutabel verschmutzten Schulklos zu benutzen? Wer den Grund kennt, erinnert gelassener ans Aufräumen. Und findet vielleicht eine Lösung: Dass zum Beispiel der Schulranzen nur kurz vor der Toilettentür abgestellt und dann gleich für die Hausaufgaben mitgenommen wird.

## Halbes Leid

Zusammen räumt es sich leichter auf. Sie könnten doch zeit-
gleich mal wieder Ihren Schreibtisch sortieren? Und nach
dem geteilten Leid freuen sich Eltern und Kinder hinterher
gemeinsam über die ordentliche Wohnung. Und dürfen sich
gegenseitig loben, wie fleißig alle waren.

> **!** Diese Tipps basieren auf dem Rat von Psychologe
> Dr. Markus Schaer von der Ludwig-Maximilians-Universität
> München. Er ist auch im pädagogischen Verein Familien-
> team aktiv und leitet dort Erziehungskurse für Eltern.

## Alles so teuer hier:
### Taschengeld für junge Konsumenten

Das sagt das Kind:
»Aber der Louis bekommt dreimal so viel.«

Das sagen die Eltern:
»Das ist ja wohl genug.«

Das sagen die Eltern der anderen:
»Also unser Kind spendet sein Taschengeld für Familien,
die es nicht so gut haben wie wir.«

Das sagen die Großeltern:
»Hier hast du zehn Euro, aber sag's nicht der Mama.«

»Duhuuu«, sagte die Tochter neulich und baute sich mit leicht vorwurfsvoller Haltung und sehr vorwurfsvollem Gesicht vor der Mutter auf. »Duhuuu, die Sarah aus meiner Klasse bekommt Geld. Jede Woche. Und die Christina auch. Warum krieg ich eigentlich nichts?« Die Frage war berechtigt. Die Mutter bat um zehn Minuten Aufschub und suchte Rat im Internet.

Dort stand, dass sie spät dran war, zu spät eigentlich: Das Jugendamt empfiehlt Taschengeld schon im Kindergartenalter. Hoffentlich kommen keine Nachforderungen. Mit dem eigenen Taschengeld, las sie, sollte das Kind den richtigen Umgang mit Geld lernen, achtsames Ausgeben, Ansparen, Wertschätzen. Klingt gut, dachte die Mutter, und setzte ein weiteres Erziehungsziel auf die Liste.

Acht Minuten später begannen die Verhandlungen. Weil die Tochter noch keinen Internetzugang hat, nutzte die Mutter ihre Unwissenheit über Jugendamt-Empfehlungen, um ein paar Bedingungen an das künftige Gehalt zu knüpfen (Zimmer aufräumen, Tischmanieren, allgemeines Wohlverhalten). Begeistert stimmte die Tochter allem zu und forderte die erste Rate.

Zwei Euro sollte es jede Woche geben. Weil es großzügiger wirkte, zahlte die Mutter die Summe in zwei 50-, drei 20- und vier Zehn-Cent-Stücken aus. Neun Geldstücke auf einmal. Das Kind strahlte und eilte zum Schuhschrank. Wohin es wolle? »Na, einkaufen!« Es war Sonntag.

Der Sonntag verging langsam, sehr langsam. Die Tochter versuchte, das Warten bis zur Öffnung der Warenwelt zu verkürzen, indem sie sich ausmalte, was sie alles mit ihrem Schatz erwerben könnte. »Ich kaufe mir eine Fotokamera! Und vom Rest noch Kinder-Tattoos, die mit den Pferden!« Es war hart, aber wirklich an der Zeit, das Kind mit der Realität und dem wahren Wert des Geldes zu konfrontieren. Schatz, eine Fotokamera kostet nicht zwei Euro. »Weniger?« Mehr.

Das Kind war enttäuscht, es hatte sich vorgestellt, spionagegleich mit der Kamera durch die Vorgärten zu ziehen, auf der Suche nach Motiven, die die Welt noch nie gesehen hatte. Die Mutter bekam Mitleid. Es ist nicht schön, Pläne durchkreuzen zu müssen. »Zahlst du mir den Rest?« Das Mitleid war weg. Es war Zeit für eine Grundsatzerklärung über den Wert des Geldes, über Arbeiten für das Einkommen, über hohe Kosten für notwendige Ausgaben, über … »Aber die Tattoos kann ich mir von meinem Geld kaufen, oder?« Wie bitte? Ach so, ja. Dafür dürfte das Geld reichen.

Für die junge Konsumentin verging ein langer Montagvormittag in der Schule, ein ewiges Sitzen am Mittagstisch (was diesmal nicht am Essen lag) und ein endlos langes Hausaufgabenmachen. Dann konnte sie los, zum Geschenkartikelladen. Ein Ort, zu dem die Mutter das Kind sonst möglichst nicht mitnahm. Hier gab es zu viel Wünschenswertes für einen zu hohen Preis.

Sie versuchte, das Kind gleich zur Kasse zu drängen, dort hingen die Tattoos. Doch es entkam mit einem angetäuschten Schritt nach rechts und einer schnellen Drehung nach links. »Komm! Ich hab da was entdeckt!« »Ach, wirklich? Ich auch, da vorne, die Tattoos!« »Nein, nein, schau doch, das wollte ich schon immer haben!« Die Mutter wusste nicht, dass »immer« nur zwei Sekunden dauern kann.

Schon immer wollte sie ein Einhorn haben, mit Blumenranken bemalt, auf dem Rücken eine noch blumigere Elfe mit bunten Flügeln. »Schön«, hauchte das Kind. Kitschig, dachte die Mutter und schaute nach dem Preis. Es kostete ein bisschen mehr als zwei Euro. Es kostete sechs Mal so viel. Das bedeutete fünf Wochen lang Taschengeld sparen. Eine gute Übung für das Kind.

Die Mutter wandte sich an die Tochter, um ihr die Berechnungen zu erläutern. Das Kind hielt Elfe und Einhorn in der Hand und liebkoste die zartrosa Nüstern, streichelte über die Mähne und wirkte nicht so, als ob es vorhatte, fünf Wochen auf diesen Schatz zu warten. Die Mutter hatte richtig beobachtet. »Fünf Wochen? Wie viele Tage sind das denn?« »Also, wenn wir den heutigen Montag abziehen, sind das 34 Tage.«

Haben Sie schon einmal Ihrem Kind zusehen müssen, wenn aus großer Freude große Enttäuschung wird? Das ist nicht schön. Aber wer hat gesagt, dass Erziehung Spaß macht? Und wer mag schon eine Vorstadtgöre, der jeder Wunsch von den Augen abgelesen wurde und die das volle Verwöhnprogramm auch für ihr künftiges Leben erwartet? Eben. Also standhaft bleiben! Das Erziehungsziel nicht aus dem Blick verlieren!

»Duhuuu, und wenn ich ganz, ganz brav bin und die

Hausaufgaben immer ganz schnell mache? Zahlst du mir dann ...?« »Schatz, das geht nicht. Wenn dein Geld nicht ausreicht, musst du eben sparen. Oder dir etwas Billigeres aussuchen.« Der Blick senkte sich auf Elfe und Einhorn, die Unterlippe zitterte, eine alte Frau neben ihnen warf der Mutter einen bösen Blick zu, der sagte: »So etwas Geiziges habe ich noch nie erlebt, das arme Kind!« Die Mutter verzichtete darauf, ihr das jugendamtlich abgesegnete Erziehungsziel zu erklären und konzentrierte sich auf ihre Tochter.

Die stellte langsam, sehr, sehr langsam das Einhorn zurück ins Regal, setzte die Elfe darauf. Da leuchtete ihr Gesicht wieder auf. »Und nur das Einhorn?« Drei Wochen sparen. »Nur die Elfe?« Zwei Wochen. »Ein Baby-Einhorn?« Ebenfalls zwei Wochen.

Schließlich standen sie an der Kasse. Vor den Tattoos. Lustlos drehte die enttäuschte Erstkonsumentin am Gestell und zog ein Blatt mit Pferdemotiven heraus. Dann zählte sie die Münzen ab. Es blieben zwei Zwanzig-Cent-Münzen übrig. »Und was mach ich jetzt mit denen?«, fragte sie grantig. Sparen für das Einhorn? Schweigend schob sie die Münzen in ihren Geldbeutel zurück.

Plötzlich richtete sie sich auf, kerzengerade, und rief: »Ich wünsche mir das Einhorn und die Elfe einfach zu Weihnachten. Da kosten sie gar nichts. Weil das Christkind sie bringt.«

Tipps zum Taschengeld
### Glücklich ohne Geld?
Taschengeld, muss das sein, fragen sich Eltern vor allem jüngerer Kinder. Ja, muss es – jedenfalls wenn sie wollen, dass die Kinder lernen, mit ihrem Geld hauszuhalten. Am besten solange es sich noch um geringe Eurobeträge handelt und nicht erst später, wenn der Überziehungskredit das Einkommen

weit übersteigt. Den richtigen Umgang mit Geld lernen Kinder nicht, indem sie nur zuschauen, wie es ausgegeben wird. Stehen ihnen selbst ein paar Cent – mehr sind es am Anfang ja nicht – zur Verfügung, müssen sie auch selbst überlegen, wofür sie ihr Geld hergeben. Jüngere investieren meist in Süßigkeiten, Ältere übrigens oft ebenfalls. Bei ihnen kommen dann noch Kosten fürs Ausgehen, für Kleidung, Computerspiele und Handys dazu.

### Dafür willst du Geld ausgeben?

Kaum ist das Taschengeld gezahlt, ist es schon wieder weg: für Star-Wars-Karten, für kitschige Minipferdchen und leckeres Eis. Das Geld zerrinnt den Kindern zwischen den Fingern. Wo bleibt denn da die Erfahrung, auf etwas hinzusparen? Eltern fällt es bisweilen schwer, sich beim Thema Taschengeld in Zurückhaltung zu üben. Aber wofür sie es ausgeben wollen, sollten Eltern dennoch den Kindern überlassen: Es ist ihr Geld, sie sind dafür verantwortlich. Also sollen sie allein entscheiden dürfen, was sie kaufen.

### Weg ist weg

Zu dem Lernprozess »Wie teile ich mein Geld richtig ein?« gehört übrigens auch die Erkenntnis, dass das Geld weg ist, wenn es ausgegeben wurde. Dann müssen die Kinder auf das nächste Taschengeld warten. Das fällt schwer. Und ihre Eltern können es sich oft kaum verkneifen, ihnen nicht zwischendurch etwas zuzustecken. Aber wenn die Kinder immer, wenn sie sich einen Wunsch erfüllen wollen, das Geld dafür bekommen, entwickeln sie kein Verhältnis dazu. Und ihnen fehlt die Erkenntnis, dass Geld nicht unbegrenzt vorhanden ist. Daher sollten Eltern ruhig mit ihren Kindern, auch schon mit den kleinen, darüber reden, dass Mutter und Vater für ihr Einkommen arbeiten und die Scheine nicht einfach so aus dem Bankautomaten ziehen.

### Taschengeld ist nicht drin

Es gibt aber Familien mit so knappem Einkommen, dass sie gar kein Taschengeld zahlen können. Dann sollten die Eltern mit ihren Kindern unbedingt darüber sprechen, warum sie sich kein Taschengeld leisten können. Dass zum Beispiel Arbeitslosigkeit der Grund dafür ist und nicht, dass sie ihre Kinder weniger lieb haben als andere Eltern. Damit die Kinder auch den Umgang mit Geld lernen, sollte man sie zumindest bei den eigenen Einkäufen miteinbinden – und nicht verheimlichen, wie knapp die Familie rechnen muss, um über die Runden zu kommen. Die Eltern müssen offensiv mit ihrer Situation umgehen, denn die Kinder bekommen es sowieso mit.

### Wie viel darf's denn sein?

Genug Geld vorausgesetzt, rät das Jugendamt, sogar Kindergartenkindern einen Euro in der Woche auszuzahlen. Doch oft können Kinder erst nach der Einschulung den Wert des Geldes mehr (ein-)schätzen: Jüngere haben gar kein Verständnis von Geld, sie sind entwicklungspsychologisch noch nicht so weit. Sie freuen sich über die glänzenden Münzen, die sie sortieren, stapeln und rollen können, mehr als über langweilige Scheine. Auch bei Schulkindern reichen ein bis zwei Euro in der Woche, um langsam erste eigenständige Einkäufe zu fördern. Mit der Schule beginnt für die Erstklässler ein neuer Lebensabschnitt, sie sind nun öfter allein unterwegs. Wer sich vor oder nach dem Unterricht einen Lutscher vom eigenen Geld kauft, wird als Kunde wahrgenommen. Und fühlt sich richtig groß.

*Das hast du nicht verdient!*

Eltern sind versucht, das Taschengeld bei Streit mit den Kindern als Druckmittel einzusetzen: Wenn du nicht folgst, wird es gestrichen. Das Auszahlen des Taschengeldes sollte aber besser nicht mit Emotionen beladen werden. Kinder fühlen sich sowieso abhängig genug. Wer das Geld als Strafmaßnahme missbraucht, nimmt dem Kind die Planungssicherheit, etwa wenn es auf einen größeren Wunsch spart. Dabei soll es ja den Umgang und das Einteilen seines Budgets lernen.

*Und wir zahlen den Rest …*

Süßigkeiten, Sammelkarten oder auch Schulsachen: Was sollten Kinder von ihrem Taschengeld eigentlich zahlen müssen? Während Jüngere es zur freien Verfügung erhalten sollten, können Eltern die Rahmenbedingungen mit Jugendlichen durchaus verhandeln: Du kannst mehr Geld erhalten, musst davon aber bestimmte Dinge kaufen. Wenn etwa ein 14-Jähriger 75 statt 25 Euro bekommt, muss er auch Schulsachen selbst bezahlen. Das sollten Eltern nicht nur mit dem Kind diskutieren, sondern das Einteilen ein bisschen begleiten, damit der Betrag nicht schon am Monatsanfang ausgegeben ist.

Wenn sich das Kind diese Planung noch nicht zutraut, fängt man eben kleiner an: Will es eine bestimmte Markenjacke, zahlen die Eltern einen Grundbetrag, die sie für eine durchschnittliche Jacke ausgeben würden. Der Teenager begleicht die Differenz zur Markenware und muss notfalls darauf hinsparen. Darüber hinaus sind bestimmte Aufgaben, die über das normale Helfen im Haushalt hinausgehen – etwa Rasenmähen – eine gute Gelegenheit, sich etwas dazuzuverdienen. Und der Nachwuchs versteht den Zusammenhang: erst arbeiten, dann kassieren.

*Reden wir über Geld*

Eltern können ihren Kindern am einfachsten bewusst machen, wie teuer der Alltag ist, indem sie über Geld reden. Was hat die Familie an Ausgaben und wie wenig bleibt dann noch übrig? Man kann ganz konkret zwei Monate lang gemeinsam mit den Teenagern ein Haushaltsbuch führen und verfolgen, wo das ganze Geld eigentlich bleibt. Davon haben einige überhaupt keine Ahnung, wenn sie später in die Welt hinausgehen. Manche leben mit Anfang 20 noch auf der Insel der unwissenden Seligen, weil sie daheim wohnen. Die wundern sich, dass ihre Kommilitonen überlegen müssen, ob sie sich noch einen Kaffee in der Mensa leisten können.

! Diese Tipps basieren auf dem Rat von Kirsten Schlegel-Matthies. Die Professorin für Haushaltswissenschaft an der Universität Paderborn lehrt am Institut für Ernährung, Konsum und Gesundheit. Sie hat bis 2010 das Projekt »Money & Kids« an Schulen in Nordrhein-Westfalen betreut und ist Autorin der Unterrichtshilfe Finanzkompetenz, gefördert durch das Bundesfamilienministerium. Kirsten Schlegel-Matthies glaubt nicht, dass Kinder, die von allem ein bisschen zu viel haben, glückliche Kinder sind. Und rät Eltern, spendable Verwandte lieber um Einzahlungen auf ein Konto zu bitten: Statt vieler Kuscheltiere, die das Zimmer vollstopfen, bekommt das Kind von der Summe irgendwann ein Fahrrad.

## Dauert es noch lange?
### Reisen mit Kindern

Das sagt das Kind:
»Wann sind wir endlich da?«

Das sagen die Eltern:
»Wenn du das noch mal fragst, kehren wir um.«

Das sagen die Eltern der anderen:
»Also mit unseren Kindern sind selbst Langstreckenflüge ein Vergnügen.«

Das sagen die Großeltern:
»Was müssen sie auch so weit fahren, hier ist es doch viel schöner.«

Sie hatten es sich so schön vorgestellt, die Eltern. Hatten auf eine Flugreise verzichtet (mit kleinen Kindern viel zu stressig, und dann diese unberechenbaren Verspätungen), hatten sich auch gegen die Bahn entschieden (da müssten sie Koffer, Rucksäcke und kleine Kinder schleppen, und dann diese unberechenbaren Verspätungen) und für die Urlaubsreise das Auto gewählt.

Weil die Eltern ja nicht zum ersten Mal verreisen, haben sie ihr Auto schon am Abend vor der Abfahrt vollgepackt. Nur in bislang unentdeckten Winkeln bleibt noch Platz für das Waschzeug und die Lieblings-Stofftiere der Kinder. So könnte die Familie am nächsten Tag entspannt in den verdienten Urlaub starten. Wie in der heilen Werbewelt, so hatten sich die Eltern das ausgemalt und waren ein wenig stolz auf sich und ihre Planung. Bis zum nächsten Morgen.

Früh um sechs Uhr schlägt die Realität erbarmungslos zu,

als sich der ältere Sohn vor Aufregung kurz vor der Abfahrt übergeben muss. Er steht dabei vor dem Proviant: Das Essen in den Taschen (ballaststoffreich, aber mit Vitaminen) hätte bis zum Gardasee reichen sollen.

Dem Jüngeren fällt in diesem Moment auf, dass er ohne seine Taucherbrille nicht ans Meer fahren kann. Wo er die Taucherbrille zuletzt gesehen hat, weiß er aber nicht. Während also der Vater die Provianttasche wäscht, schrubbt und dann leise fluchend mitsamt Inhalt in den Müll wirft, macht sich die Mutter mit dem Jüngeren auf die Suche nach der ver**«!ten Taucherbrille. Sie finden eine lang verschollene Sandschaufel, eine einzelne rote Socke und einen Apfel, den leider niemand vermisst hatte. Die Taucherbrille finden sie nicht.

Während der Jüngere deswegen weint und der Ältere schon wieder würgt, entscheiden sich die Eltern für eine sofortige Abfahrt, mit Kindern. In ihrem Zeitplan liegen die Eltern eine Dreiviertelstunde zurück, daher wird der fehlende Proviant mit Essen von der nahen Tankstelle ersetzt (überzuckert, ganz ohne Vitamine). Der Kühlschrank daheim war sowieso leer.

Die Tankstelle ist einen Kilometer von zu Hause entfernt. Kurz hinter der Tankstelle, etwa zwanzig Meter weiter, steht eine Ampel. Hier kommt sie zum ersten Mal, die Frage:

»*Wann sind wir endlich dahaaa?*«, sagt der Jüngere, der Ton leicht nölig.

»*Das dauert noch laaaaange*«, antworten die Eltern unbedarft. Das wäre der ideale Zeitpunkt für eine kleine Notlüge gewesen. »Laaaaange« bedeutet im Zeitgefühl von Kleinkindern eine Minute, von Kindergartenkindern fünf Minuten, von Grundschülern achteinhalb Minuten. Und nicht länger. Wo ist das Meer?

»*Warum fahrt ihr so langsam? Warum hält der vor uns? Wann sind wir dahaaa? Warum ist die Ampel rot? Sind wir schon auf der Autobahn? Sind wir jetzt da? Und jetzt? Warum nicht?*«

Die Fragen von der Rückbank kommen rhythmisch, dazu zermalmen die Kinderfüße die hinter den Vordersitzen verstauten Vorräte. An roten Ampeln schlägt der Vater im Frage-Takt die Stirn ans Lenkrad, die Mutter versucht, mit zerbröselten Tankstellen-Keksen den Nachwuchs und die Nerven zu beruhigen.

Die Rettung naht in Form einer Kinder-CD, leider wurde nur Benjamin Blümchen eingepackt. Törö. Eine wunderbare Viertelstunde lang ist es still auf der Rückbank. Die Geschichte ist nur mäßig spannend, der Jüngere nickt ein. Bis der Ältere schreit: »*JETZT SIND WIR DA!*« Doch der Sand wird nicht von Wellen, sondern vom Bagger bewegt. Stau an der Autobahn-Baustelle, die Eltern haben nach ihrem Zeitplan drei Stunden Verspätung. Der wiedererwachte Jüngere gibt voller Tatendrang Anweisungen: »*Papa, fahr doch schneller!*« Kurze Atempause. »*Wann sind wir endlich da?*«

Damit sie nicht die Kinder anschreien, streiten die Eltern ein bisschen miteinander und schweigen dann die nächsten zehn Kilometer, also eine Stunde lang, schließlich ist Stau. Dann muss der Große aufs Klo, der Kleine noch dringender. Ein idealer Zeitpunkt, denkt sich der Stau, und löst sich auf. Die nächste Parkbucht kommt zu spät. »*Ein bisschen was ist schon in die Hose gegangen*«, greint der Kleine, schniefend und müffelnd. Die Mutter reicht zum Trost angeschmolzene Schokolade und fragt ihren Mann: »*Wann sind wir endlich da?*«

Zwei Staus, vier Pinkel- und drei Essenspausen sowie 2679-Wann-sind-wir-endlich-da-Fragen später kommt das

Meer in Sicht. Zwei Erwachsene und ein Grundschüler jubilieren.

Nur der Jüngste nölt: *»Ich will wieder nach Hause.«*

### *Lassen Sie Dampf ab – schon vor dem Start*

Nein, Sie sind keine schlechten Eltern, wenn Sie der Start in den Urlaub stresst, höchstens miserable Organisatoren. Wer sich bewusst macht, dass jede Familie im Urlaub Stress hat, regt sich leichter wieder ab – oder gar nicht erst so sehr auf. Diesen normalen Stress gemeinsam durchzustehen, kann den Zusammenhalt in der Familie sogar stärken: eine gute Grundlage für den Rest der Ferien. Was Eltern jedoch nicht voraussetzen können: dass die Kinder ihre Situation verstehen. Daher ist es nicht nur vor der Abreise wichtig, dass Mütter und Väter ihre eigenen Emotionen und die der Kinder ansprechen. So fühlen sich diese verstanden und können die Nöte der Eltern besser nachvollziehen: »Ich sehe, du bist genervt, weil es noch nicht losgeht. Und ich selbst bin aufgeregt, weil ich fürchte, dass wir im Stau stehen werden.« Jetzt fehlt nur noch, dass die Eltern rechtzeitig und am besten mit Augenkontakt sagen, was sie von den Kindern erwarten. Werden Sie deutlich: »Zieh dir jetzt bitte Jacke und Schuhe an« funktioniert wahrscheinlich besser als »Mach dich fertig.«

### *Schalten Sie einen Gang runter, aber nicht erst im Urlaub*

Die erste Regel lautet, dass Eltern gut für sich selbst sorgen. Also zum Beispiel nicht direkt von der Arbeit in den Urlaub hetzen, sondern sich genug Zeit für das Packen nehmen. Wichtig ist auch die Absprache unter den Eltern: Wer macht wann was? Können wir das Auto schon am Abend vorher beladen? Mit den Kindern klären Mütter und Väter, was sie mitnehmen wollen, damit es nicht zu langweilig wird.

### Ich bin nicht sauer!

Viele Eltern erwarten, dass ihre Kinder merken, wenn sie gestresst sind und sie entsprechend schonen. Doch Kinder bekommen davon erst etwas mit, wenn die Eltern explodieren. Also sollten Sie sich bewusst beruhigen, tief durchatmen und vielleicht eine kleine Pause einlegen. Und das, worüber Sie sich aufgeregt haben, möglichst schnell verzeihen. Machen Sie sich locker, Sie haben Urlaub!

### Die perfekte Antwort auf: »Wann sind wir endlich da?«

Die schlechte Nachricht: Die perfekte Antwort gibt es erst am Ende der Fahrt, sie lautet »jetzt«. Aber für alle wird es leichter, wenn die Eltern vorher kindgerecht erklären, wie die Reise abläuft und wie lange sie dauern wird. Die Familie kann gemeinsam eine Karte mit der Strecke anschauen und die Route nachzeichnen. Unterwegs zeigen die Eltern darauf, wo sie gerade sind. Überhaupt geht es bei der Wann-sind-wir-endlich-Frage weniger um die Dauer, als darum, dass es das Kind eigentlich nicht mehr aushält.

Da hilft es wieder, die Gefühle der Kinder in Worte zu fassen: »Dir ist gerade furchtbar langweilig, nicht wahr?« Dann kann man daraus ein kleines Spiel machen: Wie fühlt sich Langeweile an, was würdest du jetzt lieber machen? Aha, Fußball spielen – und gegen wen?

Keine Angst, das verstärkt den kindlichen Frust nicht noch weiter: Die Situation wird mit dem Benennen der Gefühle leichter, weil sich die Eltern mit dem Kind solidarisieren. Und wer schätzt es nicht, verstanden zu werden? Diese Methode funktioniert übrigens bei allen genervten Reisepartnern.

### Stop and go

Eltern sollten nicht nur sinnvolle Etappen mit vielen Pausen planen, sondern diesen Plan möglichst auch an den Rhythmus der Kinder anpassen. Dann können sie unterwegs schlafen und bekommen zu ihren normalen Essenszeiten Nahrung – gelangweilt und unterzuckert ist eine ganz schlechte Mischung. Außerdem darf man auf Reisen ruhig etwas gnädiger sein: Der Gameboy bleibt länger an als sonst, und es gibt eine Süßigkeit mehr. Sie können es Bestechung nennen, diese hebt aber die Laune aller Beteiligten und fällt damit unter lässliche Sünden.

### Spiele gegen den Stillstand

Auf der Autobahn geht nichts mehr voran oder das Boarding lässt auf sich warten? Wenn es geht, greifen Eltern das momentane Bedürfnis der Kinder auf: Diese rennen wie wild vor dem Gate auf und ab? Lenken Sie den Bewegungsdrang in ein gesittetes Hüpfspiel um. Wenn das nicht geht (im Auto hüpft es sich so schlecht), sollte man einen gut sortierten Spielzeugkoffer zur Hand haben. Schön ist es auch, sich mit Büchern auf das Urlaubsziel vorzubereiten und diese für unterwegs mitzunehmen.

### Die schönste Zeit im Jahr

Wir haben meist sehr hohe Erwartungen an den Urlaub: Endlich haben alle Zeit, da erwarten viele zwei Wochen lang pures Glück. Das kann nicht funktionieren. Aber im Urlaub hat man natürlich außergewöhnliche Erlebnisse, und die Familie macht diese Erfahrungen zusammen. Kinder erzählen noch lange von dieser Zeit der Gemeinsamkeit. Damit es aber für alle schön wird, sollten vorher Erwartungen geklärt werden: An welchem Tag darf die Mutter und wann der Vater allein losziehen; bleiben die Kinder mal in der Ferienbetreuung, so dass die Eltern Zeit für sich haben? Aber seien Sie realistisch: Der Urlaub ist zwar eine besondere Zeit. Es müssen aber nicht die tollsten Wochen im Leben werden. Oder können Sie selbst so lange tiefenentspannt und gelassen bleiben?

> **!** Diese Tipps basieren auf dem Rat des Psychologen Dr. Markus Schaer von der Ludwig-Maximilians-Universität München. Er leitet auch im pädagogischen Verein Familienteam Erziehungskurse für Eltern.

# Ein Freund, der aus der Hölle kam:
## Freundschaften mit schlechtem Einfluss

Das sagt das Kind:
»Wir werden für immer Freunde bleiben.«

Das sagen die Eltern:
»Wie konnte unser Kind nur an so jemanden geraten?«

Das sagen die Eltern der anderen:
»Also unser Kind würde niemals mit solch ungezogenen Bengeln spielen.«

Das sagen die Großeltern:
»Bei uns wäre der hochkant rausgeflogen – oder gar nicht erst ins Haus gekommen.«


»Liebe Freunde und Verwandte, wir haben uns hier versammelt, um das bestandene Abitur meines Sohnes zu feiern. Und ich stehe hier, um euch für euren Rat und euren Zuspruch in all diesen Jahren zu danken. Ja, wir alle hätten nicht gedacht, dass es mein Sohn so weit bringen würde. Nicht mehr, seit er seinen neuen Freund kennengelernt hatte, damals im Kindergarten. Max.

Ich werde nie vergessen, wie Max mitten im Jahr in die Biene-Maja-Gruppe kam. Seine Eltern waren aus einer anderen Stadt hierhergezogen. Sie schoben berufliche Gründe vor. Wahrscheinlicher ist, dass sie ihre frühere Nachbarschaft dazu genötigt hatte. Und das nur wegen Max.

Als ich meinen Sohn an diesem Tag vom Kindergarten abholte, führte er mir begeistert vor, dass er nicht nur seinen Vornamen, sondern in einem Zug auch seinen Nachnamen rülpsen konnte. Dann zeigte er mir den Jungen, der ihm dieses bezaubernde Kunststück beigebracht hatte. Max. Es war Abneigung auf den ersten Blick.

Noch am selben Nachmittag versuchte ich, meinen Sohn davon zu überzeugen, dass Max kein geeigneter Spielkamerad für ihn war. Doch mein Sohn war nicht meiner Meinung. Er, der bis dahin so brav gewesen war, erwarb sich erst im Kindergarten und dann im ganzen Wohnviertel einen gewissen Ruf. Es war kein guter. Er klebte die Schuhe der anderen Kinder an die Klotüren im Kindergarten, er erntete die blühenden Blumen sämtlicher Nachbarn, er kratzte lustige Gesichter in Autolacke. Dabei war er nie allein. Max – boshaft, verschlagen und hinterhältig, wie ich vermutet hatte – stiftete ihn dazu an.

Wir drohten und verboten, vor allem den Umgang mit Max. Wir flehten die Erzieher an, diesen Satansbraten (also Max) in die andere Gruppe zu stecken, nur die wollte ihn nicht. Wir gingen nachmittags bewusst andere Wege, nur um am Sportplatz, auf dem Klettergerüst, im Wald immer wieder auf einen zu treffen: Max.

Wir hofften auf die Grundschule und wurden enttäuscht. Nichts wurde besser, nur die Streiche dreister. Während mein Sohn allein für sich das liebste Kind war, wurde er gemeinsam mit Max zum Schrecken des Pausenhofs. Das Duo infernale schnitt Schulmädchen die Zöpfe ab (natürlich nur auf einer Seite) und leimte diesmal die Lehrer am Stuhl fest. Die Leute im Viertel fingen an, mit dem Finger auf uns zu zeigen. Wenn wir auftauchten, verstummten Gespräche. Dafür wurden wir oft, sehr oft, in die Schule zitiert. Da wurde dann ganz viel gesprochen, laut und erregt. Und alles nur wegen Max.

In unserer Verzweiflung wandten wir uns an seine Eltern. Und wussten fortan, von wem der Satansbraten seine Unverschämtheit hatte. Behaupteten diese doch, UNSER Sohn sei der Unruhestifter, wir sollten ihn von IHREM Sohn fernhalten. Noch heute bleibt mir die Luft weg, wenn ich an dieses Treffen denke.

Wie gerne hätten wir die beiden Kinder voneinander getrennt, doch das schaffte nicht einmal die Schullaufbahn auf zwei unterschiedlichen Schulen. Irgendwann waren auch die schwersten Hausaufgaben erledigt, und das Duo machte wieder die Straßen unsicher.

Als Teenager scharte Max eine ganze Horde williger Anhänger um sich, um ihre reinen Seelen zu verderben. Doch am liebsten verdarb er meinen Sohn. Wenn dieser im Morgengrauen anstatt wie vereinbart um Punkt zehn Uhr abends nach Hause wankte, das Zetern der Eltern an der Teflonschicht der pubertären Gleichgültigkeit abperlen ließ und ins Bett fiel, las ich die Polizeimeldungen am nächsten Tag mit banger Aufmerksamkeit. Blumenkasten in Bach versenkt. Fahrräder gestohlen und vor Jugendheim wieder aufgefunden. Hauswände verschmiert. Max!

Dennoch, liebe Verwandte, stehen wir nun hier, feiern das Abitur meines Sohnes und …

Einen Moment bitte, was sagst du da, Sohn? Du hast WEN zur Feier eingeladen? Und Tante Inge und Onkel Kurt kleben WO fest?

MAAAAAX!«

### Wann ist ein Freund ein Freund?

Wer da ist, ist mein Freund: Vor der Schule reicht für viele Kinder oft schon die bloße Anwesenheit eines anderen Kindes, damit sie es als ihren Freund bezeichnen. Für Eltern ist das oft keine »echte« Freundschaft, für die Kinder aber schon.

Im Grundschulalter reicht die reine Verfügbarkeit nicht mehr aus: Freundschaften entstehen, wenn die Kinder gleiche Interessen haben, etwa beide gerne Fußball spielen. Bei Jugendlichen werden dann Inhalt und Qualität der Freundschaft wichtiger. Es geht ihnen mehr um die eigene Identitätsentwicklung und die Abgrenzung von anderen: Wir beide sind gleich und darin anders als die anderen. Wir engagieren uns zum Beispiel stark gegen soziale Ungerechtigkeiten – die den Rest der Klasse eher kalt lassen.

### Der tut dir nicht gut!

Schon Kindergartenkinder und Grundschüler haben Freunde, die einen schlechten Einfluss auf sie ausüben. In diesem Alter können Eltern den Kontakt zumindest am Nachmittag noch leicht verhindern. Aber sollten sie das? Besser wäre es, wenn die Eltern ihren Kindern helfen, den Freunden klarzumachen: Ich mag dich, aber es ist nicht in Ordnung, wie du dich gerade verhältst. Und bei jüngeren Kindern selbst einzugreifen, wenn das Spiel aus dem Ruder läuft.

### Von Verführern und Machtspielern

Es kann unterschiedliche Gründe haben, weshalb ein bestimmter Freund einem Kind nicht guttut: Die einen verhalten sich antisozial und aggressiv. Andere hingegen dominieren in der Freundschaft extrem und machen ihren Spielgefährten richtig klein. Das Kind wird immer unsicherer, statt durch eine gute Freundschaft selbstbewusster zu werden. So etwas ist natürlich schwieriger zu erkennen als antisoziales Verhalten, kann aber der Entwicklung eines Kindes stark schaden. Deshalb ist es erst einmal wichtig, dass die Eltern einen guten Überblick über die sozialen Kontakte ihres Kindes haben – egal in welchem Alter.

*Was macht ihr da eigentlich?*

Um Einblicke zu bekommen, wie die Freundschaften ihrer Kinder ablaufen, müssen Eltern interessiert sein: Was hast du für Freunde, was macht ihr zusammen, was spielt ihr? Wer viel über die Freunde weiß und eine gute Beziehung zu seinem Kind pflegt, hat auch im normalen Gespräch Möglichkeiten, einzugreifen. Etwa, indem Eltern vorschlagen: »Macht doch mal dieses oder jenes zusammen, statt Playstation zu spielen.« Wenn bei den Freundschaften etwas schiefläuft, sollten Eltern erst mit ihrem Kind sprechen, dann mit beiden Kindern und ruhig auch mit den anderen Eltern und Erziehern. Freundschaften zu verbieten ist das allerletzte Mittel.

*Deinen Freund, den mag ich nicht*

Es verunsichert auf jeden Fall, wenn ein Kind merkt: Die Eltern stehen nicht hinter der Freundschaft, sie haben sogar etwas dagegen. Das ist bei kleinen Kindern so, bei Jugendlichen aber auch. Auch wenn diese behaupten, es sei ihnen egal, was Mutter und Vater sagen: Es beschäftigt sie trotzdem – selbst die, die aus Trotz dann extra viel mit den Freunden unternehmen. Schließlich haben sie die Freundschaft geschlossen und fühlen sich durch die Ablehnung der Eltern selbst kritisiert.

*Du hörst nur noch auf deine Freunde!*

Haben Eltern das Gefühl, keinen Einfluss mehr auf ihr Kind zu haben, müssen sie erst wieder Vertrauen aufbauen. Wer aus Angst seinem Kind alles verbietet, sorgt für eine noch viel größere Distanz und Entfremdung. Die Beziehung wieder zu stärken, ist eine Kunst. Es muss wieder Raum für Gespräche geschaffen werden, zum Beispiel indem die Familie mindestens zweimal in der Woche gemeinsam zu Abend isst, auch mal wandert oder ins Kino geht. Wenn die Beziehung wieder besser wird, kann man auf dieser Basis Regeln für den sozialen Umgang vereinbaren. Dafür müssen die Eltern wissen, mit wem ihr Kind zusammen ist. Und was die Clique dann macht. Wollen Mütter und Väter die neuen Freunde kennenlernen, finden das viele Jugendliche erst mal schrecklich peinlich. Aber Eltern müssen dranbleiben, sonst erfahren sie höchstens die Namen der Freunde, ohne diese einschätzen zu können. Also dürfen die Freunde mit nach Hause kommen oder die Eltern fahren sie zur Party – und bekommen so einen ersten Eindruck.

### Kind allein daheim

Es gibt aber auch Kinder – egal in welchem Alter –, die gar keine Freunde haben. Manche Kinder leiden massiv darunter. Und es gibt andere, denen das weniger ausmacht. Generell sind gute soziale Kontakte natürlich wichtig, egal, welches Maß der Einzelne braucht. Allerdings fällt auf, dass oft Kinder wenige oder keine Freunde haben, deren Eltern auch nur die nötigsten sozialen Kontakte pflegen. Hier spielt das familiäre Vorbild eine sehr große Rolle. Also sollten Eltern erst einmal ihr eigenes soziales Leben aufblühen lassen. So lernen Kinder, wie man Freundschaften aufbaut und pflegt.

### Bitte sehr, dein neuer Freund!

Eltern können ihr Kind bei der Suche nach Freunden unterstützen, indem sie gezielt Aktivitäten mit anderen Kindern organisieren: Sie laden andere ein oder machen gemeinsame Ausflüge. Im Verein kann ein Kind andere unabhängig von der Schule kennenlernen – eine neue Chance, bei dem es nicht erst gegen die Streber-, Langweiler-, Sonderling-Schublade ankämpfen muss, aus der es in der Klasse nur mühsam herauskommt.

*Mein Kind, der Außenseiter*

Manche Kinder werden durch ihr eigenes Verhalten zu Außenseitern, so dass andere Eltern ihren Nachwuchs nicht mehr zu ihnen lassen. Da müssen die Eltern schon während des Kinderspiels mehr Präsenz zeigen und auch zu den anderen Familien Kontakt aufnehmen, um diese Situation gemeinsam zu lösen. Wenn das nichts nützt, können die Kinder zum Beispiel in heilpädagogischen Tagesstätten oder therapeutischen Kleingruppen Sozialverhalten üben. Wenn das alles nicht ausreicht und das Kind sehr unter der Situation leidet, kann auch eine Kinderpsychotherapie helfen.

*Ein Freund, zum Glück*

In allen Phasen der Entwicklung ist es für Kinder entscheidend, eine gute Rolle im sozialen Gefüge zu haben, Anerkennung zu finden und auch Rückmeldungen auf ihr Verhalten zu bekommen – selbst negative. Als Schutz vor Krisen ist es immens wichtig, dass sich die Kinder in Freundschaften ausprobieren können: So steigern sie ihr Selbstwertgefühl und auch ihre Lebensqualität. Zum Lebensglück der Kinder trägt bei, wenn sie von Gleichaltrigen erfahren: So, wie ich bin, bin ich in Ordnung.

> **!** Diese Tipps basieren auf dem Rat der Psychologin Dr. Marion Pothmann. Die Familientherapeutin hat das Buch »Kinder brauchen Freunde« mit gruppentherapeutischen Übungen veröffentlicht, die Kindern mit Verhaltensauffälligkeiten helfen, soziale Fertigkeiten zu erwerben – und dann Freundschaften zu knüpfen. Die Psychotherapeutin betreibt eine Praxis für Kinder- und Jugendlichenpsychotherapie sowie Familientherapie in Hamburg.

# Dein Kind erziehe ich auch noch!
## Dürfen Eltern fremderziehen?

Das sagt das Kind:
»Mamaaaa! Die Frau da ärgert mich!«

Das sagen die Eltern:
»*Lassen Sie gefälligst mein Kind in Ruhe!*«

Das sagen die Eltern der anderen:
»*Also wenn das mein Kind wäre, würde ich ihm Ritalin geben.*«

Das sagen die Großeltern:
»*Da muss man doch mal was sagen dürfen.*«


Die Mutter beobachtete das fremde Kind, seitdem die U-Bahn losgefahren war. Während ihr eigenes Kind ohne zu zappeln neben ihr saß und mehr oder weniger naheliegende Fragen stellte (»Wie heißt die nächste Station? Was zischt da? Sieht der U-Bahnfahrer im Tunnel überhaupt etwas?«), sagte das andere Kind zwar nichts. Ruhig war es dennoch nicht.

Im Rhythmus der ratternden Räder trat es gegen die Sitzbank gegenüber. Die andere Mutter schwieg dazu. Dabei war diese Sitzbank nicht leer, ein alter Mann saß darauf. Seine Miene wurde finster und finsterer. Beim dreiundsechzigsten Tritt, der die Bank erschütterte, beugte er sich zu dem Kind.

Die Mutter lauschte gespannt, die fremde Mutter blickte nicht einmal auf. »Wenn du noch einmal gegen die Bank trittst«, sagte der Mann mit sehr tiefer Stimme, »dann trete ich zurück.« Das fremde Kind erstarrte. Dann drückte es seine Beine fest an den eigenen Sitzplatz und rührte sich die nächsten fünf Stationen nicht mehr. Vielleicht atmete es nicht einmal. Es sah jedenfalls nicht so aus.

Sehr effektiv, fand die Mutter. Sie verstand den Mann gut. Während sie selbst ihrem Kind eine umfassende gute Erziehung angedeihen ließ, stellte sie fest, dass an den anderen Kindern auch nur das Mindestmaß einer solchen offenbar spurlos vorbeiging. Wenn sie überhaupt erzogen wurden. Sehr zum Nachteil ihres eigenen höflichen und rücksichtsvollen Kindes, das den Anmaßungen der Spielkameraden hilflos gegenüberstand. Und traurig nach dem Kindergarten berichtete, dass ihm schon wieder ein Spielzeug entrissen worden war.

»Wehr dich doch«, sagte dann die Mutter. »Aber ich darf doch nicht schubsen oder hauen«, sagte das Kind, das gute. »Dann schrei den Spielzeugdieb an«, schlug die Mutter vor. »Aber«, flüsterte ihr wohlerzogenes Kind, »aber im Kindergarten dürfen wir nicht schreien.«

Offenbar hatte die Mutter ihr Kind auf eine Gesellschaft voll Höflichkeit und Rücksichtnahme vorbereitet, die es in dieser Vollkommenheit leider nicht gibt: Zwar kam das wohlerzogene Kind bei den Erziehern gut an, konnte sich aber bedauerlicherweise nicht in der Gruppe durchsetzen. Also beschloss die Mutter, die Gesellschaft zu ändern. Oder wenigstens die Rüpel-Kinder, die den Fehler machten, ihr über den Weg zu laufen. Und davon gab es genug.

Wie ein Robin Hood der Vorstadt zog die Mutter durchs Viertel, eine Rächerin der Rücksichtsvollen. »FAHRT HINTEREINANDER, NICHT NEBENEINANDER!«, brüllte sie radelnden Schülern hinterher, die den Gehweg für sich beanspruchten, und schüttelte drohend die Faust. Einer fuhr vor Schreck fast in den Graben.

»Ihr schmatzt so laut, das höre ich bis zu meinem Tisch!«,

tadelte die Mutter zwei Kinder im Café, deren Vater gerade auf der Toilette war. Er wunderte sich, warum sein Nachwuchs gar so ruhig war, als er wiederkam.

»DU SPINNST WOHL! RÜCK SOFORT WIEDER DEN BAGGER RAUS!«, fauchte sie am Spielplatz einen Jungen an, der einem Jüngeren den Bagger entwendet hatte. Der Junge warf ihn panisch vor ihr in den Sand und ergriff die Flucht. Zufrieden reichte die Mutter dem Kleinen das Spielzeug. Der nahm den Bagger zögernd entgegen. Irgendwie sah er sie ein bisschen seltsam an.

Im Viertel begannen die Leute, die Mutter zu beobachten. Manche holten ihre Kinder ins Haus, wenn sie kam. Andere wechselten die Straßenseite. Die Mutter bemerkte es nicht.

Beim Einkaufen im Supermarkt fand sie ebenfalls genug Gründe, fremde Kinder zu tadeln: »Reiß nicht alles aus dem Regal!« »Schrei hier nicht so herum!« »FAHR MIR NICHT DEN WAGEN IN DIE FERSEN!« Ihr eigenes Kind trottete missmutig hinter seiner Mutter her, der allzeit bereiten Rächerin.

»Mama …« »Das gibt's ja nicht, schau, was der da vorne schon wieder macht!« »Maaama, kann ich …« »Warte einen Moment, mein Schatz, da muss ich eingreifen.« »Maaaaamaa! Kann ich bitte …« »Huch, der kleine Junge steht im Einkaufswagen auf, ja sieht denn das der Vater nicht?«

»MAAAAAAAAA-MAAAAAAAAAAAA-HAAA!«

Ihr Kind stand mitten im Gang und schrie so laut es konnte. Es schrie und schrie. Andere Kinder hielten sich die Ohren zu und flüchteten zu ihren Eltern.

Die Mutter stand und staunte.

Da trat eine Frau zu ihr: »Nun bringen Sie Ihr Kind doch endlich zur Ruhe!«, keifte sie. »Unmöglich, so ein Theater. Das würde ich meinen Kindern nicht durchgehen lassen!«

*Lass das, ich hass das*

Während man versucht, dem eigenen Kind die Grundlagen des friedlichen sozialen Miteinanders und ein Mindestmaß an Manieren zu vermitteln, scheinen manch andere Kinder diese gar nicht zu kennen – oder sie zu ignorieren. Ob auf dem Spielplatz oder im Supermarkt: Sollten sich Eltern einmischen, wenn sich andere Kinder völlig danebenbenehmen? Tatsächlich müssen sie sich nicht in absoluter Zurückhaltung üben. Schließlich haben Erwachsene immer eine Vorbildfunktion und tragen zumindest teilweise eine öffentliche Erziehungsverantwortung. Es kommt jedoch darauf an, wo sich die fremden Kinder schlecht benehmen.

Sind sie zu Besuch im eigenen Haus, ist die Lage klar. Da haben Eltern das »Hausrecht« und sollten ihre eigenen Regeln verteidigen, die wiederum auf den Grundlagen des sozialen Miteinanders basieren: Du sollst nicht ausgrenzen und nicht schlagen – und ihr sollt ein Problem gemeinsam lösen. Wenn das den Kindern schwerfällt, helfen die Eltern dabei. Bis zum Alter von etwa vier Jahren kommen die Kleinen manchmal einfach auf keine mögliche Lösung, selbst Grundschülern fällt das oft noch schwer. Da zerrt der eine das Spielzeug in die eine Richtung, der zweite in die andere. Wird ihnen dann ein Kompromiss vorgeschlagen, sind die Kontrahenten oft richtiggehend erleichtert über den Ausweg: Natürlich, so geht es ja auch!

*Der Spielplatz ist für alle da*

Beim Fremderziehen in der Öffentlichkeit geht es meist um offensichtliche Egoismen der Kinder. Zum Beispiel wenn eines ewig die Schaukel belegt, obwohl das eigene Kind daneben wartet. Da kann man seinem Kind helfen und sagen:

»Jetzt wartest du noch ein paar Minuten, und dann gehen wir hin und fragen, ob du auch mal darfst.« In der Regel lassen sich die fremden Kinder darauf ein.

### Kleine Teufel!

Problematisch wird es, wenn der Beschützerinstinkt der Eltern erwacht und sie aus Empörung überreagieren. Viele beschimpfen lautstark das fremde Kind: »Du spinnst wohl, warum haust du mein Kind?« Das ist für das andere Kind zu massiv und wirkt geradezu bedrohlich. Das ruft die fremden Eltern auf den Plan, die wiederum ihr Kind beschützen wollen. Besser wäre es, möglichst sachlich und mit positiver Botschaft dazwischenzugehen und allgemeine Regeln in den Vordergrund zu stellen: »Ich mag nicht, dass sich Kinder schlagen und eines dem anderen weh tut. Es ist schöner, wenn Kinder gut miteinander spielen und sich abwechseln.« So bekommt das fremde Kind Rückmeldung auf sein Verhalten, ohne sich angegriffen zu fühlen.

### Was mischen Sie sich überhaupt ein?

Mütter und Väter reagieren oft gereizt, wenn Fremde ihre Kinder erziehen. Statt froh über die Unterstützung zu sein, sehen sie ihr Kind bedroht und wollen es verteidigen. Oder sie fühlen sich selbst in ihrem Erziehungsstil kritisiert. Mit manchen kann man leider nicht vernünftig reden. Wenn es Eltern auch noch gut finden, dass ihr Kind sich mit Gewalt durchsetzt und zum Beispiel mit der Schaufel zuschlägt, macht ein Streit mit diesen Leuten keinen Sinn. Da geht man lieber an die andere Ecke vom Spielplatz.

Damit beim eigenen Kind nicht der Eindruck entsteht, dass der Brutalere recht behält, zieht man sich selbstbewusst zurück: Dafür erklärt man seinem Kind, dass man weder das

Verhalten des fremden Kindes noch den Standpunkt der anderen Eltern gut findet und mit jemandem, der schlägt, kein Spielen möglich ist. So erlebt das Kind, dass seine Mutter oder sein Vater ihre sinnvollen Standpunkte vertreten.

### Sie haben ja so recht

Nun benimmt sich leider auch das eigene Kind mal daneben – zum Missfallen Anderer. Wie verhält man sich selbst richtig, wenn das Kind fremderzogen wird? Hat die fremde Person recht und das Kind nicht geängstigt, stimmen Sie ruhig zu: »Das hätte ich ebenfalls zu dir gesagt.« Bei unangemessenem Verhalten des Fremden sollte man zunächst sein Kind schützen und einen anderen Umgangston einfordern. Dann ist immer noch Gelegenheit, über das zu sprechen, was das Kind gemacht hat. Bleibt der Fremde uneinsichtig, kann man dem Kind durchaus zeigen, dass man diese Reaktion genauso wenig in Ordnung findet.

### Du bist ja nett, aber dein Kind ...

Auch der Nachwuchs von Freunden und Verwandten fällt bisweilen aus der Rolle. Da man die Eltern ja gut kennt, kann man sie direkt ansprechen – natürlich nicht moralisierend, abwertend oder vorschreibend, sonst kommt man nicht weit. Wenn die anderen Kinder oft zu Besuch sind, können Sie sich die Erlaubnis der Bekannten holen, mit zu erziehen. Schließlich haben Sie viel Kontakt zu diesen Kindern. Außerdem können Sie klar über eigene Erziehungsgrundsätze sprechen und so Ihre Position verdeutlichen.

Das negative Verhalten des anderen Kindes einfach zu ignorieren, hilft nicht weiter – vor allem nicht, wenn es das eigene Kind in Mitleidenschaft zieht. Ansonsten können Eltern praktische Lösungen finden, ohne dass das Kind den Freund verliert. Wenn dieser etwa daheim den ganzen Nachmittag am Computer spielen darf, begrenzt man eben für das eigene Kind die Zeit des Besuchs dort. Nicht alles lässt sich regeln, manchmal haben die Elternpaare dann eben weniger Kontakt. Eltern sollten es durchaus auch mal aushalten können, dass ihr Kind mit jemandem befreundet ist, der völlig anders erzogen wird. So lernt ihr Kind viel über die soziale Vielfalt im Leben und macht ganz andere Erfahrungen als zu Hause. Da wird ihm auch bewusst, was in der eigenen Familie gut läuft – diese Erkenntnis wollen wir unserem Kind doch nicht verwehren.

### Das kommt nicht gut an

Fremde Kinder lernen aus kritischen Rückmeldungen auch von anderen Personen als ihren Eltern oder Erziehern, dass in der Erwachsenenwelt wichtige Regeln gelten – und es Gegenwind gibt, wenn sie diese überschreiten: Zu den Grundregeln gehört, dass nicht beschimpft, nicht gekränkt, nicht geschlagen wird und keine Dinge genommen werden, die einem nicht gehören. Leider treten viele Erwachsene Kindern gegenüber oft sehr bedrohlich und kinderfeindlich auf: »Ihr dürft hier nicht spielen! Weg hier!« Da lernen sie natürlich nicht viel.

Wenn man aber ihr Verhalten hinterfragt, fangen viele Kinder an, darüber nachzudenken. Manche sind jedoch nur frech, die haben in ihrer bisherigen Entwicklung gelernt, dass man anderen keinen Respekt entgegenbringen muss. Da kann man nicht in einer Minute eine jahrelange falsche Erziehung wiedergutmachen. Aber oft bewirkt man schon etwas. Zum Beispiel wenn man nicht wegsieht, wenn eine Gruppe einen Einzelnen hänselt. Dieses Einmischen kann für ein Kind eine positive Erfahrung fürs Leben sein.

**!** Die Tipps basieren auf dem Rat des Psychologen und Familientherapeuten Dr. Hermann Scheuerer-Englisch. Er ist Leiter der Erziehungsberatung der Katholischen Jugendfürsorge in Regensburg und hat zahlreiche Bücher zu den Themen Erziehung, Bindung und Entwicklungspsychologie verfasst.

# Wehr dich doch!
## Wie Kinder lernen, sich zu behaupten

Das sagt das Kind:
»...«

Das sagen die Eltern:
»*Lass dir nichts gefallen.*«

Das sagen die Eltern der anderen:
»*Also unser Kind gehört nicht zu denen, die sich etwas wegnehmen lassen.*«

Das sagen die Großeltern:
»*Lern Karate!*«

Ihr Sohn hatte noch nie zu denen gehört, die ganz vorne mit dabei sein mussten, die schubsten und drängelten, um als Erste ans Ziel zu gelangen. Ihr Sohn wartete, bis das Gedränge vorbei war und näherte sich dann vorsichtig diesem Ziel. War das Ziel eine Tüte Gummibärchen, ging er manchmal leer aus. Und während sich die anderen von ihm nahmen, was sie wollten (in der Spielgruppe: das laut klingelnde Telefon; bei der Tagesmutter: das rote, blinkende Feuerwehrauto; am Spielplatz: die Schaufel, den Bagger, den Eimer, das Sieb und die Förmchen), stand ihr Sohn jedes Mal fassungslos da ob der Dreistigkeit der anderen.

Er machte keinerlei Anstalten, seinen Besitz zu verteidigen – sogar Jüngere konnten ihm seine Schätze spielend leicht entwenden. Er erhob kein Wort des Protestes. Er starrte nur den Räubern hinterher, die Augen füllten sich mit Tränen, die Lippen zitterten. Das Mutterherz wurde schwer.

»Lass dir das nicht gefallen«, sagte sie wieder und wieder. »Halt es fest, du hast doch gerade damit gespielt! Sag laut NEIN – bei mir kannst du das doch auch! Hol es dir zurück!« Doch beim nächsten Mal wieder: kein Protest, feuchte Augen, zitternde Lippen, schweres Mutterherz.

»Da muss er durch, das muss er lernen«, sagte die Freundin, deren eigene Tochter sich lieber über den Spielplatz schleifen ließ, als ihre Sandschaufel los- und damit einem anderen Kind zu überlassen.

»Wie soll er das lernen«, sagte die Großmutter, »du warst doch als Kind genauso.« »Und in welchem Alter habe ich angefangen, mich zu wehren?«, fragte die Mutter. »Tja«, sagte die Großmutter und hob vielsagend eine Augenbraue.

Nein, ihr Sohn sollte das früher – oder überhaupt – lernen, beschloss die Mutter. Spätestens jetzt im Kindergarten konnte er sich doch nicht mehr alles gefallen lassen. Nun war Schluss mit der guten Erziehung, mit Mahnungen wie »Du sollst andere nicht anschreien und schubsen«, jetzt war Zeit für Botschaften wie »Wenn andere dir etwas wegnehmen, darfst du schreien und schubsen!« Bedauerlicherweise wurde dieser Richtungswechsel sabotiert. Vom Sohn.

»Ich darf aber nicht schreien«, meinte er betrübt. »Aber ich erlaube es dir hiermit«, erklärte die Mutter feierlich. »Aber die Renate im Kindergarten nicht. Und schubsen darf ich auch nicht«, sagte der Sohn und seufzte tief.

Also vereinbarte die Mutter ein konspiratives Treffen mit Renate, der Erzieherin. Diese versprach, dem Sohn den Rücken zu stärken und von Fortschritten zu berichten. Nach drei Wochen Rückenstärken nahm sie die Mutter beim Abholen zur Seite: »Ihr Sohn hat ein anderes Kind so geschubst, dass es hingefallen ist.« Die Mutter erschrak. Ihr Sohn? »Hat es sich weh getan«, fragte sie besorgt. »Ach wo«, beschwichtigte die

Erzieherin leicht irritiert. »Das Kind wollte ihm etwas wegnehmen. Endlich hat er sich mal gewehrt!« In der Mutter regte sich Hoffnung: War nun Schluss mit feuchten Augen und
zitternden Lippen? Ihr Mutterherz wurde etwas leichter. Jeden
Mittag bekam sie nun Berichte über die wachsende Wehr-
haftigkeit ihres Sohnes. (Mütze vom Kopf gerissen – Kind in
Schneehaufen geschubst. Bauklötze umgestoßen – Bauwerk
des Zerstörers gefällt. In der Nachtisch-Schlange vorgedrän-
gelt – Rüpel am Pulli wieder an seinen Platz gezerrt.)

Doch als der Sohn einen anderen beim Mittagessen mitsamt Stuhl umkippte, weil der ihn »Salatfresser« genannt
hatte, beschlossen Renate und die Mutter, dass der Sohn nun
wohl ausreichend verstanden hatte, wie er sich körperlich
wehren konnte. Und dass er es nun zur Abwechslung einmal
mit Worten versuchen sollte. Das eröffneten sie auch dem
Sohn. Er wirkte nicht sonderlich begeistert. Seine neue Wehr-
haftigkeit hatte ihm ganz gut gefallen.

Am Wochenende ging die Mutter mit ihm zum Spielplatz.
Dieses Mal nahm er wieder seinen Lieblingsbagger mit, den
er sonst zu Hause gelassen hatte – der Bagger war ihm bisher
spätestens nach fünf Minuten abgenommen worden. Und
auch dieses Mal, kaum waren die ersten Sandhäufchen aus-
gehoben, näherte sich ein anderer Junge, riss dem Sohn den
Bagger aus der Hand, setzte sich zwei Meter entfernt hin und
spielte seelenruhig damit. Der Sohn erhob sich, reglos stand
er da. Dann drehte er sich zur Mutter um.

Seine Lippen zitterten nicht. Seine Augen waren nicht nass.
»Ich darf schreien?«, fragte er. Die Mutter nickte. Der Sohn
stapfte zum Jungen hinüber, der gerade mit dem Bagger Sand
in einen Eimer schob, den er einem Mädchen entrissen hatte.
Der Sohn stellte sich genau vor dem Jungen auf, breitbeinig.
Der Junge blickte auf. Die Mutter hielt den Atem an.

»DAS IST MEIN BAGGER, GIB IHN SOFORT WIEDER HER!«, brüllte der Sohn. Das Mädchen ohne Eimer presste ihre sandigen Hände auf die Ohren. Ein anderes fiel von der Schaukel. Der Junge sprang auf. »GIB! MIR! MEINEN! BAGGER!«, brüllte der Sohn, zwei Zentimeter vor der Nase des Jungen. Der Junge warf den Bagger vor sich in den Sand, den Eimer gleich hinterher und flüchtete ans andere Ende des Spielplatzes.

Der Sohn nahm seinen Bagger, strich liebevoll den Sand vom Führerhaus und ging zur Mutter. »Das mache ich jetzt öfter«, sagte er zufrieden.

### Tipps für wehrhafte Kinder

#### Lass uns das ausdiskutieren

Viele Eltern bringen ihrem Nachwuchs bei, Konflikte mit Worten und nicht mit Fäusten zu lösen. Leider aber nicht alle Eltern, so dass die gut erzogenen Kinder plötzlich mit Gleichaltrigen konfrontiert werden, die Gewalt einsetzen, um ihr Ziel zu erreichen. Das Schwierigste für ein Kind in dieser Lage ist es, selbst ruhig zu bleiben, nicht zurückzuschlagen und mit dem eigenen Zorn klarzukommen. Nur dann kann es als zweiten Schritt überlegen, was es jetzt tun könnte. Erst im dritten Schritt entscheidet sich das Kind, wie es das Problem zu lösen versucht – etwa indem es mit Worten eine Grenze zieht: »Ich will nicht, dass du mich schlägst.« Wenn es damit überfordert ist, sollte es sich Hilfe bei einem Erwachsenen suchen. Auch diese Entscheidung ist ein Stopp-Signal für das andere Kind und damit ein Teil der Lösung.

#### Auge um Auge

Einige Erwachsene wissen nur einen Rat: »Wehr dich und schlag zurück!« Doch wer Aggression mit Aggression beantwortet, steigert die Gewalt – sei es physische oder psychische – nur noch weiter. Schließlich wollen wir sozial kompetente Kinder und später auch Erwachsene und keine Menschen, die sich aufs Faustrecht berufen oder andere mobben.

Also sollten Eltern zeigen und erklären, dass es völlig natürlich ist, erst einmal wütend zu werden, wenn man schlecht behandelt wird. Doch wenn ein Kind lernt – auch durch das Vorbild der Eltern – seine Gefühle in Worte zu fassen und sich sprachlich zu wehren, wird es selbstbewusster. Die anderen Kinder merken: Das ist ein starkes Gegenüber, kein schwaches. Und als Opfer werden immer die Schwachen gesucht. Sei es von Jungen, die eher körperliche Gewalt einsetzen, oder von Mädchen, die andere verbal schikanieren – was genauso verletzt.

### So nicht, Freundchen!

Werden Kinder von anderen gehänselt oder geschubst, zum Beispiel auf dem Schulweg oder im Pausenhof, halten sie am besten sofort ein verbales Stopp-Schild hoch, das zeigt: Ihr könnt das nicht mit mir machen. »Ich will nicht, dass ihr so etwas zu mir sagt«, ist schon eine klare Ansage. Dann sollte das Kind weggehen und sich einem Erwachsenen anvertrauen. So merken die Aggressoren, dass ihr Opfer die schlechte Behandlung nicht einfach hinnimmt. Das ist kein Verpetzen der anderen: Hier geht es um einen Konflikt, mit dem das Kind allein nicht zurechtkommt.

Ob das die anderen Kinder auch so sehen, hängt von der Reaktion des Erwachsenen ab. Es macht wenig Sinn, die anderen nur zu bestrafen. Wichtiger wäre, das Thema zum Beispiel als Pädagoge im Unterricht allgemein zu behandeln, ohne Täter und Opfer bloßzustellen. Vielmehr soll dabei das Einfühlungsvermögen in andere gestärkt werden – zum Beispiel im Rahmen von Programmen zur Gewaltprävention. Wenn also das Kind nicht zum Klassenlehrer geht, obwohl es von Schulkameraden gepiesackt wird, sollten das die Eltern in Absprache mit ihrem Kind übernehmen. Denn haben Kinder soziale Kompetenzen nicht zu Hause erworben, können sie diese später nachlernen – sowohl die Aggressoren als auch die Opfer.

### Den knöpf' ich mir vor!

Eltern sind durchaus versucht, mit den Peinigern ihres Kindes ein bis zwei ernste Worte zu reden. Allerdings würden diese das elterliche Eingreifen nur als weitere Schwäche ihres Opfers auslegen und glauben, dass es sich nicht selbst wehren kann. Besser spricht man die Eltern des Aggressoren an, die ihrem Kind die Gefühlslage des anderen klarmachen können. Wenn es eine ganze Gruppe von Drangsalierern ist – und Mobbing ist immer ein Gruppenphänomen –, könnte die Lehrkraft helfen und zum Beispiel alle Eltern dieser Kinder einladen und auf sie einwirken.

### Macht das untereinander aus

Im Krabbel- oder Kleinkindalter werden vor allem Einzelkinder erstmals damit konfrontiert, dass ihnen etwas weggenommen wird oder sie geschubst werden. Einige Eltern sind der Meinung, das müssten die Kinder selbst unter sich ausmachen, um das richtige Verhalten zu lernen. Doch Ein- bis Dreijährige haben noch gar nicht die Handlungskompetenz, um das konstruktiv lösen zu können. Sie brauchen Eltern als Vorbild, die ihnen Vorschläge machen oder Möglichkeiten zeigen, etwa indem die Mutter oder der Vater dem anderen Kind sagt: »Mit diesem Spielzeug hat mein Kind gerade gespielt. Es geht nicht, dass du es einfach wegnimmst. Gib es bitte zurück. Aber wenn mein Kind damit fertig gespielt hat, bekommst du es.«

### Komm nur her, du!

Und wenn das andere Kind das eigene schlägt – und umgekehrt? Weil sie meist noch auf keine gewaltfreie Lösung kommen, zeigen alle Kleinkinder erst einmal aggressives Verhalten: Sie beißen, kratzen, ziehen an den Haaren. Da müssen Eltern eingreifen und vermitteln, dass das nicht akzeptiert wird. Nehmen Sie Augenkontakt auf und sagen Sie dem Kind – auch dem eigenen: »Ich will nicht, dass du das machst. Es wird nicht gebissen oder geschlagen, das tut sehr weh.« Dann ist es aber auch wieder gut und die Eltern sollten das Kind nun mit einem konstruktiven Lösungsvorschlag ablenken. Denn machen Eltern aus so einem Vorfall ein Drama, lernt ein Kleinkind, dass ihm Aggression Aufmerksamkeit einbringt. Besser ist es, klare Grenzen zu setzen und gutes Verhalten zu loben, etwa wenn die Kinder sich mit dem Spielzeug abgewechselt haben. Wer sozial kompetent ist, wird selbstbewusster – und damit seltener zum Opfer.

### Kursziel: Selbstbewusstsein

Schon für Grundschüler werden Selbstbehauptungskurse angeboten, damit sich Kinder wehren lernen. Wie sinnvoll sie sind, hängt stark vom Konzept ab: Liegt der Schwerpunkt auf einer rein körperlichen Abwehr, wird den Kindern beigebracht, ihrer Wut nachzugeben statt andere Wege zu suchen. Das führt im Grundschulalter eher zu einer Schulhofprügelei. Das gilt indes nicht für spezielle Selbstverteidigungskurse für Kinder, Jugendliche oder Frauen: In diesen lernen sie, selbstbewusst aufzutreten und Angreifern im Notfall zu entkommen. Bei zwischenmenschlichen Konflikten sollten

Kinder aber vor allem von Eltern und Pädagogen den Rücken gestärkt bekommen. Sie sollten ihnen Mut zusprechen, sich in Auseinandersetzungen verbal zu behaupten – und den Kindern diese Freiheit auch lassen.

### Ich pass' auf dich auf – ob du willst oder nicht

Heute sind viele Kinder überbehütet. Ihnen wird viel weniger zugemutet, aber damit auch viel weniger zugetraut. Das fängt schon mit dem alleine wieder Einschlafen bei acht Monate alten Babys an, zu dem sie durchaus in der Lage sind. Trotzdem legen sich die Eltern mit ins Bett oder tragen die Kleinen herum. Später werden die Kinder überall hingefahren und dürfen kaum mal eigenständig spielen und entdecken. Die Eltern meinen es nur gut, doch ihren Kindern schadet es eher: Sie werden zur Unselbständigkeit erzogen. Und wer nicht erfährt, wie viel er schon selbst kann, ist unsicher – und wird eher zum Opfer.

**!** Die Tipps basieren auf dem Rat von Professor Manfred Cierpka. Er ist Ärztlicher Direktor des Instituts für Psychosomatische Kooperationsforschung und Familientherapie an der Uniklinik Heidelberg und hat das Konzept »faustlos« mitentwickelt, das in Kindergärten und Schulen einen gewaltfreien, empathischen Umgang der Kinder untereinander fördern soll.

# Wie kommt das Baby in den Bauch?
## Zeit für die Aufklärung

Das sagt das Kind:
*»Und wie hat der Storch das Baby in deinen Bauch gestopft?«*

Das sagen die Eltern:
*»Äääääh …«*

Das sagen die Eltern der anderen:
*»Also unserem Kind haben wir stets altersgerechte Bücher zur Aufklärung angeboten.«*

Das sagen die Großeltern:
*»Frag nicht uns, frag deine Eltern!«*

Wenn sich zwei mehr oder weniger junge Menschen ein Kind wünschen, denken sie an strahlende Babys, glückliche Eltern und manchmal auch an die Rama-Werbung. Sie denken nicht daran, dass Kinder selten leise wütend werden. Oder daran, dass sie später nicht allein um 6.15 Uhr aufstehen, um in die Schule zu gehen. Und die Eltern denken nicht an die Aufklärung. Schließlich lautet die übliche Nachfrage, wenn die frohe Kunde von der Schwangerschaft in die Welt getragen wird: »Habt ihr schon einen Namen?«

»Wie wollt ihr das Kleine denn mal aufklären?«, das fragt niemand. Erst viel später und dann sehr unvermittelt werden Eltern doch zum Thema befragt: vom eigenen Kind.

Zum Beispiel in der U-Bahn. »Schau, Mama, wie dick die Frau da vorne ist«, ruft das Kind (laut). »Pssssst!«, zischt die Mutter (mittelleise). »Wieso?«, fragt das Kind (mittellaut). »Weil niemand gerne hört, dass er dick ist«, flüstert die

Mutter (sehr leise). Die Frau erhebt sich, jedenfalls versucht sie es. Langsam schiebt sie erst das linke Bein aus dem Sitz, rutscht mit der Hüfte nach, stützt sich mit der rechten Hand ab und zieht sich mit der linken hoch. Sie ist wirklich sehr dick, denn sie ist schwanger. »Ach«, sagt die Mutter erleichtert (mittellaut), »die Frau hat ein Baby im Bauch, deshalb ist sie so dick.« In einer anderen Situation würde das Kind nun der Mutter vorhalten, dass sie gerade selbst dick gesagt habe. Aber nicht jetzt. Das Kind sagt: »Wie ist das Baby in den Bauch gekommen?«

Wer jetzt zögert, und das macht jeder, weckt erst recht das Interesse des Kindes. Die Ausrede »Das weiß ich auch nicht so genau« hilft vielleicht bei der Frage nach der Farbe des Himmels. Schließlich weiß das wirklich kein gewöhnlich gebildeter Erwachsener so genau, entspricht also der Wahrheit. Doch beim Babybauch gelten Mütter als Experten, das kauft ihnen kein Kind ab. Wer noch hinterhersetzt: »Frag doch mal den Papa«, riskiert einen ernsten Partnerschaftskonflikt und die Replik: »Das weiß die Mama in Wirklichkeit viel besser als ich.« Also lieber gleich selbst antworten.

»Wenn sich Mamas und Papas ganz doll liebhaben, dann (hüstel) wächst der Mama im Bauch manchmal ein Baby.« Das Kind und der Rest der U-Bahn lauschen gespannt. »Und wenn der Moritz und ich uns ganz doll liebhaben, bekomme ich auch ein Baby?«, fragt das Kind. »Nein, das geht nur bei Erwachsenen.« »Aber du und Onkel Ulrich habt euch doch ganz lieb, bekommt ihr auch ein Baby?« »Nein, das geht nicht, Onkel Ulrich ist ja mein Bruder.« »Warum geht das nicht?« Die Mutter schwitzt, die Fahrgäste schmunzeln, das Kind wartet auf Antwort: »Warum nicht?« »Wir müssen heute hier aussteigen«, sagt die Mutter.

Wenn man Pech hat, wird einem die Wahl des Zeitpunktes

und die Aufklärung an sich aus der Hand genommen. Von Kathrin, der Erzieherin im Kindergarten. Sie druckste nicht lange herum, sondern kam gleich zur Sache und erklärte einer Horde Vierjähriger, wie das so läuft zwischen Mann und Frau.

Am Abend werden die Eltern daheim von der Aufklärung eingeholt. Es trifft noch einmal die Mutter. »Mama, stell dir vor, die Kathrin hat uns heute was erzählt, das hat sie sich doch nur ausgedacht, also stell dir vor …«, setzt die Tochter aufgeregt an. Die Mutter holt abendmüde Zahnbürste und Becher aus dem Schrank. »… die Kathrin sagt, dass eine Frau nur ein Baby bekommt, wenn der Mann seinen Penis in die Scheide von der Frau steckt. Also echt, so einen Blödsinn erzählt die! Das stimmt doch nicht, oder?«

Der Mutter rutscht die Zahnbürste unters Waschbecken. Ganz langsam bückt sie sich. Sucht die Zahnbürste. Hebt sie auf. Wäscht sie ab. »Mama, das stimmt doch nicht?«

»Also«, sagt die Mutter, »eigentlich schon.«

Die Tochter fällt fast vom Klo. Dann überlegt sie angestrengt. »Das werde ich später nie machen, nie!«, presst sie hervor. Dann fällt ihr ein, dass sie ja eigentlich mal zehn Kinder haben will, mindestens. Sie überlegt noch einmal. »Oder«, sagt sie schließlich zögernd, »nur unter Narkose.«

**Tipps zur Aufklärung**

### Bienchen und Blümchen, das war einmal

Irgendwann stellt jedes Kind diese Frage: »Wie kommen eigentlich die Babys in den Bauch?« Oft sind Eltern unsicher, wie sehr sie schon ins Detail gehen sollen. Bei ganz kleinen Kindern reicht die Erklärung, dass ein Kind im Bauch heranwächst, wenn sich »Mama und Papa ganz liebhaben«. Vier- bis Fünfjährige sind mit ihrer kognitiven Entwicklung schon viel weiter, da dürfen die Eltern durchaus erklären, dass der Mann den Penis in die Scheide der Frau steckt. Bei Sechs- bis Siebenjährigen kann man noch weiter differenzieren und den Zusammenhang zwischen Samen und Eizelle erläutern. Generell geht es darum, das Reale in einfachen Worten unkompliziert darzustellen.

### So schwierig, das Thema

Wenn Eltern auf die Schnelle die richtigen Worte fehlen, dürfen sie das ihren Kindern ruhig eingestehen: Sie müssen sich die Antwort noch ein wenig überlegen. Dann können sie vielleicht altersgerechte Bücher besorgen, diese sind sehr hilfreich bei dem Thema. Allerdings sollten Eltern ihr Kind nicht immer wieder vertrösten, sondern die wohlüberlegte Antwort auch bald geben. Ebenso können Mütter und Väter zurückfragen: »Was hast du schon darüber gehört?« Und dann auf dem Vorwissen aufbauen. Eltern müssen keine Angst davor haben, dass Kinder die Informationen nicht verarbeiten. Meistens ist das Thema weniger ein Problem für die Kinder als für die Eltern.

### Ist ja eklig!

»Iiiih, habt ihr das etwa auch gemacht?« Viele Kinder finden die Vorstellung vom Geschlechtsakt erst einmal abstoßend. Da vermitteln die Eltern gelassen, dass diese Reaktion ganz in Ordnung ist – schließlich ist das etwas, was nur Erwachsene machen. Außerdem dürfen Mütter und Väter vermitteln, dass es nicht nur um den mechanischen Vorgang geht, sondern auch um Emotionalität. Kinder finden das Thema im Gegensatz zu den Eltern nicht schwierig, sondern spannend. Und wer sollte ihre Fragen beantworten, wenn nicht die Eltern? Das ist zudem eine Chance für Mütter und Väter, ihre Werte und sexuelle Sichtweisen weiterzugeben: Zum Beispiel wenn sie finden, dass Erwachsene nur miteinander schlafen sollten, wenn sie sich wirklich gern haben.

### Bitte nicht nachmachen

Manche Eltern fürchten, dass ihr Kind das neu Gehörte selbst ausprobieren will. Dabei machen sie den Fehler, die triebgesteuerte Erwachsenensexualität mit der kindlichen Sexualität gleichzusetzen, was ihnen Angst macht. Sie sollten aber vieles aus dem Blickwinkel des Kindes sehen. Grundsätzlich ist sexuelle Aufklärung von Kindern ja weitaus vielschichtiger, es geht auch um das allgemeine Körperempfinden. Die Neugier der Kinder darauf, wie Erwachsene miteinander umgehen, und die Frage, wie Babys entstehen, sind nur ein Teil der Sexualerziehung. Wenn dann angezogene Kindergartenkinder zu zweit fröhlich einen Geschlechtsakt nachahmen, muss sich niemand Sorgen machen. Und wenn kleine Jungen merken, dass ihr Penis steif wird, ist das für sie ein harmloser Spaß und nicht wie bei Erwachsenen Teil der Befriedigung ihres Sexualtriebes.

### Hand aus der Hose

Der Spaß wird manchen Eltern aber peinlich, wenn ihr kleiner Sohn nur noch mit einer Hand in der Hose herumläuft. Doch Sexualaufklärung heißt nicht, alles durchgehen zu lassen. Es geht auch um Schamgrenzen: Nicht nur um die des Kindes, das sich vielleicht nicht mehr nackt zeigen will, was man respektieren sollte. Sondern ebenso um die Schamgrenzen der Eltern. Grundsätzlich ist Onanieren eine normale Form, den eigenen Körper kennenzulernen: Das fängt bei Babys an, die sich schon zielgerichtet selbst berühren. Später rutschen Mädchen eben am Stuhl herum und Jungs haben die Hand in der

Hose. Das bereitet den Kindern schöne Gefühle und ist nichts Böses. Weil ständiges Onanieren aber über die Schamgrenze der Erwachsenen hinausgeht, sollten sie ihren Kindern sagen: »Ich weiß, dass das schön ist, aber jetzt möchte ich das nicht. Das kannst du allein in deinem Zimmer machen.«

## Wir spielen Arzt

Kinder entdecken nicht nur ihren eigenen Körper, sondern auch den der anderen. Ob Eltern dabei Doktorspiele dulden können, hängt sehr von ihrer eigenen sexuellen Haltung ab. Wem das zu weit geht, besteht darauf, dass die Unterhosen angezogen bleiben. Dennoch sollten Eltern harmlose Doktorspiele nicht verbieten oder gar bestrafen, sondern einfach genau hinschauen und ruhig nachfragen, was die Kinder da machen. Den Kindern tut es gut festzustellen: Ich bin völlig in Ordnung, das andere Mädchen ist genauso wie ich. Sie lernen, vorsichtig und respektvoll mit dem eigenen, aber auch mit dem anderen Körper umzugehen.

Eltern können gelassen bleiben und die Kinder in Ruhe erforschen lassen, solange nicht drei Grenzen überschritten werden: Es dürfen keine Gegenstände in Körperöffnungen eingeführt werden. Die Kinder müssen beide etwa im gleichen Alter sein, es sollte also nicht der Fünfjährige mit der Zweijährigen in der Kuschelhöhle verschwinden. Und jedes Kind sollte auch wollen, was es tut. Wenn einer zum anderen sagt: »Du musst jetzt meinen Penis anfassen«, müssen Eltern sehr hellhörig werden.

## Vorsicht vor den bösen Onkeln

Zum Thema Sexualität gehört auch Missbrauch: Aber wie können Eltern darüber aufklären, ohne die Kinder zu ängstigen? Auf jeden Fall ist es wichtig, mit Kindern nicht nur über Körperkontakt und Sexualität zu reden, sondern auch über Gewalt und körperliche Übergriffe. Dabei sollten sie vorsichtig und behutsam vorgehen. Drei- bis Vierjährige verstehen, dass es Erwachsene oder ältere Kinder gibt, die sich nicht darum kümmern, was Kinder mögen oder wollen. Und dass dies Menschen sein können, die das Kind kennt. Wichtig ist, dass Eltern ihren Kindern vermitteln, dass sie unangenehme Berührungen zurückweisen dürfen: Ihr »Nein« ist erwünscht und erlaubt, ihre Gefühle sind wichtig und müssen beachtet werden. Und Kinder müssen wissen, dass es belastende Geheimnisse gibt, die sie weitererzählen dürfen. Eltern sollten ihr Kind stets ermutigen, sich ihnen anzuvertrauen.

Mütter und Väter wiederum brauchen den Mut, für das Thema Sexualität generell ansprechbar zu sein, so wie für alle anderen Themen auch. Damit ein Kind weiß, es kann den Eltern alles sagen. Und sich das im Ernstfall auch traut.

! Die Tipps basieren auf dem Rat der Diplom-Psychologin Helga Tolle. Sie schult unter anderem Erzieher von Kindertagesstätten zum Thema »Kindliche Sexualität und Sexualerziehung« und gibt auch Kurse für Eltern.

# Essen mit Kindern könnte so schön sein:
## Tischmanieren

Das sagt das Kind:
»Mampf ... schmatz ... mjam ... schlürf!«

Das sagen die Eltern:
»Nicht schmatzen! Nicht rülpsen! Nicht mit vollem Mund reden!«

Das sagen die Eltern der anderen:
»Also unsere Kinder sind seit dem Kniggekurs in jedem
Sternelokal willkommen.«

Das sagen die Großeltern:
»Falls du deine Hand suchst, sie ist unter dem Tisch.«

Es war einmal eine Familie, die traf sich dreimal täglich zum
Essen: jeden Morgen, jeden Mittag und jeden Abend. Mut-
ter, Vater, Tochter und Sohn saßen vergnügt beieinander,
erfreuten sich am köstlichen Essen und erzählten – je nach
Tageszeit – von ihren Plänen oder was sie erlebt hatten. Der
Junge sprang nicht auf. Das Mädchen meckerte nicht über das
Essen oder stocherte lustlos darin herum. Keiner schmatzte.
Niemand rutschte unter den Tisch. Ein Märchen. Oder eine
Szene aus der Werbung.

Solche Familien gibt es in Wirklichkeit nicht, und wenn
doch, will man entweder dazugehören oder gar nicht erst von
ihrer Existenz erfahren. Es beginnt bereits damit, dass reale
Familien höchstens im Urlaub alle Mahlzeiten gemeinsam
einnehmen. Im Alltag müssen morgens alle los: Die Mutter
ist schon unterwegs, damit sie die Kinder am Nachmittag aus
der Betreuung abholen und trotzdem halbtags arbeiten kann.

Der Vater schmiert die Brote und überlegt, wie oft man seine Kinder beim Frühstück zur Eile antreiben darf, ohne eine Essstörung auszulösen.

Die Kinder sehen keinen Grund, schneller zu essen, weil sie dummerweise noch kein Zeitgefühl haben. Sie haben allerdings Zeit, das Müsli zu einem »Vulkan« aufzuschichten, den eine plötzliche Milchüberschwemmung löscht. Solche Fluten sind schwer zu bändigen und breiten sich über den Tellerrand hinweg auf dem Tisch aus, leider auch darunter. Das Milchpfützen-Aufwischen sprengt den engen Zeitplan am Morgen sowie die Geduldsgrenzen des Vaters. Er schimpft, die Kinder bocken, alle drei verlassen missgestimmt das Haus.

Das familiäre Mittagessen gestaltet sich individuell: Die Mutter isst ein Brot am Schreibtisch, für eine Pause bleibt keine Zeit. Der Vater trifft sich mit Kollegen in der Kantine und klagt über den stressigen Start in den Tag. So schmeckt er nicht, dass sein Risotto mit einer Prise Salz zu retten gewesen wäre. Das Schulkind fragt sich im Hort, ob dasselbe Gericht nicht schon vorgestern serviert wurde. Das Kindergartenkind fällt bei der Gruppenmahlzeit mal wieder auf das panierte »Schnitzel« aus Gemüse herein.

Doch abends, ja abends ist es so weit: Alle vier Familienmitglieder lassen sich gemeinsam zum Essen nieder. O welch Freude, doch die währt kurz: »Ich wollte keine Tomatensoße auf meine Nudeln!«, meckert das Schulkind. »Ich will keine Nudeln, ich will Pommes«, meckert das Kindergartenkind. »Hört auf, an jedem Essen herumzumeckern«, meckert die Mutter.

Schweigend versucht die Tochter, die Nudeln mit Soße von den Nudeln ohne Soße zu trennen. Das Ergebnis steht 28:4 für die Nudeln mit Soße. Die Tochter fängt an, die Soße von den Nudeln zu streifen. Mit den Fingern. Der Sohn, den bereits ein Musketierbart auf Tomatenbasis ziert, springt auf. Er will diese filigrane Arbeit aus der Nähe betrachten. Auch an seinen Fingern waren Soßenreste, die kleben jetzt an der Stuhllehne.

»Du! Nimm sofort die Finger aus dem Essen! Und du! Setz dich wieder hin!«, schimpft der Vater. Die Mutter zermalmt mit erstarrtem Gesichtsausdruck die Pasta zwischen den Zähnen und denkt verbittert an die Werbe-Familie. Die Tochter greift zur Gabel und versucht, mit Verachtung im Blick, drei soßenbefleckte Nudeln möglichst schnell an den Geschmacksknospen vorbei hinunterzuwürgen. Sie verschluckt sich und hustet zwei unzerkaute Nudeln über den Tisch. Eine bleibt stecken.

Hektisch greift die Tochter nach dem Wasserglas, ist aber von der Nudel im Hals abgelenkt. Das Glas kippt, das Wasser läuft über den Tisch und wird zum Wasserfall. Die Mutter verabschiedet sich knurrend von der Hoffnung, ihr Mahl warm zu sich nehmen zu können und wischt Nudeln und Pfütze auf. Die Tochter hat sich freigehustet und weigert sich, weiter zu essen. Viel zu gefährlich!

»Nachtisch!«, schreit der kleine Bruder und lässt seinen Löffel in die Soße fallen. Die Eltern werden erst am nächsten Tag entdecken, dass es ein paar rote Spritzer bis zu den weißen Vorhängen geschafft haben.

»Ihr esst erst auf oder wartet, bis wir auch fertig sind«, sagt der Vater hastig, der im Gegensatz zur wischenden Mutter seinen Teller schon bis zur Hälfte leeren konnte. »Aber ihr braucht noch so lange«, protestiert der Sohn, schon halb auf dem Weg zu den Nachtisch-Vorräten. »Natürlich, ich muss ja eure Sauerei wegwischen. Setz dich bitte wieder hin und warte«, mahnt die Mutter.

Der Sohn setzt sich widerwillig und daher nur ganz an den Rand des Stuhles. »Und, wie war dein Tag?«, fragt die Mutter den Vater, der erst herunterschlucken muss, bevor er antworten kann – den Kindern ein Vorbild. Noch während er kaut, kippt der Sohn vom Stuhl und reißt den Nudelteller mit sich. »Du bist dran«, sagt die Mutter.

Nachdem Nudeln, Scherben und Kind aufgesammelt worden sind, ist auch die Mutter fertig mit dem Essen. »Ja, Nachtisch!«, schreien die Kinder im Chor. Jedes darf sich eine Handvoll Gummibärchen aus der Tüte nehmen. »Sie hat aber mehr«, beschwert sich das Kindergartenkind. »Ich hab auch größere Hände«, freut sich das Schulkind. »Das ist gemein«, klagt das Kindergartenkind.

Die Mutter zählt die Gummibärchen ab, so dass beide Haufen gleich groß sind. »Jetzt hat er alle meine roten«, beschwert sich das Schulkind. »Wenn ihr sie nicht wollt, esse ich sie«, sagt der Vater. Nun herrscht Ruhe, zwei Minuten lang. »Er hat mir eines geklaut«, jault die Tochter.

Die Mutter, die seit dem frühen Morgen auf den Beinen ist, fegt mit einem Streich alle Gummibärchen in ihre Hand, stopft sie sich entschlossen in den Mund und schreit zornig: »Pfwenn daff nifft klappt mip dem Nachtiff, ifft der weg!«

Tochter, Sohn und Vater blicken die Mutter an, schweigend. Sie steht da, die Gummibärchen als unkaubaren Kloß im Mund. Sie dreht sich um, geht in die Küche und spuckt den Gummibärenkloß in den Müll. Dann holt sie die Tüte und legt vor jedes Kind eine Handvoll Gummibärchen (gleich viele). Die Kinder essen still, auch die Eltern sagen nichts.

Es herrscht Ruhe. Fast wie in der Werbung.

### Tipps für gesittete Mahlzeiten
#### *Fresst ihr noch oder esst ihr schon?*
Essen mit der Familie soll ein Gemeinschaftserlebnis sein, bei dem Zeit für Gespräche ist. Doch oft besteht die Unterhaltung

nur aus Ermahnungen der Eltern: »Schmatz nicht! Bohr nicht mit den Fingern im Essen! Iss über dem Teller, du bröselst ja alles voll!« Wenn es bei Tisch nur um Fehler geht, ist das anstrengend für alle. Das Schimpfen bricht oft wie ein Gewitter über die Kinder herein: Eine Zeitlang wurde nicht mehr so sehr auf Tischmanieren geachtet, dann kündigt sich ein Besuch der Tante an – und die Eltern werden wieder streng. Plötzlich herrschen sie die Kleinen an: »Sitz gerade!« Aber wer denkt an ein Lob, wenn die Kinder sauber gegessen haben?

### Kleines, schonungsloses Spiegelbild

Auch beim Essen sollten die Eltern selbst gute Vorbilder sein: Ein Vater, der seinen Sohn mit vollem Mund anschnauzt, er solle sich ordentlich hinsetzen, ist eine Lachnummer. Eltern können mit ihren Kindern aushandeln, wie es bei Tisch zugehen soll: Stellen sie die Spielregeln gemeinsam auf, werden sie eher befolgt. Falls nicht, können die Eltern ihrem Kind ruhig sagen, dass sie sich Sorgen machen, dass andere nicht gerne mit ihm essen, wenn es die grundlegenden Verhaltensweisen nicht gelernt hat. Wer genießt schon seine Mahlzeit neben einem Sitznachbarn, der schmatzt?

### Feine-Leute-Spiel

Falls die Kinder die Tischregeln immer wieder vergessen, sollten Eltern diese zwar nicht lockern, aber sich selbst ein wenig entspannen. Wenn sie die Situation nicht so bierernst nehmen, kommen sie auch auf ganz einfache Spielchen, mit denen Kinder Benimm beim Essen lernen.

Die Familie kann etwa »ganz feine Leute« spielen, eine weiße Decke auflegen und schönes Geschirr herrichten. Wer am längsten ohne Flecken auf dem Tuch durchhält, darf den Nachtisch am nächsten Tag bestimmen. Ein anderes Mal dürfen die Kinder ganz bewusst Kleinkind spielen und mit den Fingern essen – dann aber alles. So sind sie das nächste Mal vielleicht froh, eine Gabel zu haben. Mit solchen kleinen Rollenspielen wird Kindern der Unterschied bei Tischsitten bewusst.

### Ist doch lustig

Allerdings können Eltern nicht jedes Mahl in Szene setzen. Im Alltag ist die Hauptsache: weder die Nerven noch den Humor verlieren! Kleine Reime helfen weiter, zum Beispiel wenn das Kind beim Essen immer die Arme aufstützt: »Ellenbogen, Ellenbogen, sei doch nicht so ungezogen!« Dann benimmt sich der Ellenbogen daneben und wird getadelt und nicht das Kind, das als »Bestimmer« seinen Ellenbogen wieder zurechtrücken kann. Oder man denkt sich kleine Spiele aus, etwa »Katz und Maus«: Die Kinder sollen sich vorstellen, auf ihrem Schoß säße eine Katze. Die dürfen sie nicht zerquetschen, indem sie wie ein nasser Sack an der Tischkante hängen. Aber auch das Mäuschen in ihrem Rücken braucht Platz – das hat es nicht, wenn das Kind an der Lehne hinabrutscht. Am Anfang können dabei Stofftiere helfen.

Spielzeug am Esstisch sollte aber eine Ausnahme bleiben. Denn eine Hauptaufgabe der Eltern ist es, dem Essen Priorität einzuräumen. Und die kleinen, lehrreichen Theaterstückchen sind ein Spiel um das Thema Essen, aber nicht mit dem Essen. Die Erwachsenen sollten sich aber auch daran halten und nicht am Tisch telefonieren oder SMS schreiben. Manche Familien sitzen im Restaurant, der Vater mit dem Tablet-Computer, die Mutter mit dem Smartphone und das Kind mit dem Nintendo – alle schweigend, jeder für sich. Furchtbar.

*Benimm dich, wir sind hier nicht allein*

Gerade im Restaurant sind Eltern aber ganz froh über ablenkendes Spielzeug, schließlich wollen Eltern langsam essen und sich unterhalten, während den Kindern dabei todlangweilig wird. Dennoch sollte gelten: »Solange wir essen, isst du ebenfalls und spielst nicht.« Aber dann müssen sich die Eltern natürlich auch mit den Kindern unterhalten. Haben alle aufgegessen und Mutter und Vater gehen zum gemütlichen Plausch über, dürfen die Kinder lesen oder auch Computer spielen. Aber das gemeinsame Essen ist es wert, gewürdigt zu werden und es bewusst zu genießen.

*Erzähl doch mal was*

In vielen Familien sehen sich alle Mitglieder – wenn überhaupt – nur zu einem gemeinsamen Mahl: die Gelegenheit, vom Tag zu erzählen. Wenn die Kinder hören, dass sich der Vater ärgern musste, weil er die U-Bahn knapp verpasst hat, ermutigt es sie, auch ihre Gefühle und Erlebnisse zu offenbaren. Allerdings sollten sie nicht ausgefragt und ihre Themen sofort bewertet oder gar abgewertet werden. Etwa wenn ein Schüler erzählt, dass er in Mathe an die Tafel musste. Kommt dann nach zwei Sätzen die Frage der Eltern, »Warum hast du das wieder nicht gekonnt?«, haben sie so etwas zum letzten Mal erfahren. Und das Essen macht dem Kind bestimmt keinen Spaß mehr. Stellen Sie sich mal vor, Ihr Kind sagt zu Ihnen bei der gemeinsamen Mahlzeit: »Warum hast du dich bei dem Meeting wieder nicht zu Wort gemeldet? Das muss nächstes Mal besser werden!«

> **!** Die Tipps basieren auf dem Rat von Elisabeth Bonneau. Die Knigge-Expertin arbeitet als Kommunikationstrainerin und war davor 20 Jahre lang Lehrerin am Gymnasium:

»Da habe ich gemerkt, dass es mit Kindern leichter ist, wenn man es ihnen nicht so schwermacht.« Sie ist Autorin zahlreicher Knigge-Ratgeber, unter anderem des »Großen Ess- und Tischknigge« und von »Spaghetti, Jeans und flotte Sprüche – Knigge für Kids«.

## Macht auf den Mund:
### Morgens, mittags, abends Zähne putzen

Das sagt das Kind:
»Ich hab schon Zähne geputzt!«

Das sagen die Eltern:
*»Die Zahnbürste ist ja noch trocken.«*

Das sagen die Eltern der anderen:
*»Also unser Kind putzt sich auch nach dem Mittagessen die Zähne. Freiwillig.«*

Das sagen die Großeltern:
*»Bald sind deine Zähne schwarz wie die Nacht.«*


Die Mutter beendete schlecht gelaunt das Telefongespräch. Eigentlich hatte sie ihre Freundin angerufen, um über die kleinen Sorgen des Alltags zu plaudern. Zum Beispiel, dass sich das Söhnchen vehement weigert, seine vier Milchzähne putzen zu lassen. Und dass der Ältere die körperliche Hygiene als Frühsport ansieht: Wer als Erster fertig ist, gewinnt. Deshalb gibt es Streit, morgens und abends.

Es kann doch nicht sein, hatte die Mutter am Telefon geklagt, dass wir den Tag mit schlechter Laune beginnen und ihn genauso wieder beenden – bloß wegen Zahnbürste und Waschlappen! Nur das Plantschen in der Wanne ist ganz im Sinne ihrer Söhne. Leider verwandeln sie dabei das gesamte Badezimmer in einen Swimmingpool, was sich die Mutter nun wirklich nicht täglich antun will.

Doch was sagte die Freundin, statt mit Rat und Tat zur Seite zu stehen? »Mit der Hygieneerziehung und dem Zähneputzen hättest du viel früher anfangen müssen. Den Zeitpunkt hast du leider verpasst.« Genau das, was genervte Eltern hören wollen: Viel früher. Verpasst. Warum hast du nicht?

Also knurrte die Mutter ins Telefon: »Früher, wieso früher? Der Kleine hat doch gerade erst Zähne bekommen. Hätte ich vielleicht schon vorher putzen sollen, oder was?« Da besaß die Freundin doch die Unverschämtheit zu sagen: »Ja, hättest du.«

Also sie selbst habe ihrem Baby schon vor dem ersten Zahn das Zahnfleisch mit speziellen Massage-Bürstchen gerubbelt, »da gewöhnt sich das Kind gleich an die Bürste«. Und den ersten Zahn habe sie, »wie von Zahnärzten empfohlen«, morgens und abends liebevoll gesäubert. Die Freundin klang wie in einer Zahnpasta-Werbung. Natürlich sperre ihr herzallerliebstes Baby den Mund stets »gaaaanz weit auf, wenn die Zahnbürste kommt. Die Kleine hat richtig Spaß daran!«. Danke auch, dachte die Mutter.

Ihr Söhnchen reagierte beim Anblick der Zahnbürste zwar ebenfalls immer gleich. Allerdings mit festem Zusammenpressen der Lippen. Was hatten Mutter und Vater schon alles versucht. »Sooo, da fliegt das Flugzeug (Zahnbürste), kreist über dem Waschbecken (seitlicher Angriff von der Zahnbürste des großen Bruders, der begeistert sofort sein eigenes Putzen unterbrach), dann kommt es zurück zum Flughafen und will landen ...« Schweigend schüttelte Söhnchen den Kopf, die Lippen fest zusammengepresst. Das Bürsten-Flugzeug konnte von ihm aus landen, wo es wollte. Aber nicht in seinem Mund.

Sie erzählten die Geschichte von Karius und Baktus und schilderten sehr detailliert, wie sich die garstigen Gesellen nachts über arme, ungeputzte Milchzähne hermachten und große, schwarze Löcher hineinhackten. Doch der Kleine

schüttelte mit entschlossener Miene den Kopf, die Lippen zusammengepresst. Der große Bruder hatte auch zugehört. Er
schlief in dieser Nacht schlecht, er träumte von Karius- und
Baktus-Riesen.

Die Eltern lobten überschwänglich das wunderbare Zähneputzen des Älteren, der daraufhin stolz zehn Sekunden länger
schrubbte (diese Zeit aber beim Gesichtwaschen wieder ein-
sparte). Söhnchen hingegen: Kopf schütteln, Lippen zusammenpressen. Die Eltern führten dem Kleinen vor, wie toll die
Zahnpasta in ihren eigenen Mündern schäumte, ganz wild,
schau mal. Söhnchen lächelte, aber schüttelte den Kopf, die
Lippen zusammengepresst.

Kurz vor dem Fertigmachen am Abend nimmt die ratlo-
se Mutter ihren Älteren zur Seite. Sie denkt: Es kann doch
nicht sein, dass diese Putzerei beim Kleinkind der Freundin
problemlos klappt und es bei ihrem eigenen Kind gar nicht
möglich ist. Sie fragt: Ob er einen Rat wisse, wie man sein
Brüderchen dazu bringen könne, endlich den Mund auf-
zumachen? Klar, sagt der Ältere, wirst du schon sehen.

Im Bad nimmt er die Babyzahnbürste, wendet sich entschlossen an seinen Bruder, der sich gerade darauf vorbereitet, die Lippen zusammenzupressen, und sagt streng: »Wenn
du jetzt nicht den Mund aufmachst, bekomme ich alle deine
Süßigkeiten und du gar nichts mehr.«

Der Kleine schaut erschrocken. Und klappt den Mund auf.

Tipps für saubere Kinderzähne

*An meine Zähne lass ich nur Wasser*

In manchen Familien gibt es jeden Morgen und jeden Abend
Streit ums Zähneputzen. Da geht es oft weniger um das
Zähneputzen, sondern darum, in einem typischen Eltern-
Kind-Kampf Grenzen abzustecken. Mütter und Väter, denen

Konsequenz generell schwerer fällt, haben da auch mehr Probleme. Aber Eltern sollten sich nicht immer wieder auf Diskussionen übers Zähneputzen einlassen. Es ist zu wichtig, um ständig darüber zu verhandeln. Diesen Müttern und Vätern hilft es, das Zähneputzen zu einem festen Ritual zu machen und es bei kleinen Kindern zum Beispiel immer mit demselben Lied oder einer Geschichte zu begleiten.

### Zeit zum Putzen

Schon der erste Milchzahn sollte gepflegt werden. Eltern setzen sich das Kind auf den Schoß oder legen es auf den Wickeltisch, schmücken dieses Ritual zum Beispiel mit einem Zahnputz-Gedicht aus, und das Putzen geht sowieso schnell. Im ersten Lebensjahr würde sogar noch einmal am Tag ausreichen. Trotzdem sollte man von Anfang an morgens und abends putzen, um das Kind gleich daran zu gewöhnen. Für den Schutz der ersten Zähne sorgt fluoridhaltige Zahnpasta, der Klecks muss nur so groß sein wie der kleine Fingernagel des Kindes.

### Phasenweise schwierig

Gerade in der Trotzphase stellen Kinder solche Rituale in Frage. Durch diese Zeit müssen leider alle durch, Kinder und Eltern. Manchmal helfen spannende Geschichten, zum Beispiel von kleinen Rittern, die mit ihren Bürstenschwertern gegen Zahnschmutzfinken kämpfen. Oder Elfen, die mit ihren Zauberbürstchen die Zähne zum Glitzern bringen. Wenn das alles nichts nützt, dürfen die Eltern aber nicht aufgeben. Je häufiger die Kinder mit ihrer Verweigerungshaltung durchkommen, desto öfter versuchen sie es. Oft hilft es schon, dem Kind zuzugestehen, dass es ja jetzt schon »groß« sei und es deshalb selbst mitmachen dürfe: Dann putzen Mutter oder

Vater mit einer Zahnbürste erst die eine Seite, während das Kind mit einer zweiten Bürste auf der anderen Seite werkelt. Dann werden die Seiten gewechselt.

### Kann ich doch allein

Wirklich selbständig dürfen Kinder Zähne putzen, wenn sie feinmotorisch so weit sind, dass sie durch Drehen und Wenden der Bürste an alle Zahnseiten kommen. Das ist meistens dann der Fall, wenn sie die Schreibschrift flüssig beherrschen, also im Lauf der zweiten Klasse. Vorschulkinder, die gut und gerne malen, dürfen auch schon morgens alleine putzen, während die Eltern abends noch nacharbeiten.

### Drei Minuten Ewigkeit

Zähneputzen muss drei Minuten dauern, lautet das Dogma. Eine gefühlte Ewigkeit für die meisten Kinder. Viel wichtiger als die Zeit ist aber, dass die Kinder alle Zahnflächen erwischen. Sie beginnen mit den Kauflächen, dann bearbeiten sie von einer Seite zur anderen die Außenseiten, danach alle Innenseiten. Wenn die Kinder nach diesem Schema geputzt haben, sind sie fertig – auch wenn drei Minuten noch nicht um sind. Die sind für Vorschulkinder noch viel zu lang. Wichtig ist aber, dass auch der Übergang zum Zahnfleisch geputzt wird, weil sonst viel Belag übrig bleibt. Also sollte das Kind das Kitzeln der Bürste am Zahnfleisch spüren – wenn die Eltern nachputzen, sollten sie danach fragen.

Es reicht übrigens ein erbsengroßer Zahnpastaklecks, und nachspülen sollten Kinder nicht: Bleibt das Fluorid direkt an den Zähnen und wird nicht größtenteils abgewaschen, schützt es deutlich besser vor Karies.

### Strom statt Handarbeit

Kinder schrubben beim Zähneputzen oft nur hin und her, weil ihre Feinmotorik noch nicht so ausgeprägt ist – oder sie keine Lust auf sanftes Kreisen haben. Da hat die elektrische Zahnbürste den Vorteil, dass sie das übernimmt. Damit auch ganz Kleine Spaß daran haben, wählen Eltern nur Bürsten mit einem sehr kleinen, runden Kopf. Trotzdem sollten Kinder beim Zahnarzt auch den Umgang mit der Handzahnbürste lernen: Schließlich ist mal der Akku leer, und nicht jeder will in den Urlaub die elektrische Bürste mitschleppen.

### Zwischendurch sauber

Schon Kinder sollten einmal am Tag, am besten am Abend, Zahnseide verwenden. Ist die Handhabung noch zu schwierig, übernehmen Mutter oder Vater. Bei den Milchzähnen reicht es, wenn Speisereste zwischen den Backenzähnen entfernt werden, bei den bleibenden Zähnen sind dann alle dran. Zahnseidehalter erleichtern das Säubern gerade in den kleinen Kindermündern.

### Mein Löffel ist nicht dein Löffel

Damit Kinder gar nicht erst Karies bekommen, sollten sie immer eigene Löffel bekommen. Karies ist eine Infektionskrankheit, die Bakterien werden im Speichel übertragen – auch wenn Eltern den Schnuller oder Löffel ablecken und dann weiterreichen. Die Mundhöhle des Kleinkindes ist noch kaum mit Bakterien besetzt. Je älter die Kinder sind, desto mehr gute Bakterien haben sich im Mund angesiedelt, so dass für die Karieserreger einfach weniger Platz ist. Daher sollten auch die Eltern auf eine gute Prophylaxe bei sich selbst achten: Haben sie weniger Kariesbakterien im Mund, ist die Ansteckungsgefahr geringer.

### *Heute ohne Zähneputzen ins Bett*

Die Vorsätze sind meist gut, doch wenn die Kinder abends übermüdet sind, erlassen viele Eltern schon mal das Zähneputzen. Aber die Kinder müssen ja verinnerlichen, wie wichtig das Ritual des Zähneputzens morgens und auch abends ist. Also lieber die Kinder bald nach dem Abendessen zum Zähneputzen schicken, bevor sie vor Müdigkeit nicht mehr können. Danach dürfen sie dann noch eine halbe Stunde spielen – und nicht umgekehrt.

**!** Die Tipps basieren auf dem Rat von Dr. Jutta Hübner. Sie ist ausgebildete Kinderzahnärztin und hat ihre Praxis in Neuried bei München. Dort zaubert sie gemeinsam mit den kleinen Patienten den Behandlungsstuhl erst einmal in die richtige Position, bevor sie die Milchzähne zum »Glitzern« bringt.

## Gefahren, überall:
### Kinder und Sicherheit

Das sagt das Kind:
>>Ich kann noch höher klettern!<<

Das sagen die Eltern:
*»Fall bloß nicht runter.«*

Das sagen die Eltern der anderen:
*»Also meinem Kind würde ich nicht erlauben, so hoch in den Baum zu steigen.«*

Das sagen die Großeltern:
*»Du schaffst es doch sicher bis zur Spitze.«*


Als ihr Baby geboren wurde, stellten die Eltern mit Entsetzen fest, dass die Welt voller Gefahren war. Nicht, dass Banditen in ihrem Viertel ihr Unwesen trieben, nein. Die Gefahren lauerten, wo die Eltern eigentlich einen geschützten Raum vermutet hätten: in ihrer eigenen Wohnung.

Dort waren Fallen nicht hinter, sondern an allen Ecken. Scharfe Kanten, die nur auf stürzende Kinder warteten. Steckdosen, die verführerisch ihre geheimnisvollen Löcher präsentierten. Zuschlagende Türen, bereit, kleine Kinderfinger zu quetschen. »Gut, dass es noch nicht krabbeln kann«, sagten die Eltern zueinander und fingen an, ihre Wohnung auszupolstern.

Eckenschützer schützten vor Tischecken, Türstopper stoppten Türen und Steckdosenstöpsel bewahrten vor Stromschlägen. Dazu kamen Schutzgitter vor Treppen und vor dem Herd. Und im Gästebad wartete ein Desinfektionsmittel auf

Besucher, die freundlich, aber bestimmt um fleißigen Gebrauch gebeten wurden.

Nun waren die Eltern halbwegs beruhigt. Bis sie feststellen mussten, dass ihr Kind Schlupflöcher im durchdachten Sicherheitskonzept entdeckte. Es riss mit Vorliebe die Eckenschützer ab, klemmte sich die Finger unter der Tür ein und fiel stets neben statt auf den dicken Teppich.

»Und wieso«, fragte die Freundin, »muss ich mir hier immer noch ständig die Hände desinfizieren, wenn dein Kind da hinten am Kinderwagenreifen lutscht?« Die Mutter riss es vom Reifen weg und rannte mit dem schreienden Kleinkind ins Bad, um es dort zum Mundausspülen zu nötigen. So hörte sie nur Halbsätze von der Freundin, »… Bakterien gut fürs Immunsystem … Kinder auf dem Land viel gesünder …« Was sie deutlich hörte war: »Überhaupt übertreibt ihr ein wenig!«

»Hätte ich ihr bloß nicht erzählt, dass wir dem Kind beim Laufenlernen vorne und hinten ein Kissen umgebunden haben«, dachte die Mutter verärgert. Wobei sie zugeben musste, dass ihre Freundin schon immer viel entspannter gewesen war. Sie hatte zwei Söhne, die sie balancieren, klettern und ausprobieren ließ. Frei nach dem Motto: »Solange keiner schreit, ist alles gut.«

Und seltsamerweise schrien die Söhne meistens nur im Streit. Sonst kletterten sie griffsicher in die Bäume, so hoch, dass die Mutter nicht hinsehen konnte. Ihre Freundin ließ das kalt. »Das können sie«, sagte sie gelassen. Das hatte sie schon gesagt, als die Söhne so gut wie allein Treppen steigen, auf Bierbänke steigen und Rad fahren gelernt hatten.

Nur die Mutter hatte es nicht ausgehalten, als der Sohn der Freundin einmal in Schlangenlinien auf eine Laterne zugefahren war. »Pass auf!«, hatte sie gebrüllt. Der Sohn hatte sich erschrocken umgedreht und war gegen die Laterne gestürzt:

Platzwunde an der Stirn, genäht mit fünf Stichen. »Verkneif dir dein hysterisches Schreien nächstes Mal … bitte«, hatte die Freundin gesagt.

»Wie kannst du nur immer so ruhig bleiben?«, fragte die Mutter. »Ich habe Vertrauen in die Fähigkeiten meiner Kinder«, sagte die Freundin und klopfte auf den freien Platz auf der Bank neben sich. Sie waren gemeinsam am Spielplatz und die Mutter gerade eine halbe Stunde ihrem sehr lauf- und entdeckungsfreudigen Kind hinterhergerannt. Die Leiter zur Rutsche hatte sie es lieber hinaufgehoben und war dann zu deren Ende geeilt, um ihr Kind sicher aufzufangen.

»Lass es doch einfach mal machen«, sagte die Freundin und zog die Mutter zurück auf die Bank, als das Kind schon wieder zur Rutsche stapfte, »das kann es schon!« »Na gut«, sagte die Mutter mit zusammengepressten Zähnen. Sie saß ganz vorne auf der Sitzkante, als sich ihr Kind die ersten Sprossen hochzog. Sie atmete scharf ein, als es mit einer Hand losließ, um ihr stolz zuzuwinken. »Lob es«, flüsterte die Freundin. »Gut machst du das«, rief die Mutter mit gezwungenem Lächeln, »aber jetzt halt dich wieder mit beiden Händen fest, Schatz!«

Das Kind kletterte nach oben auf die Rutsche, blieb direkt am Rand stehen und ließ los. Mit beiden Händen. Die Mutter wurde blass und holte tief Luft, doch die Freundin packte ihren Arm: »Jetzt nicht hysterisch schreien«, zischte sie. Die Mutter räusperte sich: »Schätzchen, halt dich gut fest und setz dich lieber gleich hin.« Sie fing an zu schwitzen. Das Kind rutschte. Und krachte unten in den Sand.

Erschrocken schaute es Richtung Bank, noch unentschlossen, ob es weinen sollte. Die Mutter sprang auf, da rief die Freundin: »Super hast du das gemacht, und ganz allein! Toll!« Das Kind lächelte und stand auf. Die Mutter setzte sich langsam wieder hin. »Das lernst du schon noch«, sagte die

Freundin zur Mutter. Die nickte zögernd und merkte, dass sie das Atmen vergessen hatte. Sie versuchte, sich zu entspannen. Doch ihr Kind stieg schon wieder die Leiter hinauf.

Nächstes Mal würde sie ohne die Freundin zum Spielplatz gehen. So viel Gelassenheit stresste sie zu sehr.

### Rundum sicher

Messer, Schere, Licht, sind für kleine Kinder nicht – das ist ein altbekanntes Sprichwort. Doch ab einem gewissen Alter sollten Kinder auch mit Messern und mit Scheren schneiden können. Eltern stehen immer wieder vor der Frage: Muss ich nun eingreifen oder kann ich das Kind seine Erfahrung machen lassen? Soll ich Türgriffe und Tischkanten polstern, um es zu schützen? Wie sinnvoll dieser Versuch der Rundum-Sicherung ist, hängt vom Alter des Kindes ab: Was kann es schon leisten und verstehen? Lernt es zum Beispiel gerade erst laufen, kann es sich nur geradeaus bewegen und kaum abfangen? In dieser Phase ist es durchaus sinnvoll, bewusst durch die Wohnung zu gehen und gefährliche Ecken zu entschärfen. Nur dürfen diese Sicherungen ruhig wieder entfernt werden, wenn das Kind motorisch weiter ist. Das Leben ist voller Risiken. Eltern können und sollten sie auch in den jeweiligen Entwicklungsphasen reduzieren, vollständig vermeiden lassen sie sich nie.

### Zusammen schaffen wir das

Auf der einen Seite sind manche Eltern überbehütend und unterschätzen das Können ihrer Kinder. Auf der anderen Seite gibt es Mütter und Väter, die sich aus der Verantwortung stehlen und sagen: »Du wirst schon sehen, was du davon hast«, zum Beispiel wenn ihr Kind erste Kletterversuche auf dem

Sofa unternimmt. Doch bei Kleinkindern ist es die Aufgabe der Eltern, Risiken einzuschätzen und ihr Kind anzuleiten, richtig damit umzugehen. Kinder wollen alles ausprobieren, und das ist wunderbar so. Eltern ihrerseits können sich etwa in Fachbüchern informieren, was ihr Kind in welcher Entwicklungsphase schon kann und ihm dann helfen, die Herausforderungen sicher zu bewältigen. Das bedeutet konkret: Wenn das Kind auf das Sofa oder später auf den Baum geklettert ist, es für seinen Mut zu loben – und ihm dann zu zeigen, wie es wieder herunterkommt: von der Couch am besten rückwärts, die Treppe erst sitzend und dann immer mit einer Hand am Geländer. Das lässt das Kind selbständig werden und vermittelt ihm zugleich Sicherheit und Selbstbewusstsein.

### Gefahr ist nicht gleich Gefahr

Manche Sachen sind zu riskant, um sie Kinder einfach ausprobieren zu lassen. Da muss es ganz klare Gebote und Verbote geben, zum Beispiel im Straßenverkehr. Einen Zweijährigen muss man an die Hand nehmen und ihm klarmachen, dass er nicht auf die Straße rennen darf. Eltern sollten brenzlige Situationen bewusst ansprechen und sogar üben. Etwa, dass das Kind auch dann nicht auf die Straße hüpfen darf, wenn die Oma auf der anderen Straßenseite steht. Das ist ein klarer Rahmen für das Kind, damit es sich sicher bewegen kann.

### Zeit für mehr Sicherheit

Trotz aller Kindersicherungen im Haus muss irgendwann der adäquate Umgang mit Gefahrenquellen gelehrt werden. So sollten zum Beispiel Steckdosen zwar gesichert sein, trotzdem muss das Spielen damit klar verboten werden. Schließlich treffen Kinder auch anderswo auf ungesicherte Stromquellen. Wenn Kinder dann den Staubsauger selbst einstecken dürfen, müssen die Eltern klarmachen, dass das nur in Ordnung ist, wenn Mutter oder Vater es erlauben und dabei sind. Und dass nur der Stecker, aber nichts anderes in die Steckdose gesteckt werden darf. Während beim Zweijährigen die Gefahr noch groß ist, dass er sich nicht an die Vorgaben hält, ist bei Schulkindern die Einsicht eine ganz andere.

Auch das Kochen ist zum Beispiel für kleinere Kinder nicht ganz ungefährlich. Sie greifen oft unvermutet nach den Töpfen oder verstellen die Knöpfe der Herdplatten. Deshalb ist es besser, immer auf den hinteren Herdplatten Wasser und Fett zu erhitzen und Pfannenstiele nach hinten zu drehen, so dass die Kinder sie nicht erreichen können. Das Gleiche gilt für heiße Tees oder Kaffees: Immer ganz hinten abstellen. Das ist für Eltern kein Aufwand, aber ein enormer Sicherheitsgewinn für ihre Kinder.

### Jetzt ist es passiert!

Trotz aller Vorsichtsmaßnahmen hat sich Ihr Kind verletzt. Es ist schwierig, aber bitte bewahren Sie Ruhe. Das »große Zittern« können Sie bekommen, wenn das Kind versorgt ist. Und wenn Sie unbedingt schimpfen müssen, verkneifen Sie es sich bis dahin. Sie sind aufgelöst, aber Ihr Kind ist es auch. Bewahren Sie Ruhe und vermitteln Sie diese möglichst dem Kind. Dazu trägt bei, wenn Sie dem Kind genau erklären, was geschieht: »Den Verband müssen wir jetzt ein wenig fester anlegen, damit es aufhört zu bluten. Und anschließend gehen wir zum Arzt, weil der deine Wunde besser versorgen kann als ich.«

### Was tu ich nur, was mach ich jetzt?

Jeder bleibt selbst in Stresssituationen gefasster, wenn er weiß, was zu tun ist. Dieses beruhigende Wissen vermitteln

Erste-Hilfe-Kurse für Säuglinge, Kleinkinder und Kinder. Auch sollte jeder die wichtigsten Telefonnummern, etwa vom Notarzt oder der Giftnotrufzentrale im Handy gespeichert haben – dorthin kann man dann auch zum Beispiel Fotos von den Beeren schicken, die das Kind gerade gegessen hat. Eltern haben am besten immer eine kleine Notfallausrüstung dabei, zum Beispiel Pflaster und ein gebügeltes Stofftaschentuch. Wer schon mal versucht hat, eine Wunde mit Papiertaschentüchern zu versorgen, weiß das zu schätzen.

### Das Wichtigste zuerst

Nicht nur eine gute Vorbereitung beruhigt. Im Notfall sollte man zudem immer schrittweise vorgehen: Was ist als Nächstes am Wichtigsten? Das gilt auch, wenn sich ein Kind gerade in einer gefährlichen Situation befindet. Wenn es oben auf dem Baum auf knackenden, dünnen Ästen steht, hilft es ihm nicht, wenn die Eltern unten schreien: »Vorsicht, du fällst runter!« Da müssen die Eltern ihm genau sagen, was es konkret zu tun hat: »Steig mit dem linken Fuß auf den dicken Ast unter dir.« Oder auch: »Bleib sitzen. Ich hol dich herunter.« Und wenn ein Kleinkind plötzlich mit dem scharfem Fleischermesser durch die Wohnung saust, ist es am wichtigsten, ihm das Messer ruhig und ohne Verfolgungsjagd abzunehmen. Und sich dann zu überlegen, wie es überhaupt an dieses Messer kommen konnte.

### Beweg dich

Motorik fördern Eltern dadurch, dass sie Bewegungs- und Erfahrungsräume anbieten, zum Beispiel beim Kinderturnen oder im Freien. Lassen Sie Lernen zu, etwa selbständiges Treppensteigen oder Brotstreichen. Ihr Kind kann mehr als Sie vermuten. Auch wenn es nicht gleich klappt, die Butter an einer Stelle zentimeterdick ist und Marmelade auf dem Tisch landet. Nur so lernt das Kind den Umgang mit dem Messer. Wichtig ist, dass Eltern Freude an den Fortschritten ihres Kindes haben. Und dafür auch mal eine vollgekleckerte Tischdecke in Kauf nehmen.

> **!** Die Tipps basieren auf dem Rat von Dr. Ursula Sottong. Sie leitet die Abteilung Gesundheitsförderung und Prävention bei den Maltesern und ist Mitautorin von »Das Kinder-Sicherheitsbuch. Zuhause und unterwegs – Gefahren erkennen und gezielt vorbeugen«. Die Malteser bieten wie andere Hilfsdienste und oft auch Kinderärzte Erste-Hilfe-Kurse speziell für Kindernotfälle an.

## Gestehe, Sünder:
### Besuch vom Nikolaus und anderen erfundenen Gestalten

Das sagt das Kind:
»Bitte definieren Sie BRAV ...«

Das sagen die Eltern:
*»Wenn du so weitermachst, bringt der Nikolaus gar kein Geschenk!«*

Das sagen die Eltern der anderen:
*»Also unserem Kind muten wir so eine autoritäre Nikolaus-Figur gar nicht erst zu.«*

Das sagen die Großeltern:
*»Er steckt dich in den Sack!«*

In den vergangenen Jahren hatten sich die Kinder über jeden Weihnachtsmann gefreut, den sie vor Kaufhäusern und auf Adventsmärkten entdeckten. Bis die Großmutter von früher erzählte. Sie berichtete, dass dereinst auf dem Lande der Nikolaus nicht allein umherzog. Er befand sich in schlechter Gesellschaft, jedenfalls aus Sicht der Kinder: Krampusse begleiteten ihn, lange Ruten in der Hand und stets bereit, unfolgsame Kinder zu züchtigen oder in einen Sack zu stecken. Und ihn zuzuschnüren.

Ein besonders unartiges Kind, raunte die Großmutter und senkte die Stimme zu einem Flüstern, warfen die Unholde sogar in den Dorfteich! In letzter Sekunde wurde es gerettet! »Vom Nikolaus?«, wisperten die Kinder mit schreckgeweiteten Augen. »Nein. Von dem Krampus, der am wenigsten getrunken hatte«, sagte die Großmutter. Nun sei aber Schluss, war die Mutter eingeschritten. Von dieser Pädagogik des Schreckens hielt sie überhaupt nichts, da war man doch heute wohl viel weiter!

Aber der Argwohn der Kinder war geweckt. War der Nikolaustag vielleicht gar nicht so schön, wie es die Lieder verhießen? Hatte der Text »Morgen, Kinder, wird's was geben« gar eine ganz andere Bedeutung? Die Kleinen gingen auf Nummer sicher und waren in den drei Tagen vor Nikolaus sehr, sehr brav. Zwar hatten die Eltern ihren Kindern fest versprochen, dass der Heilige bei seinem ersten Besuch bei ihnen zu Hause ohne den schrecklichen Krampus erscheinen würde. Allerdings genossen sowohl Mutter als auch Vater das ungewohnte Wohlverhalten der Kinder in den ersten Adventstagen sehr. Bis das ältere Kind einmal vergaß, dass es sich benehmen und das jüngere Kind erst nach dem 6. Dezember wieder in den Schwitzkasten nehmen wollte. Da rutschte es der Mutter heraus: »Der Nikolaus hat übrigens sein goldenes Buch dabei.«

Beide Kinder schauten überrascht auf, das jüngere Kind soweit das im Schwitzkasten möglich war. »Was ist denn da drin, im goldenen Buch?«, fragte das ältere Kind. Die Mutter zögerte kurz, ein wenig regte sich das schlechte Gewissen. Aber es war zu verlockend: »Darin stehen die Streiche und Unfolgsamkeiten aller Kinder auf der ganzen Welt.« Sofort ließ das ältere Kind das jüngere los.

Beide gingen im Geist ihr geheimes Sündenregister durch: Nun würden die Eltern also von dem Süßigkeitenversteck in der Spardose des jüngeren Kindes erfahren. Und von der Plätzchendose, deren Boden sich nach oben schieben ließ, so dass sie noch immer voll wirkte, aber nicht mehr voll war, was nur das ältere Kind wusste. Und vom gemeinen Jonas aus der

Kindergartengruppe, der am Kopf von einem eisigen Schneeball getroffen worden war, den aber niemand geschleudert haben wollte. Jonas hatte sogar geblutet.

Immer wieder fragte die Mutter nach, ob die Kinder ihr nicht noch etwas zu sagen hatten: »Bevor der Nikolaus alles aus dem goldenen Buch vorliest. Dann erfahren wir es sowieso.« Als erstes knickte das jüngere Kind ein und beichtete sein heimliches Naschen nach dem Zähneputzen. Dann gestand das ältere Kind, weshalb die Plätzchendose in letzter Zeit immer leichter wurde. Doch das mit dem eisigen Schneeball, das wollte es nicht sagen, zu peinlich war es ihm. Beim Gedanken an das goldene Buch jedoch krampfte sich sein Bauch zusammen. Es klammerte sich an die Hoffnung, dass der Nikolaus genau diese Seite überblättern würde. Aber diese Hoffnung war sehr klein.

Am Nikolaustag waren beide Kinder aufgeregt, das jüngere vor Vorfreude, es hatte das Schlimmste ja schon gebeichtet und wartete nun reinen Herzens auf den Gaben Bringenden. Das ältere Kind hingegen wurde blass und blasser. Die Mutter beobachtete es besorgt. Wurde es etwa krank? Nur von der Aufregung konnte das ja nicht kommen. Oder doch?

Am Abend läutete es.

Mit dem wallenden Bart, dem bodenlangen Gewand und der hohen Mitra wirkte der Nikolaus noch größer. Und furchteinflößender. »Guten Abend, liebe Kinder«, brummte der Nikolaus mit tiefer Stimme. Das jüngere Kind vergaß sein gutes Gewissen und griff nach der Hand der Mutter.

»Zuerst will ich in meinem goldenen Buch lesen, ob ihr denn brav gewesen seid in diesem Jahr«, verkündete der Nikolaus. Das ältere Kind trat unwillkürlich einen Schritt zurück und warf einen besorgten Blick zur Mutter. Die versuchte gerade, die Finger des Jüngeren zu lockern, die sich schmerzhaft in ihre Hand krallten. Sie blickte auf und sah verblüfft die Angst in den Augen ihres älteren Kindes.

Der Nikolaus öffnete das goldene Buch, las konzentriert und sah den Jüngeren an. So streng war sein Blick, dass auch die Mutter überlegte, ob sie in letzter Zeit etwas angestellt und zu beichten vergessen hatte. Der Kleine versteckte sich hinter ihrem Bein. »Hier steht, dass du heimlich Süßigkeiten naschst, obwohl die Zähne schon geputzt sind«, sagte der Nikolaus und dröhnte mit tiefer Stimme: »Willst du denn nicht glitzernd weiße Zähne haben, weiß wie der Schnee?« Vater, Mutter und Kinder zuckten zusammen. »Willst du das? Antworte mir, mein Kind!« Das jüngere Kind war vor Schreck erstarrt. Das hatte die Mutter nicht gewollt. Sie schob sich schützend vor den Kleinen: »Natürlich will es das«, sagte sie.

Der Nikolaus war etwas aus dem Konzept gebracht. Er senkte den Blick und legte die Hand ins goldene Buch. Er suchte wohl die richtige Stelle im Sündenregister. Nun war das ältere Kind dran. »Und du«, knurrte der strenge Besucher, »du isst die Plätzchen auf, ohne den anderen etwas abzugeben?« Das ältere Kind wechselte die Gesichtsfarbe, bekam einen knallroten Kopf und stellte das Atmen ein. »Ich … ich …«, stammelte es. »Wir backen wieder welche, wir alle zusammen, schon morgen!«, rief die Mutter und legte dem älteren Kind die Hand auf die Schulter.

Der Nikolaus blinzelte irritiert, fing sich aber schnell wieder: »Das finde ich gut«, schmetterte er. Das jüngere Kind drückte sich noch enger ans Bein der Mutter. Der Nikolaus blickte wieder ins Buch. Jetzt würde es kommen, dachte das Ältere. Ihm stockte der Atem. Der Eis-Schneeball.

»So, lieber Nikolaus«, sagte da die Mutter entschlossen, »dann hätten wir das. Jetzt können wir ja zu den Geschenken kommen.«

Der Nikolaus räusperte sich und klappte zögernd das goldene Buch zu: »Ja. Natürlich, ähm … da ihr sonst so brave Kinder wart, habe ich auch Geschenke für euch.« Die Kinder trauten sich erst zu den Gaben, als der Nikolaus samt Sack Richtung Nachbarhaus verschwunden war. Sie wirkten noch immer verstört.

Die Mutter nahm sich vor, ihnen bis zum nächsten Advent zu erklären, dass es kein goldenes Buch gibt. Auch auf die Gefahr hin, dass die ersten Dezembertage wieder so turbulent wurden wie in den vergangenen Jahren. Und den Nikolaus könnten sie genauso gut am Adventsmarkt besuchen. Außer er versprach, beim nächsten Besuch nur über die guten Taten der Kinder zu sprechen.

Sonst würden sie am 5. Dezember einfach die Stiefel vor die Tür stellen.

### Tipps für die Legende von Nikolaus und Christkind
#### *Recht auf Weihnachtszauber*

Du sollst nicht lügen, sagen Eltern ihren Kindern – und fabulieren dann im Advent fröhlich über Weihnachtsmann, Christkind und Engelsscharen. Dennoch müssen sie deshalb kein schlechtes Gewissen haben. Denn Kinder zwischen drei und neun Jahren sind mitten in einer magisch-realen Phase. Zum einen sehen sie sehr realistisch, dieser Baum ist ein Baum. Zugleich können sie sich vorstellen, mit dem Baum zu reden oder seine Blätter flüstern ihnen etwas zu. Auch an den Weihnachtsmann und an das Christkind glauben die Kinder nicht nur einfach so, sie wollen daran glauben. Also lügen Eltern ihre Kinder nicht an, sondern bereichern vielmehr ihre Traumwelt. Der Glaube an das Christkind hört mit dem Ende dieser magischen Phase von allein auf.

## Es gibt gar kein Christkind!

Manchmal verrät jemand: Die Geschenke kaufen deine Eltern! Und dann rennt das Kind zu Mutter oder Vater und will wissen, ob der andere recht hat. Am besten kommen Eltern da wieder raus, indem sie ihr Kind in den Arm nehmen und fragen: »Was meinst du denn, ob es den Weihnachtsmann gibt und ob der Geschenke bringt?« Die meisten Kinder wollen in ihrer phantastischen Welt bleiben und erfinden selbst Lösungen, wie: »So große Kaufhäuser gibt es doch gar nicht, in denen alle Geschenke für alle Kinder gekauft werden können«. Erfährt das Kind später die Wahrheit, erschüttert das nicht das Vertrauen in die Eltern. Es wird eher dankbar sein, dass seine Eltern es in der magischen Phase begleitet haben, statt sie zu entzaubern.

## Die Wahrheit und nichts als die Wahrheit

Manche Eltern wollen keine Geschichten über den Weihnachtsmann oder das Christkind erfinden: Sie meinen, ihr Kind hat ein Recht auf die Wahrheit, und wollen sich so pädagogisch besonders wertvoll verhalten. Leider bestrafen sie ihre Kinder eher damit – und werden scheitern, denn die Kleinen denken sich dann selbst ihre Märchen aus. Notfalls fragen sie eben ihren Opa, was der über den Weihnachtsmann weiß. Eltern sollten das Spiel lieber mitmachen, es bereitet ihnen ja auch Freude. Schließlich steckt in jedem von uns das Kind von früher und die Sehnsucht nach dieser magischen, zauberhaften Welt.

## Wehe mir, der Nikolaus!

Dem Heiligen Nikolaus oder zumindest dem Weihnachtsmann begegnet man im Advent an jeder Ecke: auf dem Weihnachtsmarkt, im Kaufhaus, im Kindergarten und auch noch im Süßigkeitenregal. Trotzdem haben manche Kinder Angst vor ihm. Sie haben das Gefühl, dieser weißbärtige Mann im weiten Umhang tritt autoritär und strafend auf, anstatt sich wie der echte Heilige Nikolaus zugewandt und liebevoll zu geben. Der Nikolaus sollte nicht das Sündenregister der Kinder aufzählen und schon gar nicht mit dem Krampus auftauchen: Kinder erschrecken, wenn dieser finstere Gesell im Wohnzimmer steht und drohend die Rute schüttelt. Das passt weder zur Legende vom gütigen Nikolaus noch zum Advent.

! Die Tipps basieren auf dem Rat des Familien- und Kommunikationsberaters Jan-Uwe Rogge. Er ist Autor zahlreicher Erziehungsbücher, unter anderem schrieb er gemeinsam mit Anselm Grün »Kinder fragen nach Gott: Wie spirituelle Erziehung Familien stärkt«.

# Wünsch es dir einfach vom Christkind:

## Kinder im Geschenke-Rausch

Das sagt das Kind:
»Ich will einen Baby-Elefanten!«

Das sagen die Eltern:
»*Das Christkind ist doch nicht verrückt!*«

Das sagen die Eltern der anderen:
»*Also unser Kind wünscht sich Frieden auf Erden.*«

Das sagen die Großeltern:
»*Wir dachten nicht, dass ihr das ernst gemeint habt: nur ein Geschenk.*«

Kinder mögen glücklich sein, wunschlos sind sie nicht. Niemals. Warum auch? Stolz und laut zeigen sie ihre neuen Spielzeuge her – und lassen sich auch von den Schätzen anderer Kinder beeindrucken: erst Bagger und Puppen, dann Star-Wars-Artikel und Gameboys, später Smartphones. Kein Wunder, dass da Begehrlichkeiten aufkommen. Und wenn gerade kein verlockendes Fremdspielzeug in Sicht ist, übernimmt die Werbung.

Selbst wer rechtzeitig zur Fernbedienung hechtet, um umzuschalten, wenn Werbespots im Fernsehen kommen, der entgeht nicht den Spielzeugprospekten, die jeden Tag vor Weihnachten aus dem Briefkasten quellen. Die können Eltern gar nicht so schnell verschwinden lassen, wie die Kinder sie entdecken.

Der Nachwuchs verkündet fröhlich: »Ich kreuze mal an, was ich haben will.« Die ältere Tochter kreuzt und kreuzt und kreuzt, der kleine Bruder malt Kreise um die Objekte seiner Begierde. Billig ist kaum etwas, teuer das meiste. Der Einwand der Eltern, dass eine Burg und ein Bergbau-Tunnel und eine Baustelle und ein Bauernhof viel zu viel kosten, dieser Einwand zählt nicht: »Wünsch es dir doch einfach vom Christkind, da muss keiner was zahlen«, rät die große Schwester und malt Kreuz um Kreuz.

Als die Kinder im Bett sind, blättern die Eltern durch die Prospekte. Nur eine Babyrassel ist nicht markiert. Am nächsten Tag versuchen sie herauszufinden, was sich die Kinder wirklich wünschen: »Ein eigenes Pferd«, sagt die Tochter. »Ich will das Christkind sehen«, sagt der Kleine. Na toll, denken die Eltern.

Dann erklären sie, dass ein Pferd den räumlichen und finanziellen Rahmen sprengt, was das Christkind der Familie auf keinen Fall zumuten möchte. Und dass, lieber Sohn, dieses unsichtbar sei, also leider sogar an Heiligabend nicht vorzeigbar. Enttäuschte Gesichter, dann meint die Tochter: »Aber es kann uns wenigstens die Sachen aus dem Katalog bringen.«

Die Eltern beginnen zu verhandeln: Um das arme Christkind nicht zu überlasten – es hat an Heiligabend ja wohl genug zu schleppen –, sollen sich die Kinder jeweils für drei Lieblingssachen aus dem Prospekt entscheiden, diese ausschneiden und auf den Wunschzettel kleben. »Aber das sind nur Vorschläge fürs Christkind«, sagt der Vater. »Das heißt nicht, dass ihr auch alles bekommt«, ergänzt die Mutter. Nach einer halben Stunde ist der Werbeprospekt so durchlöchert, dass er auseinanderfällt. Die Entscheidung fiel schwer und änderte sich im Minutentakt.

Am Schluss kleben auf dem einen Wunschzettel: ein Pferdehof, Pferde für den Pferdehof und ein Plüschpferd, auf dem auch ein Hundert-Kilo-Mann mit angezogenen Beinen reiten könnte. Auf dem anderen Zettel: eine Ritterburg, ein Drache, um die Ritterburg anzugreifen, und ein Holzschwert in Originalgröße, um die Ritterburg zu verteidigen.

Als die Eltern die Kosten für diese sechs Wünsche ausgerechnet haben, beschließen sie, im nächsten Dezember die Werbung gleich vor dem Briefkasten zu verbrennen. Oder den Postboten vorne an der Ecke abzufangen.

Dann rufen sie die Großeltern an und führen ein ernstes Gespräch: Ob sie sich noch daran erinnern, dass im vergangenen Jahr das halbe Wohnzimmer mit Präsenten bedeckt war, weil jeder noch ein, zwei nette Kleinigkeiten dazugegeben hatte? Dass das alles viel zu viel war und Eltern und Kinder überfordert hatte? Dass die vielen netten Kleinigkeiten in zu vollen Schubladen verschwunden waren, um nicht mehr hervorgeholt zu werden?

Die Großeltern erinnern sich, wenn auch ungern. Ein bis zwei nette Kleinigkeiten waren ihnen schließlich bei ihrem gestrigen Stadtbummel schon wieder aufgefallen. Aber gut, sie würden Ritterburg und Pferdehof übernehmen. Und ja, sonst nichts schenken. Ja, gar nichts. Bestimmt. Die Eltern bedanken sich erleichtert und versichern, wie sehr sie ihre Großzügigkeit zu schätzen wissen, schließlich kosten Burg und Hof so viel wie eine Zweimonatsration Futter für ein echtes Pferd.

Heiligabend.

Die Kinder, Eltern und Großmutter warten darauf, dass das Christkind mit dem Geschenke-unter-dem-Christbaum-Verteilen fertig ist. Der Großvater hat anderweitig zu tun.

Das Glöckchen klingelt.

Tochter und Sohn stürmen ins Wohnzimmer. Ganz hinten in der Ecke steht der Christbaum. Das halbe Wohnzimmer davor ist mit Geschenken bedeckt, der Boden nicht mehr zu sehen. Vater und Mutter drehen sich fassungslos zu den Großeltern um. »Jetzt habt euch nicht so«, brummt der Großvater. »Sind doch nur ein, zwei Kleinigkeiten mehr.«

Von der großen Tochter ist nur noch die weihnachtliche Sternchenstrumpfhose zu sehen. Sie krabbelt unter den Baum, um an das allergrößte Geschenk zu kommen. In fünf Minuten hat sie die liebevolle Verpackung von der Hälfte der Geschenke gerissen, die feierliche Stimmung ist unter einem glitzerbunten Papiermüllhaufen begraben. Nur der kleine Bruder packt nicht aus. Er hebt die Geschenke nur hoch. Wühlt in den Papierresten. Blickt hinter den Christbaum.

»Was suchst du eigentlich«, fragt die Mutter. »Den Hund«, sagt der Sohn. »Welchen Hund?«, fragt die Mutter verwirrt, hatte doch die Großmutter ihren bei Nervosität nicht ganz stubenreinen Terrier daheim gelassen.

»Na, den Hund«, sagt der Sohn und schaut unter den Wohnzimmertisch, »den ich mir immer vor dem Einschlafen vom Christkind gewünscht habe. Es war ja jeden Abend da. Nur unsichtbar.«

### *Die Kunst des Schenkens*

Kinder zu beschenken sollte eigentlich einfach sein, schließlich haben sie immer viele Wünsche. Trotzdem beschleicht Eltern am Weihnachtsabend bisweilen das Gefühl, dass nicht das Richtige unter dem Baum lag. In diesem Fall hatten sie vorher nicht den Herzenswunsch ihres Kindes herausgefunden. Auf den Wunschzetteln stehen oft viele »Nebenbei-Wünsche«, die den Kindern eigentlich gar nicht so wichtig sind. Wenn nur die statt dem Herzenswunsch da liegen, sind die Kleinen etwas enttäuscht. Indem sich Eltern mit ihren Kindern auseinandersetzen und Wünsche hinterfragen, finden sie heraus, was den Kleinen wirklich am Herzen liegt. Auch sollten sie sich schon vor dem Advent merken, was ihren Kindern besonders gut gefallen hat, zum Beispiel der Spielzeug-Arztkoffer in einem Wartezimmer oder ein Schnitzmesser. Tauchen diese Dinge nicht auf der Wunschliste auf, bringen Eltern sie wieder in Erinnerung.

### Ganz schön lang

Stehen 25 Dinge auf dem Wunschzettel, misst das Kind den einzelnen Sachen kaum noch Bedeutung bei. Ist die Länge der Liste aber auf fünf bis sechs Dinge begrenzt, muss es sich überlegen, was es wirklich will – dann freut es sich umso mehr auf und über die einzelnen Präsente. Auf dem Wunschzettel ist weniger mehr, wie beim Schenken generell.

### Du das Pferd, ich den Sattel

Oft wollen nicht nur Mütter und Väter den Kindern eine Freude machen, sondern auch Großeltern, Tanten, Onkel. Da ist es wichtig, dass Eltern rechtzeitig die Koordination übernehmen. An Heiligabend gibt es den Herzenswunsch und bei den Verwandtenbesuchen noch Kleinigkeiten, die das Hauptgeschenk auch vervollständigen können. Bekommt das Kind zum Beispiel einen Kaufladen, schenken die Großeltern weitere Waren zum Einräumen und einen Einkaufskorb dazu. Wollen Verwandte noch mehr spendieren, landet das besser im Sparschwein.

### Mehr bedeutet nicht glücklicher

Gerade jüngere Kinder sind neurologisch noch nicht in der Lage, den Geschenkeberg in ihrer Wahrnehmung und Gefühlswelt einzuordnen. Also tut man ihnen damit keinen Gefallen, sie sind überfordert. Dabei wissen wir doch von uns selbst, dass wir nicht viel brauchen, um uns zu freuen. Ein Schmuckstück, das wir uns schon lange gewünscht haben, macht mehr Freude als zehn andere Dinge. Manchmal reicht ein selbstgemaltes Bild, weil sich der andere für uns Mühe gegeben hat.

### Fertig zusammengebaut oder gemeinsam schrauben?

Was ist nun besser: Alle Geschenke vor der Bescherung aufzubauen oder später mit dem Kind? Es gibt natürlich Kinder, denen das gemeinsame Werkeln so viel Freude macht, dass es ihnen nicht zu lange dauert. Aber vor allem Jüngere sind nicht so geduldig. Sie wollen gleich losspielen und ihr Geschenk ausprobieren. Wenn da erst ewig gesteckt, geschraubt und vielleicht ein wenig geflucht wird, ist ihnen schnell langweilig. Und die Eltern sind genervt, sie würden lieber zum entspannten Teil des Weihnachtsabends übergehen, statt eine hundertteilige Herausforderung bewältigen zu müssen, bevor Ritter in die Burg einziehen können.

### Zu groß, zu teuer, zu lebendig

Wenn der größte Wunsch des Kindes aber keine Ritterburg ist, sondern ein Pony oder ein Hund, können und wollen Eltern das meist nicht erfüllen. Das müssen sie ihren Kindern unbedingt noch vor dem Wunschzettelschreiben erklären: Das Christkind oder der Weihnachtsmann wird kein Pony bringen, weil es weiß, dass wir nicht genug Platz dafür haben. Aber Eltern sollten auch diesen Herzenswunsch ernst nehmen und sich überlegen, wie sie ihn zumindest ein Stück weit wahrmachen können: Dann liegt unter dem Baum eben ein Brief vom Christkind, in dem es ankündigt, dass die Eltern einmal im Monat mit dem Kind einen Ponyhof besuchen werden. Oder sie gemeinsam den Nachbarshund ausführen.

*Geld ist nicht alles*

Manche Familien können sich die größten Wünsche ihrer Kinder gar nicht leisten: Es fehlt das Geld für Dinge, die andere wie selbstverständlich bekommen. Doch auch wenn nicht so viel Geld für Geschenke da ist, sollen sich Kinder an Weihnachten geborgen fühlen – das gilt für alle. Da ist das Drumherum noch wichtiger: Familientraditionen, die Halt geben. Sei es, dass am Weihnachtstag Futter für die Tiere nach draußen gebracht wird. Oder Eltern und Kinder backen und spielen gemeinsam. Die Krippe wird aufgestellt und Teelichter werden angezündet. Mütter und Väter sollten sich überlegen, welche Rituale ihnen selbst früher wichtig waren – und auch, welchen neuen Brauch sie gerne weitergeben wollen.

*Rituale für die Ewigkeit*

Weihnachten ist das Fest der Liebe, Geborgenheit und Familie. Auch wenn den Kindern die Präsente jetzt sehr wichtig sind, werden sie sich später an die Familienbräuche erinnern und weniger an die Geschenke. Die Eltern erinnern sich ja ebenfalls, wie einst alle zusammen den Baum nach Hause getragen und geschmückt haben, wie die Familie beim Warten auf die Bescherung gesungen hat. Früher oder später denkt jeder an das gemeinsam Erlebte zurück. Also sollten wir uns an Weihnachten bewusst Zeit für Rituale nehmen und sie genießen – und uns nicht davon stressen lassen, dass der Baum nicht perfekt und die Gans ein wenig zu knusperig ist.

! Die Tipps basieren auf dem Rat der Diplom-Psychologin Svenja Lüthge. Sie führt eine Praxis in Kiel, in der sie neben Einzel- und Paarberatung unter anderem auch Elterncoaching anbietet.

## Oje, du Fröhliche:
### Weihnachten mit Familie

Das sagt das Kind:
»Ich habe dem Christkind unseren Hausschlüssel
mit der Post geschickt, dann kommt es leichter rein.
Dafür gibt es bestimmt ein Extrageschenk!«

Das sagen die Eltern:
»Da ist Karneval noch besinnlicher.«

Das sagen die Eltern der anderen:
»Also bei uns freut sich die ganze Familie aufs Singen.«

Das sagen die Großeltern:
»Wenn sie in diesem Jahr wieder nicht bei uns feiern,
enterben wir sie.«

Einer der großen Vorteile daran, Kinder zu haben, ist: Weihnachten bereitet mehr Freude. Warten aufs Christkind ist viel schöner, wenn ein Teil der Anwesenden noch daran glaubt. Mit Kindern ist der ganze Zauber der Weihnacht spürbar: die Vorfreude, das kaum auszuhaltende Warten, das Glöckchen-Bimmeln, die roten Backen, die glänzenden Augen! Daher entbrennt alle Jahre wieder der Streit, welche Großeltern daran teilhaben dürfen.

Vor allem junge Eltern, die entscheiden, wo die einzigen Enkelkinder feiern, sind in der Zwickmühle: zu ihm oder zu ihr? Im jährlichen Wechsel? Oder Totalverweigerung und Feiern ganz ohne Großeltern? Ein vorweihnachtliches Minenfeld der Gefühle. Das wollten die Eltern in diesem Jahr umgehen.

Also beschlossen sie, ein wahres Familienfest zu feiern, mit beiden Opas und beiden Omas. Leider war ihre Wohnung dafür zu klein. Daher erklärten sie den Großeltern mütterlicherseits mit dem ausziehbaren Tisch und dem abschließbaren Wohnzimmer, wie gerne sie mit ihnen feiern würden, aber in diesem Jahr seien ja eigentlich die anderen dran – was sie denn davon hielten, wenn alle gemeinsam Heiligabend bei ihnen …? Die Zusage kam sofort.

Leider fängt es an Weihnachten schon stressig an: Der Zug von Oma und Opa väterlicherseits hat Verspätung. Daher stehen sie bei der Kindermette ganz hinten, und die Enkelin (dreieinhalb Jahre) sieht beim Krippenspiel weder Maria noch Josef, geschweige denn das Jesuskind. Dafür schreit der Enkel (sechs Monate) recht laut.

Auf dem Heimweg muss sich die Dreijährige vor Aufregung in den Kirchhof und auf den Rock ihres Weihnachtskleides übergeben. Die Oma väterlicherseits hatte nämlich arglos gesagt: »Vielleicht war das Christkind schon da, während wir in der Kirche waren?« Das Baby schreit, es hat Hunger.

Daheim will die Enkelin kein frisches Kleid überziehen, wenn vielleicht gerade jetzt das Christkind im Wohnzimmer wartet. Doch die Großmutter mütterlicherseits (die mit dem Ausziehtisch) hatte auf sofortigen Kleiderwechsel bestanden: »Den Gestank kriegen wir sonst heute Abend nicht mehr raus!« Also schält die Mutter die Enkelin trotz ihres Widerstandes aus dem Festtagskleid, während diese eine Kostprobe ihres neuerworbenen Kindergartenwortschatzes gibt: »Du blöde Pipi-Kacka-Mama!«

»Also, da nimmt das Christkind gleich alle Geschenke wieder mit, wenn es dich so schimpfen hört«, mischt sich der Opa väterlicherseits mit seiner ganzen Großvater-Autorität ein. Die Enkelin, sowieso am Rande des Nervenzusammenbruchs, nimmt ihn beim Wort und heult auf: »Das Christkind darf nicht gehen, Mama, es soll da...« Das Schluchzen schüttelt sie so sehr, dass sie sich noch mal übergeben muss. Der Opa väterlicherseits sucht das Weite. Leider hat die Mutter kein weiteres festliches Kleid eingepackt, weder für sich noch für das Kind.

Als sie ins Esszimmer zurückkommen, trägt sie Jeans, die Enkelin eine pinkfarbene Strumpfhose mit Loch am Zeh und ein lila T-Shirt mit Pferde-Aufdruck. Oma, Opa, Großvater und Großmutter schauen pikiert. Das Baby schreit auf dem Arm des Vaters, der es auf und ab trägt. Es möchte seinen Brei nicht essen. Es will die Brust, und zwar sofort. Seufzend nimmt die Mutter den empörten Enkel auf den Arm: »Ich stille ihn noch schnell.«

»Aber wir wollten doch jetzt Bescherung machen«, sagt die Großmutter, »sonst wird die Gans zu trocken!« »Du meinst«, sagt die Mutter mit beredtem Augenrollen zur Enkelin, »du meinst wohl, wir warten jetzt, bis das Christkind klingelt?« Die Enkelin hat zum Glück nichts mitbekommen: Sie stürmt zur Wohnzimmertür, rüttelt an der Klinke, noch einmal, stemmt sich dann mit dem Fuß gegen die Wand und reißt beinahe den Griff ab. »Ja, spinnst denn du«, poltert der Großvater mütterlicherseits. Nun versucht sie, durch das Schlüsselloch einen Blick auf das Christkind zu erhaschen. Dabei tritt sie von einem Bein aufs andere.

»Sag mal«, fragt der Vater, »musst du aufs Klo?« »Nein!«, ruft die Kleine. An jedem anderen Tag hätte der Vater darauf bestanden, dass seine Tochter trotzdem die Toilette aufsucht, denn das Trippeln kennt er schon. Doch er wird von einer lauten Stimme in der Küche abgelenkt: »Wenn ich gewusst hätte, dass ihr euch eine Ente als Gans andrehen lasst, hätte ich meinen traditionellen Weihnachts-Kartoffelsalat mitgebracht. Den gibt es bei uns immer an Heiligabend. Der wird auch nicht zu trocken, wenn es mal länger dauert mit der Bescherung. Und der …«, sagt die Oma väterlicherseits nach einem Blick in den Ofen, »… brennt auch nicht an.« »Dann hättest du ihn halt mitgebracht statt mir die ganze Arbeit allein zu überlassen«, knurrt die Großmutter mütterlicherseits und zerrt die arg gebräunte Gans/Ente aus dem Ofen.

In dem Moment klingelt es.

»Geschenkeee«, schreit die Enkelin und rüttelt wieder an der immer noch fest verschlossenen Wohnzimmertür. Fragend blickt der Vater den Großvater mütterlicherseits an, der die Tür hatte rechtzeitig von innen aufsperren wollen und dann erst klingeln. Dieser verdreht die Augen und starrt erzürnt in den Flur. Im Spiegel sieht der Vater, wie der Opa väterlicherseits zum nächsten Klingeln ansetzt. Aus dem Nebenzimmer stürzt die Mutter, Milchflecken auf dem T-Shirt, den schreienden Kleinen im Arm: »Wir sind doch noch gar nicht fertig!«

Die Enkelin hämmert mit den Fäusten gegen die Tür und schreit im Takt: »Mach auf, Christ-kind, mach auf, Christ-kind, mach auf Christ-kind!« »Erst singen wir ›Stille Nacht‹«, sagt die Oma väterlicherseits streng, »das machen wir immer so.« »Na, eine stille Nacht ist das ja nicht«, klagt der Großvater mütterlicherseits. Der Opa väterlicherseits klingelt. Das Baby schreit. Die Enkelin heult. Sie steht in einer Pipipfütze und die Tür ist immer noch verschlossen.

Der Vater eilt zur Mutter, um ihr das brüllende Baby abzunehmen (sie sollte dieses Manöver erst durchschauen, als sie ihre Tochter in der Pfütze entdeckte) und flüstert ihr zu: »Nächstes Jahr Malediven?« »Noch zu nah«, knurrt die Mutter.

Zehn Minuten später. Die Enkelin hat wieder trockene, wenn auch etwas zu kleine und viel zu bunte Kleidung an (zum Glück waren noch Notfallklamotten im Kofferraum), dem Opa väterlicherseits war die Glocke entwunden und heimlich dem Großvater mütterlicherseits übergeben worden, der plötzlich ein »dringendes Bedürfnis« verspürt und aus dem Esszimmer verschwindet, wo die Familie »Stille Nacht« singt. Sogar das Baby blickt staunend aber ruhig von einem zum anderen.

Es klingelt.

Die Enkelin stürmt durch die Wohnzimmertür, die nicht mehr verschlossen ist, und stürzt sich in den Geschenkehaufen. Sie zerrt das größte Präsent hervor und reißt das Papier weg. »Nein«, schreit der Großvater mütterlicherseits, der gerade ins Zimmer kommt, »das ist nicht für dich!« Er rettet das Weingläserset. Die Oma väterlicherseits nutzt das, um der Enkelin ihr eigenes Geschenk zu übergeben. »Sei nicht enttäuscht«, sagt sie süffisant, »das hier ist für dich und was besonders Schönes!« Die Enkelin fällt darüber her: »Ja, eine Puppe!« Sie hält sich zur Enttäuschung der Großmutter nicht damit auf, sondern packt aus (»Spielzeug-Zoo!«) und packt aus (»Eine Trommel!« »Oh nein«, denken die Eltern.) und packt aus (»Eine Rassel?« »Für deinen Bruder.«).

Dem Baby ist die Aufregung zu viel, es flüchtet sich in den Schlaf, und auch der Rest der Familie ist erschöpft. Bis auf die Enkelin. Sie trommelt mit den Tieren des Spielzeug-Zoos ein lustiges Dschungellied für ihre neue Puppe. Zum Glück gibt es noch Essen.

»So knusprig hat meine Mama die Gans auch immer gemacht«, sagt die Oma väterlicherseits. Die Eltern halten den Atem an. Doch überraschenderweise fühlt sich die Großmutter mütterlicherseits nicht kritisiert. Sie schwelgt in Erinnerungen: »Jedes Jahr gab es dasselbe Puppenhaus, das nach den Feiertagen wieder weggeräumt wurde. Aber schön war es!«

Der Opa väterlicherseits berichtet, wie sein Bruder an einem Weihnachten heimlich drei Gläser Eierlikör getrunken hatte und in der Kirche aus der Bank gefallen war, just als der Pfarrer vorüberging. Und der Großvater mütterlicherseits schildert, wie die äußerst strenge Tante stets seinen Vater zur Verzweiflung getrieben hatte, weil sie fand, dass der Christbaum schief stand. Bei einem Korrekturversuch sei der Baum auf die Tante gestürzt. Bis zu seinem Tod habe sein Vater versichert, dass er ihn nicht mit Absicht losgelassen habe. »Doch dabei hat er jedes Mal gelächelt«, erzählt der Großvater.

Auch die Enkelin ist inzwischen auf dem Schoß der Mutter eingeschlafen, ihre Puppe fest im Arm. Vom Lachen der Erwachsenen wacht sie nicht auf. Mutter und Vater sehen sich an. Vielleicht sind die Malediven doch zu weit weg.

### Rettet die Weihnachtsstimmung!

An Weihnachten geht nichts ohne Drehbuch. Doch damit der Film »Unsere kleine Familie feiert besinnlich Heiligabend« ein Erfolg wird, müssen alle Beteiligten an dem Skript mitschreiben dürfen. Also sollten sich Gäste und Gastgeber schon in der Adventszeit überlegen, wie sie den 24. Dezember gestalten wollen – mit den Kindern. Sonst gibt es zu viele überraschende Fallstricke, die die Stimmung trüben. Wenn etwa die Eltern völlig überraschend vom Nachwuchs verlangen, dass er vor dem Geschenkeauspacken erst mal zeigt, was der teure Klavierunterricht gebracht hat – und das verkannte Jung-Genie meint, das falle ihm doch gar nicht ein.

### Da haben sie die Bescherung

Kaum klingelt die Glocke, stürzen sich die Kinder auf den Geschenkeberg und reißen alles auf. Die Eltern stehen daneben, ärgern sich über diese Gier und finden, dass früher alles viel besinnlicher war. Also müssen sie auch das vorher mit den Kindern besprechen: Wir schauen uns die Geschenke an, aber singen noch gemeinsam zwei Lieder. Oder lesen erst die Weihnachtsgeschichte vor. Ein weiterer Trick gegen die Weihnachtsgier: Die Präsente landen in großen Nikolaus-Säcken, die aber nicht gleichzeitig, sondern nacheinander ausgepackt werden. Dann sieht jeder gespannt zu, was der andere bekommt. Für die richtige Stimmung braucht es eben ein Mindestmaß an Regie.

### Alle Großeltern sind schon da

Gerade Paare mit jungen Kindern feiern oft mit den Großeltern, wobei ein Elternteil dann bei der Schwiegerfamilie mitläuft, die Weihnachten meist ganz anders begeht als die eigene Verwandtschaft. Sie ahnen es: Auch das muss vorher thematisiert werden, damit es keine Verstimmungen oder enttäuschte Erwartungen gibt. Und kommen die Großeltern zu Besuch, dürfen sie bei der Planung ebenfalls nicht übergangen werden. Jeder bringt seine eigenen Urtraditionen mit, wie Weihnachten ablaufen, riechen, schmecken soll. Man muss klären, welche Tradition Vorrang hat, ob im einen Jahr dieses und im nächsten jenes Essen gekocht wird. Und ob sich mal jemand für eine Stunde absetzt, weil ihm der Kirchenbesuch im Gegensatz zum Rest der Familie wichtig ist – oder ob die anderen ihn vielleicht sogar begleiten wollen.

### So ein Stress an den Feiertagen

Großeltern wollen Weihnachten mit den Enkeln feiern – da gibt es leider kein Patentrezept, um alle zufriedenzustellen. Vielleicht will die Kernfamilie im einen Jahr Heiligabend mit den einen Großeltern, im anderen Jahr mit den anderen verbringen. Oder Eltern und Kinder feiern allein und besuchen Omas und Opas erst in den Tagen danach.

Das hat aber zur Folge, dass an den Feiertagen die manchmal weit entfernte Verwandtschaft abgeklappert wird, obwohl das vielen Eltern und Kindern eigentlich zu stressig ist und sie die Weihnachtstage lieber besinnlich verbringen würden. Zwar ist es verständlich, dass die Großeltern ihre Enkel an Weihnachten erleben wollen – es ist ja das Fest der Liebe. Aber wenn es für Eltern so anstrengend wird, dass der Sinn des Weihnachtsfestes verloren geht, sollten die Großeltern großzügig sein. Eine Lösung wäre, das Treffen auf den Dreikönigstag zu verschieben und dann richtig gemütlich zu feiern. Das muss man aber vorher durchsprechen, damit niemand gekränkt ist. Weihnachten an sich ist wie ein jährlicher psychologischer Test, wie gut wir miteinander reden und uns absprechen können.

### Abstriche für jedermann

Es gibt keine perfekte Lösung, weder für Patchwork- noch für andere Familienkonstellationen. Das große Problem ist, dass viele Weihnachten nicht als Fest der Liebe sehen, sondern des Perfektionismus. Und wehe, es klappt irgendetwas nicht wie gewünscht. Da hilft ein wenig Nachsicht und Verständnis – für alle Beteiligten.

### Besinnung nach dem Streit

Sollte es trotz aller Absprachen an Heiligabend zu einem heftigen Streit kommen, braucht es Zeit, bis sich die Gemüter wieder beruhigen. Das kommt leider häufig vor: Nützlich wäre da eine Reset-Taste, leider ist sie im Laufe der Evolution offenbar verloren gegangen. Wenn sich also der erste Zorn gelegt hat, können Sie versuchen, auf den Trümmern des Weihnachtsfestes vielleicht wieder zueinanderzufinden. Doch mit Gewalt lässt sich das nicht erzwingen, bloß weil Weihnachten ist. Dann ist es Zeit zu sagen: Morgen ist auch noch ein Tag.

### Stille Nacht? Rebellion!

Weihnachten ist die ideale Zeit für Teenager, um zu rebellieren. Schneller als an diesem Tag bringen sie die Eltern selten an ihre Grenzen. Aber nicht alles ist dem Protest geschuldet: Wenn nur zwei bestimmen (meist die Eltern), wie das ideale Fest abzulaufen hat, können sie von Glück sagen, wenn die anderen Beteiligten einer frommen Schafsherde gleich mitziehen. Doch »fromm und folgsam wie ein Lämmchen« ist nicht gerade die übliche Beschreibung für einen pubertierenden Jugendlichen. Teenager haben oftmals andere Vorstellungen, wie sie das Fest feiern wollen. Wer auf ein bisschen Frieden hofft, sollte das vorher klären und nicht erst an Heiligabend. Denn es ist durchaus ernüchternd, wenn die Eltern in Familienromantik baden und der Jugendliche plötzlich sagt: Jetzt muss ich aber weg. Alle müssen den Ablauf kennen und jeder zu Kompromissen bereit sein. Und wenn doch der Rebell durchbricht, können die Eltern immer noch die Stimmung retten: mit ein wenig Humor.

### Mach du mal

Die Eltern organisieren allein den Baum, schmücken ihn selbst, bereiten das Festtagsmahl zu und wundern sich, warum der Jugendliche sich weder für Fest noch Stimmung mitverantwortlich fühlt. Wer gemeinsam feiert, sollte gemeinsam vorbereiten: Ein Teenager kann die Zubereitung von Vor- oder Nachspeise übernehmen oder das Heraussuchen und Vortragen der Weihnachtsgeschichte.

Und wieso sollte nicht der Teenager gemeinsam mit seinen

Freunden den Christbaum besorgen und schmücken? Sind die grundlegenden Wünsche geklärt (Höhe, Baumart, welcher Schmuck steht zur Verfügung und wo ist eigentlich die Lichterkette?), sollten sich Eltern raushalten. Nichts demotiviert mehr als gutgemeinte Ratschläge für eine Aufgabe, an der die Jugendlichen eigentlich wachsen sollten. Zum »Baumloben« (in diesem Fall alkoholfrei) sind die Eltern dann wieder zur Stelle – und haben nichts dagegen, dass ein Bild ihres Familienbaumes per Twitter und Facebook verbreitet wird.

## Weihnachten mit Smartphone

Auch an Heiligabend gelten die normalen Umgangsformen: Während Gesprächen und bei Tisch bleibt das Handy aus – bei der Bescherung natürlich auch. Allerdings sollten Eltern großzügig sein, schließlich platzen die Kinder verständlicherweise nach dem Geschenkeverteilen fast vor Mitteilungsdrang. Ein Kompromiss könnte sein, dass Eltern und Kind vereinbaren, dass es seine Nachrichten während einer typischen Leerlaufzeit schreibt, zum Beispiel nach dem Festtagsessen. Danach bleibt das Handy entweder für den Rest des Abends aus oder darf zu einem fest vereinbarten Zeitpunkt nochmals angeschaltet werden. So wird keine spannende Nachricht verpasst, ohne dass es ungemütlich für alle wird.

## Familie über alles

Weihnachten ist zwar das Fest der Familie – aber müssen die Jugendlichen daheim bleiben, bis das Ende bitter wird? Wenn alle Geschenke ausgepackt, die Gans verspeist und der Gottesdienst zelebriert ist, spätestens dann wären viele Teenager gerne ganz woanders, nämlich bei ihren Freunden. So feiern zum Beispiel einige Jugendgruppen nach der nächtlichen Christmesse noch in ihren Räumen weiter. Den Wunsch, sich aus dem Familienkreis abzusetzen, können Eltern auch positiv sehen und sich auf die Zeit zu zweit freuen. Ansonsten sollten sie den Jugendlichen zugestehen, dass sie sich zumindest virtuell etwas länger mit den Freunden treffen dürfen.

**!** Diese Tipps basieren auf dem Rat von Psychotherapeut Dr. Manfred Stelzig, der als Chefarzt die psychosomatische Abteilung des Salzburger Universitätsklinikums leitet. Als Ko-Autor hat er das Buch geschrieben »O Tannentrauma: Wie Weihnachten wieder wundervoll wird«.

## Das kracht so schön, das Feuerwerk:
### Silvester

Das sagt das Kind:
»Und jetzt, ist jetzt Mitternacht?«

Das sagen die Eltern:
*»Nur noch vier Stunden.«*

Das sagen die Eltern der anderen:
*»Also unser Kind findet auch, dass diese Knallerei
Geldverschwendung ist – und Umweltverschmutzung!«*

Das sagen die Großeltern:
*»Warum feiert ihr nicht bei uns?«*


Erst die Woche zuvor war Weihnachten gewesen. Dann kamen die Feiertage, auch sie wurden im Kreise der Familie verbracht. Warum also, fragten die Freunde, warum wollt ihr auch noch Silvester mit den Kindern feiern? Genießt den Abend mal ohne Familie, nur als Paar. So wie früher, ihr beide – und wir. Jung, wild, ungebunden! Aber die Eltern wollten nicht. Das lag nicht nur daran, dass man an Silvester eher zweimal hintereinander im Lotto gewinnt als einen Babysitter findet. Nein, die Eltern wollten in diesem Jahr bewusst mit ihren Kindern feiern, statt sie schlafen zu legen – allerdings ohne auf die Anwesenheit der Freunde zu verzichten.

Diese Idee fanden nicht alle Freunde prickelnd. Sie sahen sich schon eierlaufend und sackhüpfend aufs neue Jahr zubewegen und sagten ab – bis auf zwei andere Paare, eines brachte auch seine Kinder mit. Ein Glücksfall, wie sich zeigen sollte.

Denn andere Mütter und Väter hatten berichtet, wie sich ihre Kinder nörgelnd durch den Silvesterabend schleppten, gelangweilt von den Gesprächen der Erwachsenen, übermüdet ob der späten Uhrzeit. Alle fünf Minuten hatten sie gefragt, wann endlich das Feuerwerk anfange. »Schlimmer als bei der Fahrt in den Urlaub«, hatte ein Vater gestöhnt. Dann seien die Kinder um 23.14 Uhr eingeschlafen und hätten das große Schauspiel verpasst, weil sie nicht aufzuwecken waren. Was wiederum für schlechte Laune am nächsten Morgen sorgte, bei der ganzen Familie.

Also bangten die Eltern, wie lange ihre Kleinen wohl durchhalten würden. Sie hätten sich keine Sorgen machen müssen: Das eigene und das eingeladene Geschwisterpaar verschwanden in den Kinderzimmern und spielten und spielten und spielten. Zum Essen hatten sie kaum Zeit, schlangen es hastig herunter und überließen die Feiernden wieder sich selbst und ihren Erwachsenengesprächen. Nur zum Bleigießen waren alle da.

»Was soll das sein?«, fragte der Jüngste. »Das musst du erraten«, sagte der Vater. »Ist das ein Rätsel?« »Ja, so ungefähr. Das soll dir vorhersagen, was du im neuen Jahr erlebst.« »Ich fliege zum Mond?«

»Nein, das ist kein Raumfahrer, das ist ein Monster«, mischte sich der ältere Bruder ein. Der Jüngste blickte zweifelnd auf den Bleiklumpen. »Genauso sah das Monster unter meinem Bett auch immer aus«, grölte der schon etwas angetrunkene männliche Teil des Paares, das kinderlos gekommen war, weil es noch keine Kinder hatte. So wie die Frau ihren feixenden Freund nun ansah, würden sie zumindest heute Nacht keine zeugen.

»Ach was«, mischte sich die Mutter des Jüngsten ein, »das ist ein Fußballer! Du wirst bestimmt viele Tore schießen.« Der

Jüngste nickte begeistert und suchte nach seinem Glas auf dem übervollen Tisch. In dem Durcheinander aus Sekt-, Saft- und Biergläsern fand er zwar nicht seines, aber offenbar ein Glas für Kinder, denn darin war Cola. Er trank. Und röchelte.

»Das war mein Cuba Libre«, sagte der Angetrunkene und grinste schon wieder. Er würde wohl für immer kinderlos bleiben.

Der Jüngste schnappte nach Luft, die Mutter rannte zum Wasserhahn, die anderen Kinder staunten. Die Mutter rannte zurück und flößte ihrem Sohn das Wasser ein. »Wir müssen den Notarzt rufen«, rief sie aufgelöst. »Nö«, sagte der Angetrunkene, »der Kleine kotzt eh gleich.« Und in der Tat, er hatte recht.

Danach ging es dem Jüngsten besser, und nach einem Schnaps (»Aber keinen Rum, bitte«) auch den Nerven der Mutter. Mitternacht nahte.

Die Erwachsenen füllten die Sektgläser (die Eltern stellten sie oben auf die Anrichte, weit weg vom Kindersekt). Die vier Kinder schlüpften aufgeregt in Schneeanzüge, Stiefel, wo waren Mütze, Handschuhe, Schals? Die Kinder stürmten nach draußen, nur das jüngere Besucherkind nicht. Das hatte vergessen, vor dem Anziehen auf die Toilette zu gehen und musste nun vor lauter Vorfreude sehr dringend – Schnee- anzüge sind nur draußen praktisch.

Irgendwann waren alle auf der Straße. Die Eltern schlepp- ten Raketen, Kracher und Böller heran, der Besuch trug leere Abschuss-Flaschen hinterher. Der Jüngste hielt sich zur Si- cherheit schon mal die Ohren zu und beschloss, dass der bes- te Platz, um das neue Jahr zu begrüßen, ganz nah bei seiner Mutter war.

Als Punkt Mitternacht das Spektakel losging, sprang er fast von selbst auf ihren Arm. Es wurde geherzt und Glück gewünscht, jemand hatte sogar an die Sektgläser gedacht. Dann wollten es die Kinder endlich krachen lassen, aber die Väter ließen sie nicht: »Ihr müsst ein paar Meter Abstand halten, das ist sonst zu gefährlich«, riefen sie über den Lärm hinweg. Dann waren die Väter nicht mehr ansprechbar, sie mussten sich um die Raketenzündung kümmern. Eine ähnliche Anziehungskraft hat sonst nur das sommerliche Grillen.

Die Kinder standen enttäuscht und etwas ratlos herum. »Kommt mal mit«, zischte ihnen der angetrunkene Gast zu, »ist schließlich Silvester.« Er verzog sich mit den Kindern um die Ecke, drückte jedem von ihnen einen Böller in die Hand und zückte das Feuerzeug. »Also«, sagte er, »wenn ich es euch sage, werft ihr die Böller auf die Straße.« Zwei der drei Kinder nickten. Das dritte hatte gerade nicht zugehört, weil es über ein besonders schönes Lichtspiel am Himmel staunte.

Der Gast hielt das Feuerzeug an die drei Zündschnüre. »Und jetzt: werft!« Zwei Kinder warfen. Ein Kind bewunderte noch immer den Himmel, zwei Böller kullerten auf die Straße. In dem Moment bog eine der Mütter um die Ecke.

Sie sah den Gast, zwei Kinder, die auf die zwei Böller auf der Straße blickten und ein Kind, das seinen noch in der Hand hielt. »WIRF DAS WEG!«, überkreischte die Mutter den Feuerwerkslärm. Das Kind erschrak und warf den Böller, aber nicht weit. Er landete auf einer Motorhaube. »Mein Auto!«, schrie der Gast.

Da knallte es dreimal laut: zweimal auf der Straße. Einmal auf der Motorhaube. Die Mutter lächelte. Ihr spontaner Neujahrswunsch hatte sich gerade erfüllt. »Kommt, wir schauen uns das Feuerwerk gemeinsam an«, sagte sie zu den Kindern.

Eng drängten sich zwei Elternpaare, vier Kinder und ein weiblicher Gast in der Kälte zusammen, umarmten einander und blickten in den Himmel, an dem die eigenen Raketen bereits verglüht waren. Nur der männliche Gast suchte noch immer im Schein eines Feuerzeugs seine Motorhaube nach Lackschäden ab.

Der Jüngste schlief noch während des Feuerwerks auf dem Arm der Mutter ein, die anderen Kinder eine halbe Stunde später gemeinsam auf der Couch. Nicht einmal das Lachen der Erwachsenen konnte sie wecken. Allein der männliche Gast wirkte ein wenig ernüchtert. Er beschloss, im nächsten Jahr auf eine Party zu gehen, auf der garantiert keine Kinder waren. Die hatten doch nur Unfug im Kopf.

## Tipps für Silvester mit Kindern
### Familien mit (sehr) kleinen Kindern

Eltern mit Babys oder Kleinkindern bleiben meist zu Hause, viele wollen und können nicht zu einem Aussichtspunkt marschieren oder auf einer ohrenbetäubend lauten Feiermeile das neue Jahr begrüßen. Entweder entscheiden sich diese Eltern bewusst für einen Abend, an dem das Paar die gemeinsame Zeit zu zweit genießt, wenn die Kinder schlafen. Oder sie laden für etwas mehr Partystimmung befreundete Paare ein, die am besten ebenfalls Kinder haben. Da hat jeder Verständnis, wenn das Gespräch mal für das Stillen unterbrochen wird – oder weil noch gegen Monster in Kinderzimmerschränken gekämpft werden muss.

### Familien mit Kindergartenkindern und jüngeren Schulkindern

In diesem Alter halten die Kinder schon etwas länger durch, manche sogar bis nach dem Feuerwerk. Doch Neugier und Spannung allein helfen nicht allen beim Kampf gegen den Schlaf. Leichter fällt es, wenn wieder andere Eltern mit etwa gleichaltrigen Kindern zu Besuch kommen. Vor allem wenn sich die Kinder untereinander zumindest ein wenig kennen, spielen sie gemeinsam gegen die Müdigkeit an, während die Erwachsenen in Ruhe essen und sich unterhalten können. Bleiben die Gäste über Nacht (eventuell mit allen Kindern auf einem Matratzenlager), wird das gemeinsame Frühstück am nächsten Tag auch noch zu etwas Besonderem – und die Besucher müssen nicht mehr nach Mitternacht durch die Silvesternacht fahren.

Wer lieber weggeht: Es gibt Gaststätten und Restaurants, die den Abend komplett auf Familien ausrichten, zum Beispiel mit Kinderbuffet, einem eigenen Spielbereich und Kinderschminken.

### Familien mit älteren Schülern

Je älter die Kinder, desto größer wird die Bewegungsfreiheit für Familien. Dann sind die Schüler auch nach dem Silvester-Mahl noch wach genug, dass man mit ihnen einen Ausflug zu einem Aussichtspunkt machen kann, um einen besonders schönen Blick auf das Feuerwerk zu genießen. Wer keine Freunde einlädt (oder auch dann), kann die Zeit bis dahin zum Beispiel mit Spielen verkürzen, für die sonst im Alltag keine Zeit ist.

### Das Silvester-Essen

Das Besondere an Silvester: Alle haben viel Zeit. Während an Weihnachten vielleicht noch die Christmette in der Nacht ansteht oder es vor der Bescherung schnell gehen muss, warten am 31. Dezember alle nur auf das Eine. Und bis das Feuerwerk losgeht, kann man sich die Zeit wunderbar beim Essen vertreiben. Ein Menü mit mehreren Gängen ist zwar köstlich, aber gerade Familien sollten es genießen, wenn alle gemeinsam am Tisch sitzen und nicht einer nur hinter dem Herd steht. Da bieten sich Silvester-Klassiker wie Raclette oder Fondue an, Kinder werden sich auch über die Schokoladen-Variante freuen. Oder man belegt gemeinsam große Pizza-Bleche. Sind Gäste eingeladen, kann auch jeder etwas zu einem Buffet beisteuern.

### Spiele und Rituale, um die Wartezeit zu verkürzen

Zu Silvester gehört Bleigießen und das Rätseln, was diese seltsamen Bleiformen für das neue Jahr verheißen. Doch für Kinder ist das Spiel mit dem giftigen Blei nicht ungefährlich (und auch Erwachsene sollen die Dämpfe nicht einatmen, die Überreste gehören zudem in den Sondermüll). Darum können Eltern auf die harmlosere – und ungefähr genauso aussagekräftige – Variante umsteigen: Wachsgießen. Dafür werden Kerzenreste zerkleinert (Perfektionisten schmelzen sie schon vorher und fischen Dochtreste heraus) und wie beim Bleigießen auch über einer Flamme erhitzt, zum Beispiel auf einem alten Löffel. Das Wachs kippt man in kaltes Wasser (etwa in einem alten Glas), fischt das Gebilde heraus und rät los. Es gibt zwar zahlreiche Vorschläge, was eine Figur bedeuten könnte, aber meist sind sie wenig hilfreich (Ring: Du wirst heiraten *oder* den Partner betrügen) oder sehr vorhersehbar (Kuchen: Es wird ein Fest geben). Lustiger ist es, gemeinsam zu überlegen, was das Silvester-Wachs vorhersagen könnte.

Eine leckere Variante ist das Teiggießen: Jeder kippt eine kleine Kelle Pfannkuchenteig in die Pfanne, rät und isst die Vorhersage auf.

Ist die Familie unter sich, macht es Freude, sich Fotos aus dem vergangenen Jahr anzusehen und sich so noch einmal schöne Erlebnisse in Erinnerung zu rufen. Oder die Eltern starten ihr eigenes Foto-Projekt: das Jahresalbum. Dafür lichten sie ihr Kind mitsamt der (gerade noch aktuellen) Jahreszahl ab und wiederholen das Jahr für Jahr. Dazu kann man eine Wunschsammlung anlegen: Jeder schreibt zu seinem Bild, was er sich für vom neuen Jahr erhofft. Im nächsten Jahr zu Silvester liest man nach, ob etwas davon in Erfüllung gegangen ist.

Für die meisten ist es ein Muss an Silvester – selbst Kinder, die kein Englisch können, lachen über diesen Sketch so sehr wie die Erwachsenen: Butler James und Miss Sophie in »Dinner for one«. Im Internet finden Sie den Text noch mal zum Nachlesen – oder zum Nachspielen.

Wer zudem an Silvester nichts gegen ausgelassene Stimmung wie beim Kindergeburtstag hat, sucht im Netz nach Spielideen für Kinder.

### Das kindersichere Feuerwerk

Feuerwerk muss laut sein, damit es die bösen Geister des alten Jahres vertreibt – und schön ist es noch dazu. Halten jüngere Kinder nicht lange genug durch, darf man ruhig mit ein paar Raketen frühstarten. Auch ein Tischfeuerwerk für drinnen kommt gut an. Dann haben die Kleinen nicht das Gefühl, das Beste zu verpassen und schlafen vielleicht trotz des Lärms durch. Rechtzeitig vor dem großen Knall sollten die Kinder über die Gefahren aufgeklärt werden, Tipps dafür findet man zum Beispiel auf Webseiten von städtischen Feuerwehren. Raketen dürfen Eltern übrigens selbst Jugendlichen nicht überlassen. Weniger gefährlich und auch schon für kleinere Kinder geeignet sind zum Beispiel Knallfrösche oder -erbsen, die das ganze Jahr über verkauft werden. Allerdings sollten Kinder, die jünger als zwölf Jahre alt sind, selbst bei diesen harmloseren Knallkörpern von Erwachsenen beaufsichtigt werden. Und die ganz Kleinen freuen sich auch über Wunderkerzen.

*Nach Mitternacht*

Die Aufregung vor dem Feuerwerk war riesig und der Appetit deshalb vielleicht nicht so groß. Eltern erhöhen die Chance auf ein etwas längeres Ausschlafen am ersten Morgen des Jahres mit einer reichhaltigen Mitternachtssuppe. Die sättigt nicht nur, sondern wärmt auch wieder auf.

> **!** Diese Tipps basieren auf langjähriger Silvester-Erfahrung; weitere Spiele für die Zeit vor dem Feuerwerk finden Sie zum Beispiel auf www.silvesterspiele-ideen.de

## »Wenn du tot bist, krieg ich deine Kleider«:
### Kinder und der Tod

Das sagt das Kind:
»Oma, stirbst du bald?«

Das sagen die Eltern:
*»Psst, das fragt man nicht.«*

Das sagen die Eltern der anderen:
*»Also unser Kind hat sich schon mit zwei Jahren mit
dem Thema Tod beschäftigt.«*

Das sagen die Großeltern:
*»Wir sind doch noch jung.«*


Der Tod trat erstmals in Gestalt einer jungen Amsel ins Familienleben. Die Eltern der Amsel hatten den Fehler gemacht,
ihr Nest in einem katzenreichen Neubaugebiet zu bauen. Der
noch nicht flugfähige Jungvogel hatte keine Chance gegen
den jagderfahrenen Nachbarskater. Das Einzige, was ihn vor
dem blutigen Finale des grausamen Katzenspiels bewahrte,
waren die jungen Zuschauer.

»Ihr müsst den kleinen Vogel retten!«, schrien sie entsetzt.
Und die Mütter retteten. Eine kletterte über den Gartenzaun
und griff sich den Vogel, bevor der Kater erneut zuschnappen
konnte. Die andere hielt eine Schachtel bereit, um das ver-
letzte Tier aufzunehmen. Es hyperventilierte, hatte Schlag-
seite und starrte panisch zu den Kindergesichtern hinauf, die
die Schachtel verdunkelten. Zehn Minuten später war der
Vogel tot.

Die Kinder weinten bittere Tränen. Sie hatten schon die

ersten Regenwürmer aus der Erde gezogen und sich vorgestellt, wie sie ihrem kleinem Kameraden das Fliegen beibringen würden, auf dass er sie künftig auf dem Weg zum Kindergarten begleite. Daraus wurde nun nichts. Die Mütter erzählten vom Vogel-Himmel, wo die kleine Amsel zwischen den schönsten Bäumen herumflattern durfte, keine Katze weit und breit. Das Weinen wurde leiser. Die Mütter atmeten auf.

Reglos lag das Amseljunge vor den Kindern. Schluchzend fragte das erste: »Darf … ich … den Schnabel … anfassen?« Klar. »Und ich den Flügel?«, fragte das zweite Kind, den Kummer vergessend. Dann wurden Schwungfedern begutachtet, Beinchen gestreckt, Schwanzfeder gespreizt. »Können wir den Vogel nass machen?«, fragten die kleinen Forscher begierig, die Augen glänzten nun nicht mehr wegen der Tränen. Das war nun doch eine zu große Störung der tierischen Totenruhe, fanden die Mütter. Der Jungvogel wurde mehr oder weniger feierlich am Waldrand bestattet.

Doch der thematische Dreiklang Sterben, Bestattung und Leben nach dem Tod beschäftigte die Kinder von nun an. Sie verhielten sich kindgerecht und fragten. Immer, überall und ohne Vorwarnung.

Beim Bäcker: »Wenn die Oma stirbt, begraben wir sie auch am Waldrand?« »Nein, das werden wir natürlich nicht … wie bitte, doch, ja, das Sonnenblumenbrot … nein, Menschen begräbt man auf dem Friedhof.«

Im Bus: »Mama, gibt es für jedes Tier einen eigenen Himmel?« »Äh, wahrscheinlich.« »Und für die Menschen? Gibt es einen Oma-Himmel? Und einen Opa-Himmel? Und treffen die sich dann gar nicht, wenn sie tot sind?« »Also Menschen, die haben wohl eher einen gemeinsamen Himmel.« »Dann wird es da aber ganz schön voll.«

Im Kindergarten: »Mama, wenn du tot bist, ziehe ich deine

Kleider an!« Die Mutter seufzt. »Gell, Mama?« »Ja, sie gehören dann alle dir.«

Beim Arzt: »Wie kommt die Seele aus dem Körper raus? Und sehen wir sie dann? Und wo steckt sie jetzt in mir drin?« »…« »Mama? Die Seele, wie sieht die Seele aus?« »Äääh …« »Hast du eigentlich auch eine Seele?«

Bei der Großmutter: »Oma, wenn du tot bist und im Himmel, siehst du mich überhaupt, wenn Wolken da sind?« Die Oma blieb gelassen: »Wolken puste ich dann einfach zur Seite.«

Dann starb die Großmutter.

Nach einer Operation am Herzen war sie nicht mehr aufgewacht. Im Krankenhaus konnte die Familie sie noch einmal sehen. Die Mutter saß leise weinend am Kopfende des Bettes, der Vater stand am Fußende; er trauerte ohne Tränen und trug das Kind auf dem Arm. Das war sehr still. Blass betrachtete die Enkelin die Großmutter im Bett, ihr Gesicht, das gar nicht mehr nach Oma aussah. Etwas fehlte.

Das Kind blickte sich suchend im Zimmer um. Dann strampelte es sich vom Arm, schob einen Stuhl unter das Fenster und rüttelte am Griff. »Was machst du denn?«, fragte der Vater.

»Das Fenster auf. Damit Omas Seele in den Himmel kann, bevor jemand Erde auf sie draufwirft.«

Die Mutter stand auf, der Vater trat hinzu. Gemeinsam öffneten sie das Fenster und blickten in den blauen Himmel. Das Kind winkte. Dann nahmen sie sich in den Arm und weinten alle drei.

»Vielleicht bringt die Oma jetzt dem kleinen Vogel das Fliegen bei. Wenn sie ihn besucht. Im Vogel-Himmel.«

### Ich bin so traurig

Jemand, der dem Kind nahestand, ist gestorben. Trauer, Kummer und Verluste sind Teil unseres Lebens, davor können wir unsere Kinder nicht schützen. Wenn jemand aus der Familie stirbt, wollen Eltern oft erst einmal allein sein. Dennoch ist es wichtig, dass sie tun, was sie können, um ihrem Kind ihre Gefühle mitzuteilen. Es hilft ihm, die eigene Trauer anzunehmen. Sollten die Eltern sich dazu nicht in der Lage fühlen, können sie einen anderen Erwachsenen bitten, mit dem Kind zu sprechen und ihm zuzuhören.

### Weine ruhig

Wichtig ist, das Trauern zuzulassen, auch beim Kind, und es nicht gleich abzulenken. Eltern stehen ihrem Kind bei, indem sie es in den Arm nehmen, vielleicht gemeinsam weinen und dem Kind aktiv zuhören. Also nicht nur fragen, wie es ihm geht, sondern auch dessen Gefühle in Worte fassen: »Das macht dich sehr traurig und deswegen musst du weinen.« So können kleine Kinder lernen, ihre Emotionen besser zu verstehen und später selbst auszudrücken.

### Schöne Erinnerung

Rituale helfen generell, sich im Leben zurechtzufinden. Also kann man Kinder nicht nur fragen, was sie an der Oma gemocht haben, an was sie sich besonders erinnern wollen – sondern auch, auf welche Weise sie sich erinnern möchten. Wollen sie gemeinsam jede Woche ans Grab gehen, abends eine Kerze für sie anzünden oder Omas Lieblings-Geschichte vorlesen?

*Abschied von dem Toten*

Ob Kinder den Toten noch mal sehen dürfen, liegt im Ermessen der Eltern. Älteren Kindern kann man diese Entscheidung überlassen, nachdem man sie darauf vorbereitet hat: Wie wird der Körper aussehen und wie hat er sich verändert – zum Beispiel dass der Tote im Sarg liegen wird und die Haut wie Wachs aussieht. Möglicherweise möchten die Kinder – wie auch viele Erwachsene – den Verstorbenen aber so in Erinnerung behalten, wie sie ihn zuletzt lebend gesehen haben.

*Aber ihr lebt ewig!*

Kommen Kinder erstmals mit dem Thema Tod in Berührung, stellen sie häufig die drängende Frage an die Eltern: »Ihr sterbt aber nicht, oder?« Es empfiehlt sich, ehrlich und sachlich zu antworten, ohne dem Kind Angst zu machen. Also nehmen Eltern ihr Kind in den Arm und erklären zum Beispiel, dass zwar jeder Mensch einmal sterben muss, sie aber nicht davon ausgehen, dass das bei ihnen bald geschieht. Vielleicht möchten die Eltern auch darauf hinweisen, dass die Verstorbenen immer als ein Teil von uns lebendig bleiben. Je jünger das Kind, desto kürzer sollte die Antwort ausfallen. Dreijährige können einem langen Vortrag über Leben und Tod nicht folgen.

*Der Tod, was ist das?*

Der Tod ist schwer zu erklären. Religiöse Menschen tun sich da sicherlich leichter, da sie an ein Leben nach dem Tod glauben und ihrem Kind sagen können, dass nur der Körper verschwindet – aber die Seele und alles, was es an der Oma geliebt hat, erhalten bleibe. Dass der Tote nun keine Schmerzen mehr habe und vom Himmel auf uns herabblicke. Menschen, die nicht an Gott glauben, sagen vielleicht, dass wir nach dem Tod wieder Teil der Welt werden. Und wir zwar traurig sind, uns aber die Erinnerung bleibt.

Wissen die Eltern nicht gleich eine Antwort, spricht nichts dagegen, dass wir uns beim Kind Bedenkzeit erbitten. Wichtig ist jedoch, das Gespräch später wirklich zu führen. Denn alle Eltern sollten sich überlegen, wie ihr Weltbild aussieht und welche Werte sie weitergeben wollen.

### Es ist meine Schuld

Kinder suchen die Schuld oft bei sich, sei es bei der Trennung der Eltern oder auch im Todesfall. Um das zu verhindern, erklären Mütter und Väter möglichst kindgerecht, warum jemand gestorben ist, um das für die Kinder ein wenig nachvollziehbarer zu machen. Sonst besteht die Gefahr, dass sich das Kind eigene Erklärungen zusammenreimt, die möglicherweise Fehlinterpretationen sind, zum Beispiel: »Opa ist gestorben, weil er bei meinem Lärm mittags nicht schlafen konnte.«

### Mama ist traurig

Kinder orientieren sich mehr an den Eltern, als diesen manchmal bewusst ist. Deshalb ist es hilfreich, eigene Emotionen durchaus zu zeigen und zu erklären. So lernt das Kind, dass unangenehme Gefühle in Ordnung und Teil des Lebens sind. Wer aber merkt, dass er Hilfe – etwa die einer Trauerbegleitung oder eines Psychologen – braucht, sollte sie auch der Kinder zuliebe in Anspruch nehmen. Denn der Trauerprozess muss zwar durchlaufen werden, aber es ist wichtig, nach einer angemessenen Zeit wieder aus der Trauer herauszukommen. Ist ein sehr enger Angehöriger gestorben, gab es früher das Trauerjahr, und diese Zeit darf man sich schon zugestehen. Aber nach etwa sechs Monaten sollte es doch wieder spürbar bergauf gehen.

### Ich werde nie wieder froh

Falls Kinder nicht mehr aus der Trauer herausfinden, ihre Einsamkeit und Wut in sich hineinfressen und sprachlos sind, hat das eine gewisse Zeit lang seine Berechtigung. Aber für Eltern ist es wichtig, darauf zu achten, ob die Traurigkeit noch ein normaler, nachvollziehbarer Teil der Trauerphase ist – oder ob es sich eventuell um eine Depression handelt, unter der ja auch Kinder leiden können. Dann sollte sich die Familie professionelle Hilfe holen.

### Nicht nur ein Tier

Kinder trauern nicht nur, wenn Menschen sterben, sondern sind – wie Erwachsene auch – zutiefst unglücklich, wenn zum Beispiel ihr geliebtes Haustier tot ist. In diesem Fall ist es wichtig, dies nicht mit einem »Das war doch nur ein Tier, wir kaufen dir ein neues« abzutun, sondern die Emotionen ernst zu nehmen. Sonst fühlen sich die Kinder alleingelassen. Auch hier helfen Rituale: Wenn möglich, wird das Tier feierlich begraben oder zumindest verabschiedet. Und mit dem Kind könnte man besprechen, wie das Tier in Erinnerung bleiben kann.

### Gemeinsam durch die schwere Zeit

In solch schweren Zeiten haben Eltern die Chance, ihr Kind besser kennenzulernen und ihre Beziehung zu vertiefen: Indem sie da sind, ihm zuhören und das Kind durch den Prozess begleiten – das heißt auch, immer wieder etwas mit dem Kind zu unternehmen, das ihm trotz aller Trauer Freude macht. Dies gilt für alle Verluste und Trennungen, seien es Todesfälle oder Freundschaften, die zu Bruch gehen. In solchen Situationen sind wir traurig und das ist völlig normal – genauso, wie darüber zu sprechen und sich gegenseitig zu unterstützen.

> **!** Die Tipps basieren auf dem Rat von Trudi Kühn, die nach dem pädagogischen STEP-Konzept ausbildet: Die ehemalige Gymnasiallehrerin und Trainerin für Verhandlungsführung ist gemeinsam mit Roxana Petcov Herausgeberin des STEP-Programms im deutschsprachigen Raum. Das Systematische Training für Eltern und Pädagogen hat zum Ziel, Eltern durch mehr Erziehungskompetenz sowie Erziehern und Lehrern durch verstärkte Handlungskompetenz zu mehr Gelassenheit im Alltag zu verhelfen, www.instep-online.de

## Endlich Schule:
### Erster Schultag und die Zeit danach

Das sagt das Kind:
»Muss ich da jetzt jeden Tag hin?«

Das sagen die Eltern:
»*Diese Viertklässler sind so groß ... und grob noch dazu!*«

Das sagen die Eltern der anderen:
»*Also unser Kind konnte schon mit vier lesen und schreiben.*«

Das sagen die Großeltern:
»*Das Schönste an der Schule sind die Pausen.*«


Schulkinder, das waren bislang immer die anderen. Mittags marschierten sie am Kindergarten vorbei und machten kurz Halt, um ein hämisches »Hallo, ihr Kindergartenbabys!« über den Zaun zu rufen. Weil den »Kindergartenbabys« keine Antwort einfiel, flüchteten sie aufs Klettergerüst, schielten von dort aus nach den Schulranzen der Älteren und überlegten, ob sie später einen mit Wölfen oder Dinosauriern (Jungen) wählen sollten oder einen mit Pferden oder Feen (Mädchen).

Beim Aussuchen im Tornistergroßhandel hüpften die Bald-nicht-mehr-Vorschulkinder vergnügt von Ranzen zu Ranzen. Schließlich verließ die Familie den Laden mit einem weißen Pony auf einer blauen Schultasche. Für den Preis hätten die Eltern auch ein echtes Pferd kaufen können.

Immerhin, die Schultüten waren selbst gebastelt, an einem Abend von den Vorschuleltern im Kindergarten. Nach zwei Stunden auf winzigen Stühlen an winzigen Tischen wurden die bunten Kunstwerke nach Hause getragen. Von stolzen

Eltern mit schmerzenden Knien und gebeugtem Rücken, mit Glitzerstaub im Gesicht, in den Haaren, an der Bluse und unter den Fingernägeln.

Nun war alles bereit für den großen Tag, auf den sich das Kind uneingeschränkt gefreut hatte – bis es den Fehler machte, seine Vorfreude mit Bekannten und Verwandten zu teilen. Und feststellte: Da schwingt so ein Unterton mit, so ein seltsamer, wenn die Erwachsenen sagten, »Ja, ja, jetzt beginnt der Ernst des Lebens«. Dabei dachten sie an den stets schlecht gelaunten Lehrer Kurt H., der immer mit seinem Schlüsselbund warf – er zielte gut und traf noch besser. Und an den eigenen ersten Schultag.

Damals, vor vielen Jahren, hatten sie sich so auf die versprochene Lehrerin gefreut, saßen erwartungsvoll in der Schulbank: War es vielleicht diese Frau, oder jene, die sah doch auch nett aus? Bis ein Zwei-Meter-Mann mit breiten Schultern das Zimmer betrat, sich ans Pult stellte und mit tiefer Stimme verkündete: »Mein Name ist Schneider, Frau Schneider. Ich bin eure Lehrerin.« Damit begann der Ernst des Lebens.

Nun stand also wieder ein erster Schultag bevor. Am Morgen machte die Familie vor der Haustür noch einige Erinnerungsfotos, auf denen die Schultüte mal das eine, mal das andere Gesicht verdeckte. Dann setzte sich die Karawane in Gang: Vorweg der stolze Erstklässler, endlich mit Schulranzen auf dem Rücken, schritt er an seinem alten Kindergarten besonders gemächlich vorbei. Dahinter die stolzen Eltern, gefolgt von Omas, Opas, Tanten, Onkel, Paten.

Je näher die Schule kam, desto langsamer wurde das Kind. Erst fiel es bis zu den Eltern zurück, dann suchte es die Hand der Großmutter. Da wartete er also, der Ernst des Lebens. Und 99 andere Erstklässler.

In der viel zu kleinen Aula hatten die Lehrer hundert Stühle in engen Reihen aufgestellt, dahinter drängten sich in noch engeren Reihen die Mütter, Väter, Omas, Opas, Tanten, Onkel, Paten, die Fotokameras hoch in der Luft. Sie drückten und rangelten, schon wieder versperrte ein Neuankömmling den Blick aufs eigene Kind, ja, was soll denn das, das gibt es doch nicht, also so geht das ja nicht, hören Sie mal, ja schauen Sie sich doch mal um, jeder hat hier ein Kind sitzen …

Während die Erwachsenen um die knappe Ressource »Platz mit Blick auf Schüler« stritten, erhielten die Erstklässler eine erste Lektion: Wie schafft man es, mit dem riesigen Ranzen auf dem Rücken und der Schultüte im Arm zum letzten freien Platz in der Mitte der Stuhlreihen zu kommen? Und dabei über die abgestellten Ranzen zu steigen, den eigenen mit nur einer Hand abzunehmen, ohne die Schultüte fallen zu lassen? Und dabei anderen Kindern weder Ranzen noch Tüte über den Kopf zu ziehen?

Gar nicht.

Dann, endlich, saßen sie alle. Die vorherrschende Gesichtsfarbe: durchscheinend, fast geisterhaft. Von den Worten des Rektors, von den Liedern der Zweitklässler und von der Begrüßung durch die Lehrer dürften die Kinder noch weniger mitbekommen haben als die Eltern. Diese wollten sich noch immer unauffällig in eine bessere Position zum Fotografieren schieben, während die Umstehenden entschlossen dagegenhielten.

Schließlich durften die Kinder in ihre Klassenzimmer. Zittrig erhoben sie sich von ihren Stühlen, packten erst die kostbaren Schultüten, stellten fest, dass sie so nicht mehr den Ranzen auf den Rücken bekamen, legten ab, zogen, zerrten, stießen dabei andere. Hundert kalkweiße Kinder verteilten sich auf vier Klassenzimmer, dort auf 25 Stühle, Schultüten wieder ablegen, Ranzen wieder runter. Die Eltern schoben, drängten und fotografierten. Bis sie gehen mussten.

Dann waren sie allein. Die Eltern draußen, die Kinder drinnen. Nach einer Stunde, in der die Eltern nichts zu fotografieren hatten, öffnete sich die Tür zum Klassenzimmer. Heraus kamen, brav in Zweierreihen: 25 Kinder, strahlend, die Backen wieder rot.

Es hatte sich herausgestellt, der Ernst des Lebens war doch nicht so schlimm wie gedacht. Jedenfalls nicht am ersten Tag.

### Tipps zum Schulanfang

*Aller Anfang ist schwer*

Mit der Einschulung verwandeln sich erfahrene Kindergartenkinder in unsichere Erstklässler. Vor allem am ersten Schultag kippen sie vor Aufregung fast um, und die Eltern versuchen, den gerade noch stolzen Ranzenträger gut durch diesen Tag zu bringen. Denn grundsätzlich ist der erste Schultag ja ein sehr schöner Tag, den neuerdings die ganze Familie mitfeiert, oft reisen die Großeltern an. Das ist wunderbar – ebenso dass alle von ihrer eigenen Einschulung berichten. Dennoch sollten die Eltern darauf achten, dass am Morgen nicht zu viel zusätzliche Spannung aufgebaut wird. Also sollten sie das Kind spielerisch ablenken, Verständnis für Tränen haben und vermitteln: Du schaffst das. Schließlich kann dieser Neustart auch mit Trennungsängsten verbunden sein.

*So ernst, das Leben?*

Es kann durchaus das Fürchten lehren, wenn Erwachsene statt von »Schule« nur vom »Ernst des Lebens« sprechen. Dabei ist die Schule zumindest in der ersten Klasse heute viel spielerischer, so ernst wird es gar nicht. Die Kinder kommen mit ganz unterschiedlichen Kenntnissen zum Unterricht: Manche können schon lesen oder schreiben, vielleicht sogar ein wenig rechnen – andere haben noch Probleme mit dem Sprechen. Doch diese Vielfalt ist ganz normal und wird vom Lehrer geduldig ausgeglichen. Da sollten auch die Eltern nicht jetzt schon anfangen, Leistungen zu vergleichen: Am Anfang ist der Spaß am Lernen weitaus wichtiger als die ersten Ergebnisse.

Außerdem sollten sich Mütter und Väter am ersten Schultag und generell in der Anfangszeit zurückhalten und das nervöse Kind nicht mit Forderungen überfrachten wie »Hör der Lehrerin zu! Sitz still! Sei leise!«. Die Eltern dürfen die Pädagogin auch nicht schlecht machen, wenn sie Negatives über sie erfahren. Dem Kind hilft es nicht, wenn es hört: Da hast du aber Pech gehabt, du bekommst die strengste Lehrerin der Schule!

### Die mag ich nicht

Obwohl kein schlechtes Wort über die Klassenleiterin fiel, kommt das Kind überhaupt nicht mit ihr zurecht. In diesem Fall sollten Eltern das Thema wie alle Probleme ernst nehmen, aber nicht dramatisieren. Oft hilft es herauszufinden, was dem Kind an diesem Erwachsenen so fremd ist – denn da liegt meist das Problem. Gemeinsam mit der Lehrerin kann man überlegen, wie sich das Kind in der Schule künftig wohler fühlt. Denn Kinder lernen erst einmal für ihre Lehrerin und weniger für sich selbst: Auch später führt der Spruch »Nicht für die Schule lernen wir, sondern fürs Leben« selten zu mehr kindlicher Begeisterung für Prüfungen und Hausaufgaben. Schon deshalb sollten Eltern den Beziehungsaufbau zwischen Kind und Pädagogen unterstützen und nicht deren Autorität untergraben. Wenn der Schüler aber schon nach zwei Wochen sagt, »Schule ist Mist«, und das wegen der Lehrerin, hilft in manchen Fällen wirklich nur ein Klassenwechsel.

*Ich bin neu hier*

Für Erstklässler ist nicht nur die Lehrerin neu, sondern die Gesamtsituation. Aus dem Kindergartenkind, das alle Abläufe kennt, wird ein »kleines« Schulkind, das sich in einem fremden Umfeld völlig neu orientieren muss. Dieser Rollenwechsel verunsichert Kinder, besonders wenn die Größeren es ärgern. Eltern sollten ihr Kind ermutigen, sich bei den Lehrern Hilfe zu holen, wenn es Fragen hat oder sich bedrängt fühlt. Das ist kein Petzen! Außerdem müssen Eltern vom ersten Schultag an dranbleiben, um früh von Problemen zu erfahren. Während die Kinder lernen, sich in einer neuen sozialen Gruppe zurechtzufinden, müssen die Eltern lernen, zuzuhören – und nachzuhaken.

Denn selbst Kinder, die zu Hause kaum etwas freiwillig erzählen, werden von echtem Interesse und W-Fragen aus der Reserve gelockt. Also sich nicht mit »Hat es Dir gefallen? – Ja.« begnügen, sondern offene Fragen stellen: »Wen findest Du besonders nett? Was hat dich geärgert? Was hat euch die Lehrerin heute gezeigt?« Bei Problemen sollten die Eltern nicht gleich Ratschläge geben, sondern besser nachhaken, zum Beispiel indem sie fragen: »Wie stellt es denn dein Banknachbar an, dass er in der Pause nicht allein spielen muss?« Wenn dann das Kind selbständig auf eine Lösung kommt, ist das tausendmal mehr wert als jeder gutgemeinte Rat.

*Ich bin so allein*

Findet ein Kind in der Klasse keine Freunde, leidet es und seine Eltern mit ihm. Diese sollten bald mit der Lehrerin darüber sprechen, um sie dafür zu sensibilisieren. Sie könnte das Kind neben einen Banknachbarn setzen, von dem sie denkt, dass sich die beiden gut verstehen. Außerdem bringen die meisten Eltern ihre Kinder in der ersten Zeit zur Schule und treffen dort auf andere Mütter und Väter, die Adressliste wird auch bald verschickt. Um ihrem Kind die Kontaktaufnahme zu erleichtern, könnten sie nachmittags andere Kinder einladen. Oder den Schulweg gemeinsam organisieren. Den Rest muss das Kind dann selbst schaffen. Schließlich kann keiner seinem Kind vorschreiben, mit wem es befreundet sein muss.

### Du darfst nicht mitmachen

Mobbing kommt schon in der ersten Klasse vor: Ein Kind darf nie mitmachen oder ein Junge wird ausgegrenzt, weil er nicht Fußball spielt. Darunter leiden Kinder sehr. In diesem Fall sollten die Eltern unbedingt schnell etwas unternehmen, denn das gibt sich nicht von selbst. Schließlich ist es wichtig, dass jeder seinen Platz in der neuen Gruppe findet und keiner ganz allein ist. Ansonsten vergeht schon Erstklässlern die Lust auf Schule und am Lernen, was sich im schlimmsten Fall auf die ganze Schulkarriere auswirken kann. Manche meinen, dass Kinder das unter sich ausmachen sollen, doch damit sind Sechsjährige überfordert.

Am besten überlegen Eltern gemeinsam mit ihrem Kind, was es tun kann. Außerdem sollten die Eltern Kontakt mit Lehrern, Schulpsychologen und auch zu anderen Müttern und Vätern suchen. Auch ohne akutes Problem sind ungezwungene Elternstammtische einmal im Monat sehr nützlich und hochinteressant. Da erfährt man erstaunliche Dinge über sein eigenes Kind, das in der Schule oft ganz anders auftritt als daheim. Viele Eltern sind überrascht, wie brav ihr Rabauke im Unterricht ist – und umgekehrt.

### Still jetzt

Mit der Einschulung sollen Sechsjährige lange Zeit am Stück stillsitzen und sich konzentrieren. Ruhig zu sitzen ist für die

Kleinen mit das Schwierigste, sie sollten es aber bis zum Ende der ersten Klasse können. Dabei hilft es, wenn Eltern daheim auf eine gute Körperhaltung beim Arbeiten achten. Die Kinder machen also nicht am Boden Hausaufgaben, sondern am Tisch in ruhiger Atmosphäre. Dabei stellen die Eltern einen Wecker auf fünf Minuten, dann auf sieben Minuten und so weiter, so dass das Kind lernt, immer länger am Stück am Tisch zu sitzen, ohne herumzuzappeln. Wenn es das aber nur eine Viertelstunde lang aushält, sollte man dies dem Lehrer mitteilen. Der kann darauf Rücksicht nehmen, aber das Kind auch ermutigen, sich nach und nach das Herumturnen abzugewöhnen.

### Die Sache mit der Bewegung

Wenn sich ein Kind nachmittags besonders viel bewegt, kann es doch am Vormittag in der Schule ruhig sitzen, rechnen sich viele Eltern aus. Und natürlich soll man am Nachmittag für körperlichen Ausgleich sorgen, das brauchen alle Kinder. Das heißt aber nicht, ein Kind so kaputtzuspielen, dass es am nächsten Morgen übermüdet ist. Sonst zappelt es, weil die Energie für die Konzentration fehlt. Bewegung und Entspannung müssen also ausgeglichen sein: Die Kinder dürfen auch mal runterkommen. Viele suchen sich selbst ruhige Spiele, für die ebenfalls Zeit sein sollte. Und selbst Ganztags-Energiebündel bringen zum Beispiel Mutter-Kind-Massagen zur Ruhe.

Außerdem müssen Kinder rechtzeitig ins Bett, mit einem beruhigenden Ritual wie Vorlesen. Wenn dann noch mal Schulprobleme hochkommen, sollten sich Eltern auch abends Zeit zum Zuhören nehmen. Und dann wäre da noch das leidige Thema Fernsehen: Kinder, die viel zu viel vor der Glotze hocken, sind immer unruhig in der Schule.

**!** Die Tipps basieren auf dem Rat von Stefan Brandt. Er ist
Psychologischer Psychotherapeut sowie Familientherapeut
und arbeitet seit 1975 in schulpsychologischen Beratungs-
zentren verschiedener Berliner Bezirke.

## Zäh, zäher, Hausaufgaben:
### Leiden am Nachmittag

Das sagt das Kind:
»Freiheit für den Nachmittag! Nieder mit den Hausaufgaben!«

Das sagen die Eltern:
*»Ich mache sie nicht schon wieder für dich.«*

Das sagen die Eltern der anderen:
*»Also unser Kind setzt sich gleich nach dem Heimkommen freiwillig hin und ist im Nu mit den Aufgaben fertig.«*

Das sagen die Großeltern:
*»So ein Getue! Wir mussten nach den Hausaufgaben noch auf dem Feld helfen.«*


Schon am ersten Schultag ahnten die Eltern: Das mit den Hausaufgaben könnte schwierig werden. Es wurde schwierig. Das Kind war nach Hause gekommen, hatte den neuen Ranzen abgestreift und war über die Schultüte hergefallen. Dann spielte es. Dann aß es den Kuchen zur Feier des Tages. Dann spielte es weiter. Und die Hausaufgaben? »Ach nö, keine Lust!« Das ist nicht die Antwort, die Eltern hören möchten. Schon gar nicht, weil sie wissen: An den Nachmittagen in den kommenden neun, zehn, zwölf Jahren bleibt es nicht beim Ausmalen eines Schulranzen-Bildes.

So wie die Zahl der Hausaufgaben wuchs, verringerte sich die Lust des Kindes, diese zu erledigen: »Mama, ich muss mich schon in der Schule konzentrieren und am Vormittag stillsitzen. Da ist die ganze Kraft dafür schon weg«, argumentierte das Kind sehr schlüssig und überzeugend. Es musste sich trotzdem hinsetzen. Wobei »hinsetzen« so eigentlich nicht stimmte.

Niedergedrückt von der Last der Hausaufgabe hielt sich das Kind gerade so am Stuhl, die eine Körperhälfte zog es Richtung Boden, den Absturz verhinderten aufgestützte Ellenbogen am Tisch. Der Blick weilte ebenso schwer im aufgeschlagenen Heft. War es schon am Lesen? Am Lernen? Am Rechnen? Nein, es war das Aufgabenheft.

»Jetzt komm, reiß dich mal zusammen, dann hast du es schneller hinter dir und kannst spielen gehen!« Mundfaule Eltern nehmen diesen Satz auf und spulen ihn alle fünf Minuten automatisch ab. Wer dabei vergisst, persönlich nach dem Schulkind zu schauen, erlebt eine Überraschung.

Es gibt eine Charakterschwäche, genannt »Aufschieberitis«, unter der einige Erwachsene und sehr viele Schulkinder leiden. Während die Erwachsenen anfangen, den Keller auszuräumen, um nicht die Steuer erklären zu müssen, kommen die Kinder auf ganz andere Ideen. Oft müssen sie dafür ihren Platz am Schreibtisch verlassen.

Spitzgeräusche vor dem Mülleimer: »Ich spitze deine Stifte auch alle mit, Mama!«

Juchzen unter dem Sofa: »Ich habe meinen Playmobil-Piraten wiedergefunden, den ich letzten Winter verloren hatte!«

Die Haustür steht offen, ein leises Schaben und Kratzen ist vom großen Baum im Vorgarten zu hören: »Ich ritze meinen Namen in den Stamm, damit jeder weiß, dass ich hier wohne.«

Zurück zum Tisch zitiert, geht es mit den Hausaufgaben auch nicht schneller voran. Ist es der falsche Zeitpunkt, fragen sich die Eltern und starten eine kleine Testreihe. Leider führt diese nicht zum Erfolg: Vor dem Essen ist das Kind zu hungrig, um sich konzentrieren zu können. Gleich nach dem Essen ist es zu müde, die Energie wird zum Verdauen gebraucht.

Eine Stunde nach dem Essen hat es den Lust-Tiefpunkt erreicht, das Spielen ist gerade so schön. Und nach dem Spielen hat es am frühen Abend leider keine Kraft mehr. Das Toben war zu anstrengend.

Ganz kurz überlegen die Eltern, ihre Schrift zu verstellen und die Hausaufgaben selbst zu machen. Dann beschließen sie, dass sie in ihrem Leben schon genug Schularbeiten hatten und das Kind da jetzt durch muss. Leider müssen sie mit.

Weil sie es nicht mehr mitansehen können, wie das Kind fünf Minuten für die Rechenaufgabe zwölf plus sieben braucht, treten die Eltern vor die Haustür. Aus der Baumkrone im Vorgarten hören sie Hammerklopfen. Es ist der Nachbarsjunge. Was er da mache? »Nicht verraten, ich baue mir ein Baumhausversteck!« Ob er Räuber spiele? »Nein, ich verstecke mich vor den Hausaufgaben.« Die Haustür gegenüber öffnet sich, die Nachbarsmutter blickt sich suchend um, ob man ihren Sohn gesehen habe, der saß doch gerade noch an seinen Schularbeiten?

Die Eltern werfen einen Blick hinter sich: Auf dem Tisch liegt einsam das Rechenheft, die Terrassentür steht offen. Auch ihr Kind ist entwischt. Es verschwindet gerade um die Ecke, Richtung Spielplatz. Dort treffen sich aufgebrachte Eltern aus der ganzen Siedlung, sie sind auf der Jagd nach den Hausaufgaben-Flüchtlingen. Nachmittag für Nachmittag derselbe Ärger, rufen sie aufgebracht, während sie das hölzerne Spiel-Piratenschiff umstellen, auf das die Kinder geflohen sind und ihre Freiheit mit Sandwürfen verteidigen. Doch gegen die zur Schulkarriere entschlossene Elternschaft haben sie keine Chance. Nach zehn Minuten ist das Schiff geentert, ein Kind nach dem anderen wird zurückgeschleppt. Ein besonders findiger Vater hat ein Lasso dabei, falls seine Tochter einen weiteren Fluchtversuch unternimmt.

Während sich das Schulkind nun mehr oder weniger in sein Schicksal fügt und zurück am Tisch beschließt, dass zwölf plus sieben eindeutig siebzehn sein muss, unterhalten sich die Nachbarseltern. Ihnen ist aufgefallen: Der Sohn von Schmidts vorne an der Ecke, den haben die nachmittags noch nie vom Piratenschiff holen müssen. Was machen seine Eltern anders?

Die Elternschaft schleicht sich zum Haus der Schmidts. Durch ein Fenster sehen sie Schmidts Sohn: Brav beugt er sich über seine Aufgaben und lässt sich offenbar von nichts ablenken. Er steht nicht einmal alle zehn Sekunden auf, um zu trinken, Nase zu putzen oder aufs Klo zu gehen. Nein, er bleibt einfach sitzen. Die Eltern vor dem Fenster sind kurz davor, einen spontanen Minderwertigkeitskomplex zu entwickeln, da verlässt Frau Schmidt den Raum.

Sofort springt Schmidts Sohn vom Stuhl, schüttelt aus seinem Ärmel eine Feile und fängt hektisch an, seine Fußkette zu bearbeiten. Die war den Eltern vor dem Fenster ganz entgangen. Mit einem etwas boshaften Lächeln wenden sie sich ab.

Zwei Tage später sehen sie Schmidts Sohn wieder. Ganz oben auf dem Piratenschiff.

Tipps für die Hausaufgaben
### Schnell, konzentriert, ohne zu meckern
Erledigen Kinder ihre Hausaufgaben derart konstruktiv, kann das auch an den Eltern liegen. Aber was machen diese Mütter und Väter anders? Vielleicht wirkt sich die positive Einstellung dieser Eltern zur Schule auf ihre Kinder aus. Außerdem strahlen manche Ruhe und Gelassenheit aus, während andere schon bei Erstklässlern Druck machen: Zum Beispiel weil die Hausaufgaben ihrer Meinung nach nicht ordentlich genug

erledigt werden. Mit dieser Kritik sollten sie aber weder sich noch ihr Kind belasten – und das Thema Sorgfalt und Heftführung den Lehrern überlassen.

### Einmischen oder raushalten?

Wie geht das noch mal? Natürlich sollten Eltern bei Schwierigkeiten hilfreich zur Seite stehen, sich dann aber wieder sehr zurücknehmen – und nicht gleich jeden Fehler verbessern, das macht schon die Lehrerin. Mit ihr können die Eltern besprechen, wie viel Einmischung ihr bei den Hausaufgaben recht ist. Auf jeden Fall müssen Eltern daheim Voraussetzungen schaffen, damit sich die Kinder überhaupt konzentrieren können. Dazu gehört, für möglichst viel Ruhe zu sorgen und auf jeden Fall das Radio auszuschalten.

### Auf dem Höhepunkt der Schaffenskraft

Eltern versuchen, den idealen Zeitpunkt für die Hausaufgaben herauszufinden: gleich nach der Schule, nach einer kurzen Pause oder erst nach dem Spielen am Nachmittag? Aber was tun, wenn das Kind immer zu müde und zu unkonzentriert ist? Dann braucht es vielleicht eine noch längere Erholungspause nach dem Unterricht. Ganz wichtig ist erst einmal das gemeinsame Essen, bei dem die Kinder erzählen können, was sie erlebt haben und loswerden, was sie aufregt oder bedrückt. Für die Schüler ist es auch gut zu wissen, wann sie die Hausaufgaben machen. Zum Beispiel vereinbaren die Eltern mit ihnen: Du kannst noch eine Stunde spielen, und um drei Uhr geht es los. Auf keinen Fall aber sollten die Aufgaben vor dem Schlafengehen erledigt werden, dann ist das Kind mit Sicherheit zu müde. Und das kann nur Probleme geben.

### Wann bist du endlich fertig?

Auch tagsüber sitzen manche Kinder viel länger an den Hausaufgaben, als sie eigentlich sollten. Das mag bei einigen Kindern daran liegen, dass sie die Aufgaben vor sich herschieben und zum Beispiel erst ewig Stifte spitzen. Diesen Kindern kann man einen Wecker hinstellen, der nach einer halben Stunde klingelt. Nicht um Druck zu machen, sondern für einen liebevollen Ansporn: Mal schauen, ob du es in dieser Zeit schaffst! So bekommen die Kinder ein Gefühl dafür, wie viel Zeit sie durch Trödeln verlieren.

### Wann ist lange zu lang?

Erst- und Zweitklässler sollten nur eine halbe Stunde lang Hausaufgaben machen müssen, alles darüber hinaus ist zu lang. Damit die Kinder das schaffen, müssen die Aufgaben von den Lehrern richtig konzipiert werden, sonst wird das Erledigen als Strafe empfunden. Auf keinen Fall darf ein Lehrer Hausaufgaben bewusst als Sanktion einsetzen. Es ist immens wichtig, dass Schüler motiviert bleiben. Dafür muss der Pädagoge die Aufgaben in der Schule gut erklären und das nötige Material gemeinsam mit den Kindern einpacken. Ganz toll ist es, wenn Hausaufgaben dem Leistungsstand der jeweiligen Schüler angepasst werden: Wer schon weiter ist, bekommt etwas kniffligere Aufgaben. Herausforderungen für gute Schüler sind ebenso motivierend, wie darauf zu achten, dass Langsamere nicht frustriert werden. Grundlage ist natürlich, dass ein Lehrer die Hausaufgaben hinterher anschaut und würdigt. Viele malen zum Beispiel Lachgesichter daneben.

### Es ist einfach zu viel

Wenn Lehrer zu viel aufgeben und zu wenig erklären, sollten Eltern gleich mit ihnen sprechen und auch direkt im Mitteilungsheft eine Rückmeldung geben – sonst weiß der Pädagoge ja gar nicht, dass es Probleme gibt. Das gilt für alle schulischen Konflikte. Wenn der Lehrer nicht einlenkt, sollte Kontakt zu anderen Eltern aufgenommen und ein gemeinsamer Versuch gestartet werden. Wenn auch das nichts bringt, bleibt der Gang zum Rektor. Denn es ist immens wichtig für die Schullaufbahn, dass Kinder nicht schon am Anfang frustriert werden. Und das ist bei einer Zwei-Stunden-Qual am Nachmittag unvermeidlich.

### Erst schwer, dann leicht – oder umgekehrt?

Mit welchen Aufgaben sollte das Kind anfangen: mit leichten zum Warmwerden oder mit schwereren, damit es sie abhaken kann? Beide Methoden haben ihre Vorteile und hängen vom Kind ab: Manche stürzen sich auf die schweren, weil sie Lust auf die Herausforderung haben. Andere, die nachmittags Probleme mit der Aufmerksamkeit haben, sollten mit leichteren anfangen. Dann haben sie schon mal ein Erfolgserlebnis und finden sich leichter damit ab, sich noch mal konzentrieren zu müssen. Es gibt aber kein Patentrezept. Das oberste Gebot ist, die Motivation und Freude der Kinder zu erhalten.

### Wir machen Hausaufgaben

Motiviert es, wenn die Eltern die ganze Zeit daneben sitzen? Eher nicht, da sollten sich Mütter und Väter bewusst zurücknehmen und dem Kind zutrauen, allein zu arbeiten. Es reicht, vielleicht kurz etwas zu erklären und sich das Ergebnis zeigen zu lassen. Dann können Eltern gemeinsam mit ihrem Kind stolz darauf sein, dass es die Aufgaben selbst geschafft hat. Wenn die Kinder gar nicht zurechtkommen, müsste das wieder mit dem Lehrer besprochen werden.

***Ich habe keine Zeit!***

Zeitdruck am Nachmittag entsteht auch durch Termine, zum Beispiel beim Arzt, in der Musikschule oder im Turnverein. Da müssen die Kinder rechtzeitig fertig sein. Aber Eltern sollten sich mit der Einschulung überlegen, was sie weglassen können: Zum Beispiel Sport ist als Ausgleich für das Sitzen in der Schule wichtig, aber welche und wie viele Kurse müssen wirklich sein? Hat mein Kind noch echte Spielzeit, die es für sich oder mit seinen Freunden verbringen kann? Natürlich müssen Schüler auf die Bedürfnisse und Termine von Eltern und Geschwistern Rücksicht nehmen. Aber umgekehrt eben auch.

> **!** Diese Tipps basieren auf dem Rat von Georgine Müller, die als Lehrerin erst an der Grundschule, dann an der Mittelschule unterrichtete. Die ehemalige Konrektorin, Rektorin und Schulrätin ist heute im Vorruhestand, zuvor leitete sie das Staatliche Schulamt der Landeshauptstadt München.

# Der bewegte Mensch:
## Bewegungsmangel bei Kindern

Das sagt das Kind:
»Ihr fahrt doch auch zur Arbeit.«

Das sagen die Eltern:
*»Nur weil es so weit ist. Aber du läufst zur Schule!«*

Das sagen die Eltern der anderen:
*»Also unser Kind müssen wir fast davon abhalten, sich zu viel zu bewegen.«*

Das sagen die Großeltern:
*»Wir sind die zehn Kilometer ins Nachbardorf immer gelaufen. Das hat uns nicht geschadet!«*


Die Mutter saß im Sessel, die Zeitung in der Hand, aber entspannt war sie nicht. Schon wieder hatte sie einen Artikel über dicke Mädchen und Jungen in Deutschland entdeckt. Er berichtete von Kindern, die verlernt haben, zu rennen, zu klettern und deren Gleichgewichtssinn so gut wie nicht vorhanden war. Von Kindern, die nicht einmal mehr rückwärts laufen können, ohne zu stolpern. Und noch schlimmer: Von Kindern, die überhaupt keinen Grund sehen, das alles zu tun. Als ob Kinder dafür einen Grund bräuchten, dachte die Mutter. Ist ihnen der Drang, sich zu bewegen, doch in die Wiege gelegt. Wohin ist die kindliche, überschäumende Lebensfreude nur verschwunden?

Sie blickte auf die Uhr. Seufzend stemmte sie sich aus dem Sessel und legte die Zeitung auf die Armlehne, sie wollte später noch weiterlesen.

Am Morgen hatte es geregnet und die Mutter das Kind mit dem Auto zur Schule gefahren: Den ganzen Vormittag in nassen Klamotten dazusitzen, hätte die Erkältung noch verschlimmert. Es war das fünfte Mal in dieser Woche: Am Montag war der Ranzen besonders schwer gewesen, am Dienstag auch, am Mittwoch hatte die ganze Familie verschlafen und war zu spät dran und am Donnerstag hatte das Kind Schnupfen.

Auch am Freitag war vor dem Schulhaus wieder ein mittelgroßes Verkehrschaos ausgebrochen. Die Parkplätze reichten nie für alle Eltern, und die Berufspendler wollten auch noch vorbei. Wenn die Eltern wenigstens die Nachbarskinder mitnehmen würden, wären viel weniger Autos unterwegs, hatte die Mutter gedacht und ein wenig vorschriftswidrig auf dem Gehweg nahe dem Eingang geparkt. Der offizielle Parkplatz lag so weit entfernt, da hätte das Kind gleich zu Fuß gehen können.

Mittags war es wieder aufgeklart, aber sie hatte dem Kind versprochen, es abzuholen – es fuhr doch so gerne mit dem Auto. Dutzende andere Mütter und ein paar Väter hatten das ebenfalls zugesagt. Es dauerte mal wieder länger, bis sich die Kinder, müde vom Unterricht, aus der Schule schleppten und ihre Ranzenlast vor den Füßen der Eltern abwarfen. Die Wartezeit nutzte die Mutter, um den anderen von dem Artikel zu erzählen. »Kein Wunder«, ereiferte sich ein Vater, »wenn der Schulsport jede zweite Woche ausfällt!« Die Eltern nickten zustimmend, ihr Kreis wurde größer.

»Aber das ist es nicht allein«, schaltete sich eine andere Mutter ein: »Wenn ich daran denke, wie viel wir in der Kindheit unterwegs waren. Gleich nach den Hausaufgaben ging es los und erst zum Abendessen waren wir wieder daheim. Das geht ja heute gar nicht mehr, allein der Straßenverkehr!« Alle nickten, Nostalgie im Blick. Eine Frau schlug vor, sich auf die Pausenbänke zu setzen. Offenbar dauerte es heute noch länger als sonst, bis die Kinder endlich herauskamen.

Die älteren Schüler waren schneller. Sie zogen an der Elternschar vorbei und sammelten sich vor der Rolltreppe zur U-Bahn. Ungeduldig harrten sie aus, bis sie an die Reihe kamen. Ein paar Jungen drängelten sich grob bis zur Rolltreppe durch und fuhren mit höhnischem Grinsen in den Untergrund, während die anderen Schüler leise schimpften. Sie waren hungrig und wollten nach Hause. Zwei überholten links auf der Treppe, sie waren die Einzigen.

»Aber«, rief die Mutter, die bei der Pausenbank-Diskussionsrunde im Mittelpunkt stand, »es ist gar nicht so leicht, den Kindern heute ausreichend Bewegung zu verschaffen. Das ist schließlich nur ein Teil unserer Aufgaben. Sie sollen ja auch noch ihre Hausaufgaben erledigen, lernen, wir müssen sie musisch bilden, ihnen Kultur vermitteln, ihre Medienkompetenz stärken, sie zum Lesen zwingen, wenn sie nicht …« Da kamen endlich die jüngeren Schüler herangeschlurft. So erschöpft vom Unterricht, dass sie die schwere Glastür kaum aufstemmen konnten.

Mit gebeugten Rücken schleppten sie die Ranzen bis zu ihrem Elternteil, das ihnen sofort die Last von den Schultern nahm. »Und, wie war es heute?«, riefen die Eltern. »Anstrengend«, seufzten die Kinder und schlichen zu den Autos.

Das Pausenhofgespräch ließ die Mutter, die eine fürsorgliche war, nicht los. Auf der Heimfahrt überlegte sie, wie sie das Kind künftig zu mehr Bewegung bewegen könnte. Überhaupt war es recht blass in letzter Zeit. Doch für noch einen Sportkurs außer Taekwondo war einfach keine Zeit. Die Nachmittage waren ausgefüllt mit Investitionen in die Zukunft: Schachklub, English Conversation für Grundschüler,

Klavierunterricht und natürlich Schularbeiten. Und einen Nachmittag hielt sie bewusst frei, schließlich sollte das soziale Miteinander nicht zu kurz kommen. Wobei es ihr nicht gefiel, dass das Kind bei seinen Freunden oft vor Computerspielen saß. Aber wer wusste schon, ob ihm das später im Berufsleben nicht noch nützen würde?

Dennoch musste es eine Lösung für das Bewegungsproblem geben. Sie hatte Zeit, weiter darüber nachzudenken, als sie das Kind mit dem Auto zur Musikschule fuhr (es sah schon wieder nach Regen aus). Aber ihr fiel nichts ein. Der Tag hatte eben nur zwölf Wachstunden, wenn man in die Grundschule ging.

Sie beschloss, am Abend ihren Mann darauf anzusprechen, vielleicht hatte er eine Idee. Doch sie wartete mit dem Thema, denn der Vater war erschöpft von einem Tag mit Meetings (davon zwei Videokonferenzen), langen Telefonaten und Zwischenstandsberichten, die er für den nächsten Tag hatte fertigschreiben müssen. Er kam gerade noch rechtzeitig nach Hause, um mit seinem Kind kurz zu kuscheln, bevor die Mutter es ins Bett brachte.

Währenddessen schleppte sich der Vater zum Sessel und rieb sich den schmerzenden Rücken, er hatte vor dem Computer mal wieder nicht Haltung bewahrt. Er fühlte sich ein wenig älter als er müsste. Ermattet sank er in die Kuhlen, die sein Körper Abend für Abend in die Polster gedrückt hatte. Da lag noch die Zeitung aufgeschlagen auf der Armlehne. Bewegungsmangel bei Kindern, las er.

Ja, dachte er, da müsste man wirklich was unternehmen. Wer weiß, wo das sonst hinführt.

*Ausruhen vom Sitzen*

Kurzatmige Kinder schauen zu, wie Zeichentrickfiguren im Fernsehen Purzelbäume schlagen, statt selbst durch die Gegend zu toben. Jugendliche hängen mehr vor dem Computer herum, statt nach Schule und Hausaufgaben endlich nicht mehr stillzusitzen. Diese Probleme haben nicht nur Familien in den USA, auch in Deutschland wird die Gesellschaft immer inaktiver. Eltern machen sich oft Vorwürfe, wenn ihr Kind zu viel wiegt und sich dann auch noch wenig bewegt. Aber sie tragen natürlich als Vorbilder eine große Verantwortung. Eltern, die sich selbst viel bewegen, sorgen auch für viel Aktivität ihrer Kinder. Wenn allerdings Vater und Mutter ganztags arbeiten, bleibt wenig Zeit und Kraft, einen gesunden Alltag vorzuleben. Zudem ist der Lebensstil von Kindern und Jugendlichen heute ein anderer: Sie treffen Freunde auch auf Facebook und nicht nur draußen. Und es ist eine gesellschaftliche Entwicklung, dass die Menschen mehr sitzende Tätigkeiten als früher ausüben.

*Rührt euch!*

Eigentlich müssten nicht nur die Kinder, sondern alle mehr Sport treiben, weil bei vielen Erwachsenen die körperliche Arbeit weggefallen ist: Wir entwickeln uns zu einer Chill-Gesellschaft. Menschen sind genetisch auf Faulsein geprägt, weil dies Energien für das Überleben spart. Früher gab es wenig Nahrung, und für die musste man meistens weite Wege und Gefahren auf sich nehmen. Das ist heute zum Glück anders. Aber weil mit der Mühsal auch die körperliche Aktivität abgenommen hat, müssen wir unsere genetische Faulheits-Programmierung austricksen. Dafür sollten wir uns bewusst machen (am besten durch Erfahrung am eigenen Leib), dass ausreichende Bewegung unser Herz und Hirn schützt und fit hält, entspannt, das Immunsystem stärkt und Aufmerksamkeitsdefizite vermeiden hilft. Und sie macht sogar schlauer, wie Studien ergeben haben.

### Ruhige Kugel schieben

Bewegung ist gesund, das wissen die meisten Eltern und achten dennoch nicht darauf, dass die Kinder aktiv werden – geschweige denn sie selbst. Manchmal fehlt ihnen einfach die Kraft: Das moderne Leben ist sehr schnell getaktet, viele Eltern sind nach der Arbeit zu müde. Und auch Schulformen wie das G8 fordern Jugendliche sehr stark, die Kinder haben mit Unterricht und Hausaufgaben manchmal mehr Arbeitsstunden als ihre Eltern. Da ist der Drang groß, nach der Schule durchzuhängen und die Freizeit nicht mehr aktiv zu gestalten. Wenn dann noch das Vorbild fehlt, wird es schwierig. Eine Mutter, die raucht und zu den Kindern »fangt bloß nicht damit an« sagt, ist auch nicht besonders überzeugend.

### Keine Zeit für Sport?

Der Verdacht liegt nahe, dass Kinder und Jugendliche heute einfach keine Zeit mehr zum Toben und für den Sport haben. Allerdings haben sie auch Zeit zum Fernsehen und für den Computer, da wäre also genug Luft für Bewegung. Aber die Versuchung, einfach sitzen zu bleiben, ist sehr groß. In den 1980er Jahren gab es bei weitem nicht so viele TV-Programme, nicht die Vielzahl an PC-Spielen und die Möglichkeiten im Internet. Auch die Zahl der Autos ist um ein Vielfaches höher und mit ihr wächst die Bequemlichkeit. Durch all diese Entwicklungen haben normale Alltagsaktivitäten massiv abgenommen. Da müssten Eltern Regeln aufstellen und diese konsequent durchsetzen. Aber damit tun sich viele schwer, sie wollen lieber die Freunde ihrer Kinder sein, statt sie stärker anzuleiten. Auch das hat sich verändert. Doch nicht nur Eltern müssen für mehr Bewegung sorgen, die Politik ebenfalls. Da ist das Interesse allerdings nicht sonderlich groß, denn wegen Programmen für einen besseren Schulsport und mehr Bewegungsräumen in Freizeit und Alltag wird man nicht gewählt.

## Sitzenbleiber und Dauerlieger

Es ist bekannt, dass Bewegungsmangel körperliche Folgen wie zum Beispiel Übergewicht hat. Noch kann man aber nicht einschätzen, wie er sich langfristig auf die Gehirnentwicklung der Kinder auswirkt. Vor den Bildschirmen sind sie sehr einseitigen Reizen ausgesetzt, hauptsächlich visuellen. Wenn sie aber nach draußen gehen, erhalten sie eine Vielzahl an stimulierenden Eindrücken: Klettern sie auf einen Baum, müssen sie greifen, sich hochziehen, die Bewegungsabläufe planen, und sie fühlen die Rinde. Spielen sie mit anderen, kommt noch soziales Lernen hinzu, das Emotionale und Zwischenmenschliche. Und ihr Selbstbewusstsein wird gestärkt.

## In Bewegung bringen

Eltern können viel dafür tun, dass ihre Kinder aktiver werden – sogar schon während der Schwangerschaft: Mütter, die sich gesund ernähren und bewegen, prägen die kindlichen Gehirne ihrer Kinder mit. Später sollten Eltern bewusst möglichst viele Aktivitäten im Alltag unterbringen: Welche Strecke muss wirklich mit Auto, U-Bahn oder Bus gefahren werden? Kann das Kind den Schulweg zu Fuß, mit dem Roller oder Rad zurücklegen? Da braucht man den Mut zu sagen: Es schadet nichts, mit der richtigen Kleidung auch bei Regen ohne Auto zum Unterricht zu kommen. Dieser Standpunkt vermittelt eine bewusste Wertschätzung der Bewegung und den Kindern Selbstvertrauen, weil sie ihren Schulweg selbständig bewältigen.

### Laufen und laufen lassen

Auch in Großstädten könnten Kinder eine U-Bahnstation früher aussteigen und zu Fuß gehen oder radeln, und die Eltern könnten auf ausreichend Ausgleich achten. Schließlich sollten sich Kinder ein bis zwei Stunden am Tag bewegen, da ist mit dem Schulweg oft schon viel abgedeckt. Wöchentliche Angebote wie Kinderturnen oder Kurse im Sportverein fördern das soziale Miteinander und bewirken eine positive Einstellung zur Bewegung: eine gute Grundlage, um Aktivitäten weiterzuentwickeln. Wer den Nachwuchs erst im Jugendalter motivieren will, ist zu spät dran. Was Hänschen nicht lernt, fällt Hans doch sehr schwer. Die Freude an der Bewegung muss früher geweckt werden. Einen Beitrag dazu kann das Kinderturnen leisten, hier wird mit Koordinationstraining die Basis für jede Sportart gelegt. Allerdings darf man diese wöchentliche Stunde nicht als Alibi benutzen, ansonsten faul zu sein. Da muss man sich überwinden und Sitzenbleib-Fallen wie den Fernseher bewusst vermeiden – oder die Zeit davor wenigstens begrenzen.

### Sport ist Mord!

Beim Tausendmeterlauf bricht der Schüler fast schon in der ersten Runde zusammen, beim Springen prallt er auf den Kasten und beim Seilklettern kommt er nur auf Türklinkenhöhe – zur Schadenfreude der sogenannten Klassenkameraden. Wenn Schulsport gerade unsportlicheren Kindern die Freude an der Bewegung verdirbt, ist es Sache der Eltern, sie wieder dafür zu begeistern. Aus eigener Erfahrung wissen wir: Mit dem Sonntagsspaziergang klappt das eher nicht. Aber Eltern könnten ja mit dem Nachwuchs klettern gehen oder in den Bergen wandern. Das tut der ganzen Familie gut.

! Die Tipps basieren auf dem Rat der Sportmedizinerin Prof. Dr. Dr. Christine Graf. Sie hat sich von ihrer Abneigung gegen den Schulsport nicht prägen lassen und sorgt heute selbst in einem Projekt der Sporthochschule Köln dafür, Kindern die Freude an der Bewegung zu vermitteln – auch im Unterricht (Children's Health Interventional Trial). Sie ist außerdem Ko-Autorin der Bücher »Bewegungsmangel und Fehlernährung im Kindes- und Jugendalter – Folgen und Therapiemöglichkeiten« sowie »Ball und Birne: Ein ganzheitliches Konzept zur Gesundheits- und Bewegungsförderung im Vorschulalter«.

## Burn-out in der vierten Klasse:
### Übertrittswahnsinn

Das sagt das Kind:
»Ich bin dumm.«

Das sagen die Eltern:
»*Du bist nicht dumm, du bist nur zu faul.*«

Das sagen die Eltern der anderen:
»*Also außer Gymnasium kommt für unser Kind nichts in Frage.*«

Das sagen die Großeltern:
»*Das Land braucht auch Handwerker.*«

Im Januar war die Mutter am Ende mit ihren Nerven. Sie hatte am Abend die Kinder ins Bett gebracht – ihren Viertklässler und den kleinen Bruder, der im nächsten Jahr eingeschult werden sollte – und die Koffer gepackt. Dann wartete sie auf ihren Mann. Sobald er in den Flur trat, rief sie, Tränen in den Augen: »Ich halte das nicht mehr aus! Wir ziehen zu meinem Onkel nach Niedersachsen. Sofort! Pack deine Sachen. Nimm nur das Notwendigste mit!«

Der Vater begriff nicht: »Wieso packen? Wieso zu deinem Onkel, du kennst ihn kaum? Was ist denn eigentlich …« Die Mutter unterbrach ihn: »Mein Onkel wohnt in Niedersachsen, nur das zählt. Im gelobten Land! Da entscheiden wir Eltern, auf welche Schule unser Kind gehen soll. Wir allein! Nicht die Leistungskontrollen, Gedichte, Hausaufgabenhefte und missgünstigen Lehrer!«

Oh Mann, dachte der Vater, und sagte: »Ach so.« Seit ihr Ältester in der vierten Grundschulklasse war, hatten sie die ganze Härte des bayerischen Bildungssystems zu spüren bekommen. Davor war die Note drei nur eine Zahl, nun war sie für die Eltern ein düsterer Reiter der Apokalypse namens Hauptschule. Es gab auch noch das ebenfalls vermeidenswerte Fegefeuer, die Realschule. Und das erstrebenswerte Himmelreich, das Gymnasium.

Der Vater hatte das stets etwas weniger aufgeregt gesehen und war der Meinung, dass sich der Älteste auch im Fegefeuer wohlfühlen würde – vielleicht mehr als im wenig entspannten G8-Himmel. Allerdings stand er mit seiner Haltung allein da und hatte bald gelernt, sie zu verbergen – auch vor seiner Frau (»Willst du denn nicht das Beste für unser Kind?«). An der Grundschule war das Ziel von Lehrern und Eltern, und auch bald das der Kinder: das Gymnasium. Die Schule wollte nicht ihren guten Ruf, die Eltern nicht die Zukunft ihrer Kinder ruinieren.

Schnell lernten die Eltern, dass die Abkürzung LK, die sie früher als Leistungskurse vor dem Abitur kannten, auch für Leistungskontrollen stand, die über das gefürchtete »Grundschul-Abitur« entscheiden. Und es wurde kontrolliert und kontrolliert.

15 LK in Deutsch, mindestens fünf in Mathematik und fünf in Heimat- und Sachkunde machten aus Eltern Rechenkünstler. Denn der Schlüssel zum Himmelreich heißt »Notenschnitt bis 2,33«, die Fahrkarte ins Fegefeuer »bis 2,66«. Also zählten die Eltern und teilten, Durchschnittswerte bestimmten ihre Laune. Konnte sich das Kind diese Drei überhaupt leisten? Nein, konnte es nicht.

Obwohl der Oktober ein schöner Monat gewesen war, hatten die jüngeren Kinder die Straße für sich. Auch im November, Dezember und Januar. Die Viertklässler waren verschollen, eingeschlossen von einer Mauer aus Büchern. Die

Eltern versuchten, ihre Kinder zum Lernen zu animieren, mal mehr, mal weniger pädagogisch wertvoll. Die Spanne reichte von »Ich weiß, dass du das besser kannst!« bis hin zu »Du wolltest doch mal Astronaut werden. Mit diesen Noten schaffst du das nie!«.

Am Anfang hatte die Mutter da nicht mitmachen, hatte ihrem Kind diesen immensen Druck ersparen wollen. Doch es gelang ihr nicht. Die Kinder selbst verglichen ihre Noten, teilten ein in Gewinner und Verlierer. Schickte sie ihren Sohn nach den Hausaufgaben raus zum Spielen (»ein wenig frische Luft« in der Dämmerung), kam er traurig zurück. Seine Freunde lernten noch, freiwillige Zusatzaufgaben, von ihren Eltern für sie herausgesucht.

Auch die Mutter fing das Rechnen an, und als der Sohn mit einer Vier in Mathematik heimkam, verbrachte sie eine schlaflose Nacht und dann einen Vormittag damit, Webseiten zu durchsuchen und Bücher zu bestellen: Zusatzaufgaben, freiwillige.

Leider gehörte ihr Sohn nicht zu den Freiwilligen. Er erinnerte sich noch an die Zeit, als er rodeln ging, Schneeballschlachten anzettelte und die Ferien tatsächlich Ferien waren. Doch die Mutter blieb hart, die berufliche Zukunft fest im Blick. Immerhin ließ sie sich auf einen Handel ein: eine halbe Stunde im Schnee, danach eine halbe Stunde Mathe lernen. Für die nächste LK, denn auf dieser musste eine Zwei stehen. Es wurde eine Drei.

»Ich bin dumm, ich bin dumm«, weinte ihr Sohn am Nachmittag, während sie ihn wiegte und dabei rechnete, ob eine Zwei in der nächsten Probe ausreichen würde, um den Schnitt wieder zu heben. Da brach auch der jüngere Bruder in Tränen aus: »Ich will nicht in die Schule gehen, nie will ich das, nie!« An diesem Abend packte die Mutter die Koffer.

Doch der Vater hielt nichts von ihren Fluchtplänen: »Dann geht er eben auf die Realschule. Und wenn er unbedingt will, holt er das Abitur später nach.« »Und wenn er nicht will? Seine Zukunft ...«, flüsterte die Mutter. Doch sie war nach ein paar Monaten vierte Klasse des Kämpfens müde und packte den Koffer wieder aus.

Dann, endlich, kam im Mai der Tag der Entscheidung. Und tatsächlich hielt der Sohn doch noch den Schlüssel zum Himmelreich in den Händen. Im Wohnviertel öffneten sich am Nachmittag langsam die Haustüren. Bleiche Zehnjährige mit dunklen Augenringen schlichen auf die Straße, hoben blinzelnd die Gesichter zur Sonne. Auch der Sohn stand unter ihnen.

Doch die Nachbarin, deren Kind es nicht aufs Gymnasium geschafft hatte, störte das Idyll: »Na, wollte dir deine Mutter das G8 nicht ersparen, was? Da hast du dann keine Zeit zum Spielen, hier draußen werden wir dich dann nicht mehr sehen!«

Die Mutter wurde blass und schob ihren Sohn zurück ins Haus. Zwei Stunden später sah die Nachbarin sie mit einem Koffer und den Kindern davoneilen. Am Abend kam der Vater in ein stilles Haus. Er rief, aber niemand antwortete.

Auf dem Esstisch fand er einen Brief, hastig hingeschriebene Zeilen: »Sind im gelobten Land. Kommen wieder, wenn beide Kinder auf dem Gymnasium sind. Oder mit der Schule fertig.«

### Schwere Entscheidung

In einigen deutschen Bundesländern wie Bayern bestimmt die Durchschnittsnote im Übertrittszeugnis, auf welche weiterführende Schule ein Kind nach der vierten Klasse gehen darf:

Ist Gymnasium drin, Realschule oder Mittel- beziehungsweise Hauptschule? Das Bangen um den Notenschnitt setzt Kinder und Eltern enorm unter Druck, fast niemand kann sich
dem ständigen Vergleich entziehen. Allerdings sollten sich
Mütter und Väter fragen, ob sich ihr Kind mit einem äußerst
knappen Notendurchschnitt auf dem Gymnasium weiterhin
schwertun soll, während es auf der Realschule mit gleichem
Aufwand, aber weniger Frust zu den Klassenbesten gehören
könnte. Besser für das Selbstbewusstsein wäre es allemal.

### Stimmungsmache

Das Thema Übertritt beschäftigt Schüler spätestens mit Be-
ginn der vierten Klasse. Das hängt häufig mit dem Verhalten
und den Vorstellungen der Eltern zusammen. Manche machen sich schon sehr frühzeitig Gedanken, wie es nach der
Grundschule weitergehen kann: Da werden Erwartungshal-
tungen und Druck an die Kinder weitergegeben, bewusst oder
unbewusst. Andere Mütter und Väter wiederum versuchen,
das Thema komplett von ihrem Nachwuchs fernzuhalten.
Aber das ist nicht möglich, schließlich sind da noch andere in
der Klasse, die ständig ihre Noten vergleichen. Daher sollten
Eltern frühzeitig anfangen, mit ihren Kindern über schu-
lisches Lernen nachzudenken: Was kannst du gut? Wo hast
du Fortschritte gemacht? Was hast du dafür getan?

### Das geht noch besser

Wenn die Noten schon Ende der dritten Klasse nicht so sind
wie erhofft, können sich Eltern und Klassenlehrer zusammensetzen und überlegen, wie das Kind gefördert werden
soll. Wer das erst im Januar macht, ist zu spät dran: Bis zum
Übertrittszeugnis im Mai steigert kaum ein Kind seine Leistung sprunghaft. Diese Erwartung würde den Schüler auch

sehr unter Druck setzen. Am besten sind Eltern während der ganzen Schulzeit am Lernen des Kindes interessiert und bleiben nicht nur mit ihm, sondern auch mit den Lehrern im Gespräch: Dann bekommen sie früh genug mit, wenn es an einer Stelle hakt, und können den Knoten mit pädagogischer Hilfe lösen. Und das, bevor sich allzu großer Druck und Frust aufbaut. Vor allem lohnt es sich, das Kind immer wieder mit Zuversicht (»Du schaffst das!«) und mit Blick auf das bereits Gelungene zu stärken (»Hier bist du schon viel besser geworden. Das bekommst du jetzt auch hin.«)

### Wohin soll es denn gehen?

Eltern sollten ihr Kind auch nach seinen Vorstellungen fragen: Warum willst du auf das Gymnasium oder in die Realschule gehen? Die Antwort wird in den meisten Fällen sein: Weil meine Freunde dorthin gehen. Dies ist das wichtigste Kriterium für viele Kinder, weil es so konkret ist. Es fällt ihnen eher schwer, weit in die Zukunft zu denken. Am besten erklären die Eltern die verschiedenen Schulformen und sprechen mit dem Kind über seine Fähigkeiten und Stärken – und darüber, auf welcher Schule diese am besten zum Tragen kommen.

### Dieser verflixte Notenschnitt

Eine Note ist erst einmal eine Zahl, mit der eine Leistung des Kindes beurteilt wird – und zwar eine Leistung, die es in einer bestimmten Tagesform und nach einem bestimmten Unterricht erbracht hat. Noten sind nicht objektiv und sagen nicht allzu viel darüber aus, was ein Kind tatsächlich kann – und ob es später einmal mit seinen anderen Talenten seinen Weg durchs Leben erfolgreich und zufrieden meistern wird.

Nur leider entscheidet der Notenschnitt in Deutsch, Mathematik sowie Heimat- und Sachunterricht über die Auswahl an weiterführenden Schulen – und zwar allein die Noten. Dabei würde es sich durchaus lohnen, die Einschätzung der Lehrkraft zum Lern- und Arbeitsverhalten mit einzubeziehen. Damit ließe sich eine bessere Entscheidung treffen, welcher weitere Weg zum jeweiligen Kind passt. Die Eltern können sich aber beim Lehrer Rat holen, auf welcher Schule er das Kind am besten aufgehoben sieht.

### Gymnasium, Gymnasium über alles?

Viele Eltern haben eine ganz bestimmte Vorstellung, auf welche weiterführende Schule ihr Kind gehen soll. Da sind sie manchmal viel festgelegter als ihre Kinder. Also sollte man hinterfragen: Welche Erwartungen und Hoffnungen stehen hinter dem Wunsch, dass mein Sohn, meine Tochter aufs Gymnasium geht? Und welche Befürchtungen habe ich, wenn er oder sie auf eine Real- oder Mittelschule ginge? Oft steckt hinter der Festlegung auf eine bestimmte Schulform die Angst, eine unumkehrbare Entscheidung zu treffen, die das ganze weitere Leben des Kindes vorzeichnet. Dabei ist das längst nicht mehr so.

### Chance für Spätzünder

Es gibt immer wieder Kinder, die sich zum Ende der vierten Klasse noch unheimlich schwer tun mit dem Lernen. Das muss jedoch nicht heißen, dass sich das in der Zukunft nicht ändern kann. Der Übergang von der Mittelschule zur Realschule oder zum Gymnasium steht noch eine Weile offen. Und ein mittlerer Abschluss, der weitere Bildungswege eröffnet, ist über alle Schularten gleichermaßen zu erreichen.

*Aus dir soll mal etwas werden!*

Manche Mütter und Väter sorgen sich sehr um die Zukunft ihres Kindes, so dass sie enormen Druck ausüben. Diese Eltern sollten sich fragen, wovor sie eigentlich solche Angst haben – die sich ja auch auf die Schüler auswirkt. Es gibt immer wieder Beispiele von Schülern, die mit einem Mittelschulabschluss sehr erfolgreich sind. Was man auch nicht außer Acht lassen sollte: Die Anforderungen auf einem Gymnasium sind sehr hoch und können Kinder schnell überfordern. Eine andere Schulform kann für Kinder geeigneter sein, damit sie sich selbst als kompetent erleben, in ihren Fähigkeiten und Stärken wahrgenommen fühlen – und nicht als Versager, der gerade noch das Klassenziel erreicht.

Gymnasium und Noten sind kein Selbstzweck. Und wenn Kinder eine Schulform verlassen müssen, weil sie den Anforderungen nicht gewachsen sind, ist die Frustration enorm hoch. Manche rutschen dann vom Gymnasium bis zur Mittelschule durch, weil sie sich nicht mehr für die Schule motivieren können.

*Druck ablassen*

Wenn Leistungsangst und Stress überhandnehmen, helfen nicht nur eine gute Vorbereitung auf die Prüfungen, sondern auch Entspannungstechniken. So geben etwa Kurse zur Stressbewältigung für Kinder und Eltern (sie werden zum Beispiel unter dem Schlagwort »Locker bleiben« angeboten) Anregungen, wie sie mit dem unvermeidlichen Druck umgehen können. Und wie man zurück in die Rolle als Mutter oder Vater findet – und den nachmittäglichen Ersatzlehrer-Job an den Nagel hängt. Ansonsten belastet die Situation die ganze Familie und die Beziehung zwischen Kind und Eltern: Es ist fatal, wenn sich alles nur noch darum dreht, was in der Schule schlecht läuft – und darüber vergessen wird, was die Kinder gut können, sei es im Unterricht oder außerhalb. Machen sich die Eltern bewusst, worauf sie bei ihrem Kind stolz sein können und zeigen ihm das, ist dies eine große Erleichterung. Schließlich ist ein Mensch keine Note.

> **!** Die Tipps basieren auf dem Rat von Robert Roedern. Der Grundschullehrer hat selbst vierte Klassen unterrichtet und arbeitet bei der Staatlichen Schulberatung in Bayern als Schulpsychologe.

## Schule des Lebens:
Auf der Suche nach einer guten
weiterführenden Schule

Das sagt das Kind:
>>Ich will dorthin, wo meine Freunde hingehen.<<

Das sagen die Eltern:
*»Du wirst neue Freunde finden.«*

Das sagen die Eltern der anderen:
*»Also unser Kind schicken wir aufs Internat, das ist es uns wert.«*

Das sagen die Großeltern:
*»Entscheidend ist der kurze Weg zur Schule.«*

Es roch genau wie früher, da konnte sich die Schule noch so modern präsentieren. Schon beim Eintreten war den Eltern dieser Geruch nach Kreide, alten Turnschuhen und billigen Putzmitteln in die Nase gestiegen. Er weckte Erinnerungen an die eigene Schulzeit, nicht nur angenehme.

An den Mathe-Meier, der seinen Neid auf die pubertärpotenten 15-Jährigen nie verhehlen konnte und sich mit gemeinen Ausfragetechniken rächte. An die Sport-Faber, die bei den Mädchen nur noch »Sport, fader« hieß, seitdem die Lehrerin sie an ihrer Schwangerschaftsgymnastik teilhaben ließ. Oder an den Latein-Schmid, der wohl über die Abschaffung des Titels »Oberlehrer« ein paar Tränen vergossen hatte und im Unterricht lieber gezielt mit Kreide warf, als seine Schüler aufzurufen.

Auch wegen solcher Erinnerungen waren die Eltern hier: Ihr Kind sollte es einmal besser haben. Und das hing sicher auch von ihrer Entscheidung für die weiterführende Schule ab. Wählten sie die falsche, hätte ihr Kind womöglich unter Lehrern im Selektionswahn, langweiligem Unterricht und sozial inkompatiblen Klassenkameraden zu leiden. Dann würde ihr Kind schlechtere Noten bekommen, nicht das Studienfach seiner Wahl belegen können, vom ungeliebten Beruf frustriert sein, deswegen eine unglückliche Ehe führen und dereinst zu wenig Rente bekommen. Wenn es noch halbwegs gut lief.

Diesen Eindruck hatten die Eltern zumindest bekommen, wenn sie sich im Lauf der Grundschule mit anderen Müttern und Vätern unterhielten. Diese hatten schon in der dritten Klasse an den Informationsabenden der weiterführenden Schulen teilgenommen und ausführliche Plus-Minus-Listen angelegt.

Nun betraten die Eltern mit ihrem Viertklässler an der Hand die erste der drei Schulen, deren Infoveranstaltung sie besuchen wollten, und sogen den Schulgeruch ein. Sie waren gut vorbereitet, hatten das pädagogische Konzept der Einrichtung studiert. Der Sohn hatte seine Freunde gefragt, auf welche Schule sie gehen würden.

Die Schule hieß sie mit einem durchdachten Programm für alle Beteiligten willkommen: Für die Eltern waren in der Turnhalle Stuhlreihen aufgestellt, auf dem Podium saß das halbe Kollegium und sah ergeben zu, wie die hereinströmenden Mütter und Väter vorschnelle Urteile über die Lehrer fällten.

Die Kinder mussten nicht eineinhalb Stunden neben den Eltern ausharren. Sie wurden mit einem eigenen Programm umworben: Die Kinderschar erhielt eine Hausführung. »Seht her, unsere Cafeteria. Und hier, ein typisches Klassenzimmer (das vom engagiertesten Pädagogen der Schule, der Wert auf Wohlfühlatmosphäre legte und sonst von den anderen Lehrern dafür belächelt wurde). Da, im Musikzimmer, ein

Schlagzeug (dieses war eigens für den Abend schön ausgeleuchtet in die Raummitte gerückt worden). Und dort, ein Boulderraum, da könnt ihr in den Freistunden am künstlichen Fels klettern!«. Die Kinder waren begeistert.

Die Mütter und Väter noch nicht. Sie saßen in der Turnhalle und stellten zum Wohle ihrer Kinder kritische Fragen. Wie mit Mobbing in der Schule umgegangen werde? Ob jeder einfach so ins Gebäude spazieren könne? Wie der G8-Stress abgemildert werde? Und was den Ganztagskindern mittags serviert werde, doch wohl Biogerichte aus der Region?

Der Schulleiter gab sein Bestes, antwortete auf alle möglichen Fragen (»Nein, wir haben keine hohe Lehrerfluktuation, das waren in den vergangenen Jahren alles Wechsel wegen Schwangerschaften.«) ebenso wie auf die unmöglichen (»Ich denke, der Ausländeranteil sollte hier eigentlich kein Thema sein, aber er liegt bei etwa 15 Prozent.«). Das Kollegium nickte dazu und war sichtbar erleichtert, als der Direktor die Tanzgruppe der Neuntklässler ankündigte, »damit Sie sehen, dass es bei uns mehr gibt als nur den Lehrplan«.

Der Vater ließ den ganzen Abend einen Lehrer rechts außen nicht aus den Augen. Sah der nicht aus wie der verhasste Mathe-Meier? Und fixierte er die tanzenden Neuntklässlerinnen nicht ein wenig zu sehr? Stirnrunzelnd blickte der Vater zur Mutter hinüber. Diese lächelte zufrieden, die Vorführung im Videoclip-Stil hatte nichts gemein mit dem Biegen und Beugen der Schwangerschaftsgymnastik.

»Und nun sollen Sie unsere Schule noch besser kennenlernen«, verkündete der Schulleiter. Mit Dutzenden, gefühlt Hunderten anderen Müttern und Vätern schoben sie sich durch die Flure des Gebäudes und stauten sich am Vorzeige-Klassenzimmer. »Wie bei einer Wohnungsbesichtigung«, murrte der Vater.

Die Mutter versuchte, in der Menge einen Blick auf die wohlgestalteten Wände des Schulraumes zu erhaschen, die mit kreativen Werken von mehr und weniger begabten Kindern behängt waren. Der Sohn war bereits überzeugt: Die Cafeteria! Das Schlagzeug! Und, haltet euch fest, ein Kletterraum! Die Eltern waren sich der Sache nicht so sicher.

Immerhin standen noch zwei Schulen aus. Die eine fiel beim Sohn durch: kein Schlagzeug! Kein Kletterraum! Die Wände der Cafeteria wiesen eindeutig Spuren von Cola-Spritzern auf, die dort vor langer Zeit angetrocknet waren. Und überhaupt: Seine Freunde wollten dort auch nicht hin.

Die andere klang vielversprechend, hatte sie doch den Ruf, die beste Schule im Viertel zu sein. Allerdings kannte auch die Schulleitung diesen Ruf. Während die anderen beiden Einrichtungen um die Schüler geworben hatten, war es dieses Mal andersherum. Nur die Direktorin stand vor den Müttern und Vätern, die allein gekommen waren, da ihnen nahegelegt worden war, ihre Kinder bitte schön zu Hause zu lassen. Auch das Kollegium durfte daheim bleiben.

Schließlich ging es der Direktorin allein darum klarzumachen, dass nur bestimmte Kinder für diese Schule geeignet seien: lernbegierige, leistungsbereite, gut erzogene sowieso. »Am besten schmutzen sie auch nicht«, knurrte die Mutter.

An diesem Abend beschlossen die Eltern zur großen Freude ihres Sohnes, dass es auf die erste Schule hinauslaufen würde. Schließlich wollten sie seinem Aufstieg nicht im Weg stehen. Und sei es nur der an der Kletterwand.

Tipps für die Suche nach einer guten Schule
### Die passt doch nicht
Geht man nach der Selbstdarstellung der Schulen, wartet auf die Kinder überall das Paradies. Aber nicht jede Einrichtung

passt gleich gut zu jedem Kind. Eine gute Schule muss es möglichst umfassend fördern: Das heißt fachlich, aber auch seine Persönlichkeit. Daher sollten Lehrerinnen und Lehrer nicht nur in ihrem Unterrichtsfach gut sein, sondern auch pädagogische, methodische und diagnostische Fähigkeiten besitzen. Doch aus der eigenen Schulzeit weiß man: Diesen Anspruch erfüllen bei weitem nicht alle Lehrende, ein Kollegium ist eine wilde Zufallsmischung aus mehr oder weniger sympathischen und kompetenten Charakteren. Das lässt sich nicht vermeiden – ist aber nicht so schlimm.

Schließlich lernen Kinder in der Schule auch, mit den verschiedensten Menschen und ihren Eigenheiten zurechtzukommen. Außerdem finden Kinder unterschiedliche Lehrertypen gut: Der eine Schüler hält seinen Lehrer für zu streng, für den anderen ist diese Unnachgiebigkeit genau der richtige Rahmen zum Lernen. Nur dürfen sich Kind-Lehrer-Konstellationen nie so zum Nachteil eines Schülers entwickeln, dass er deswegen scheitert und beispielsweise sitzenbleibt: Wenn ein Lehrer einen Schüler auf dem Kieker hat und unprofessionell mit seinen Antipathien umgeht, muss das Kind schon ziemlich begabt sein, um in diesem Fach bestehen zu können. In einem solchen Fall müssten Eltern das Gespräch mit dem Pädagogen suchen – und wenn das nichts hilft, mit dem Direktor.

Einen ersten Eindruck vom Lehrerkollegium bekommen Mütter und Väter, wenn sie die Meinung anderer Eltern anhören – diese sollte allerdings nur ein Aspekt bei der Schulwahl sein. Denn wer weiß, ob man selbst nicht ganz andere Ansprüche an die Pädagogen stellt als die Befragten.

### Die richtigen Fragen

Wie blicken Eltern hinter die schillernde Fassade einer Schule, die sich ja an den offiziellen Informationsabenden im besten Licht zeigt? Mit den richtigen Fragen: Zum Beispiel, wie viel Prozent der ehemaligen Fünftklässler kamen im vergangenen Schuljahr in der zehnten Klasse an? An einer Schule, in der in sechs Schuljahren die Hälfte der Schülerinnen und Schüler abgegangen ist, werden offenbar leistungsschwächere Kinder nicht ausreichend mitgenommen und eingebunden. Es könnte sein, dass im Sinne eines falschen Elite-Denkens die Lehrer lieber aussieben statt zu fördern.

### Ein guter Schnitt?

Manche Schulen werben mit ihrem guten Notenschnitt bei Abschlussprüfungen, doch die absolute Zahl sagt nichts darüber aus, ob auch schwächere Mädchen und Jungen unterstützt wurden. Gehen Eltern nur nach den harten Fakten, könnten ihre Kinder an einer Schule landen, an der sie kontinuierlich unter großem Druck stehen – und das ständige Aussieben ist für das Selbstwertgefühl vieler Schülerinnen und Schüler verheerend. Dabei ist gleichgültig, ob sie direkt davon betroffen sind oder nur mittelbar: Das Klassenklima ist schlecht, Freunde müssen die Schule verlassen und manche Kinder bekommen Angst, dass ihnen das auch eines Tages passieren könnte – eine Furcht, die unabhängig von ihren tatsächlichen Noten ist.

Oder die Kinder sind an einer Schule nur deswegen so gut, weil die Eltern sie zu Hause stark fördern. Aber Mütter und Väter sind weder eine Nachhilfestation noch ein Hausaufgabeninstitut, viele können das gar nicht leisten. An manchen Schulen bekommen Eltern jedoch durchaus den Eindruck, dass sie von den Lehrern für die Hausaufgabenbetreuung fest eingeplant sind. Eltern sollten vor der Einschulung ihres Kindes bei der Schulleitung erfragen, was diese vom Elternhaus erwartet: eine allgemeine Unterstützung oder konkrete Hilfe, und das Nachmittag für Nachmittag? Eltern, deren Kinder schon lange auf diese Schule gehen, geben da wertvolle Einblicke in die Realität. Auch darüber, ob die Schule rechtzeitig den Kontakt zum Elternhaus sucht, wenn die Leistungen eines Kindes nachlassen – und nicht erst, wenn die Fünfer im Zeugnis eigentlich schon feststehen.

### Noch mehr Fragen

Lassen Sie sich schildern, welche Maßnahmen und Förderangebote es für Schüler mit schlechteren Noten gibt: Wird systematisch diagnostiziert und nach den Ursachen gefragt? Denn es ist ein Unterschied, ob der Schüler sein eigentlich vorhandenes Potential nicht aktivieren kann oder kognitiv überfordert ist. Und tauschen sich Lehrerinnen und Lehrer über einzelne Kinder aus, betreuen vielleicht sogar Teams eine Klasse?

Eine interessante Frage ist immer die nach dem Umgang mit Drogenproblemen an der Schule. Eltern sollten hellhörig werden, wenn sie keine differenzierte Antwort erhalten oder die Schulleitung gar behauptet: Drogen? Das Problem kennen wir nicht! Aber die Jugendkultur macht vor keiner Schultür halt, und es geht ja auch um Probleme mit legalen Rauschmitteln wie Alkohol.

Eine weitere wichtige Frage stellt Aspekte der Gewaltprävention in den Mittelpunkt. Hier gilt das Gleiche wie für die Drogenfrage: Es gibt keine Schule ohne Phänomene von Schüler-Schüler-Gewalt und leider auch Lehrer-Schüler-Gewalt. Sexualisierte Gewalt ist dabei zwar ein Extrem, doch jede Schule sollte ein Präventionskonzept haben, das den professionellen Umgang mit Nähe und Distanz im pädagogischen Prozess zum Thema macht.

### Der schöne Schein

Spielen Sie Detektiv und schauen Sie genau hin: Wie sind die Klassenzimmer gestaltet? Hängen zwar Poster, aber alle sind eingerissen? Und sind in den Gängen beeindruckende Malereien ausgestellt, doch diese stammen von dem besonders begabten Kunstkurs aus dem Jahrgang 2005? Letzteres wäre ein Zeichen, dass die Schule nur auf herausragende Leistungen stolz ist und nicht auf die der aktuellen Schülerschaft. Anhand solcher Indizien bekommen Eltern ein Gespür dafür, ob an der Schule eher eine Kultur des Wegschauens und der Gleichgültigkeit herrscht – oder aber eine Atmosphäre der Aufmerksamkeit, von der die Kinder profitieren. Und werfen Sie mal einen Blick in die Schülertoiletten. Nicht nur in jedem dritten Krimi sind die Sanitärbereiche interessante Orte, um sich ein Urteil zu bilden.

Am besten wäre es, die neue Schule auch im Alltag zu erleben. Zwar sollten Außenstehende nicht einfach während des laufenden Betriebs unangekündigt durchs Haus spazieren. Es spricht aber nichts dagegen, sich beim Sekretariat anzumelden und ganz offiziell umzusehen. Die Pause ist da die spannendste Zeit: Wie nutzen die Schüler den Hof? Sind außer der Pausenaufsicht überhaupt Pädagogen zu sehen oder verschwinden alle im Lehrerzimmer? Wie geht die Aufsicht mit Konflikten um?

### Objektiv statt subjektiv

Eltern könnten die neue Schule auch nach den Kriterien des Deutschen Schulpreises einschätzen. Dieser berücksichtigt nicht nur die Leistungsergebnisse, sondern auch die Qualität des Unterrichts, ob die Schüler Verantwortung übernehmen dürfen und ob die Schule den unterschiedlichen Begabungen der Kinder gerecht zu werden versucht. Wie geht sie mit dieser Vielfalt um? Das Schulklima und -leben zählen ebenfalls: Öffnet sich die Schule mit Projekten auch der Gemeinde? Welche außerschulischen Angebote gibt es? Und ist es eine lernende Institution? Eltern könnten zum Beispiel nach dem Fortbildungskonzept für Lehrer fragen, und ob diese ihr neues Wissen ans Kollegium weitergeben.

*Passt mein Kind zur Schule?*
Nun sind ja nicht nur Schulen unterschiedlich, sondern auch die Schüler. Deshalb sollten Eltern immer bedenken, dass eine Schule, die zu einem Kind hervorragend passt, für das Geschwisterkind vielleicht gar nicht geeignet ist. Wenn ein Kind Zeit braucht, sein Potential zu entwickeln, hält man ihm die Bildungswege möglichst lange offen, etwa auf einer Gemeinschaftsschule. Und muss man es wirklich durch ein G8-System schleusen – oder wäre G9 zum Beispiel durch den Besuch einer Gemeinschaftsschule oder einer Realschule und dem anschließenden Besuch der beruflichen Oberstufe für dieses Kind besser geeignet? Kommt dem Schüler eine Ganztagsschule entgegen und bietet diese nur Betreuung oder auch ein Bildungsprogramm? Die Antworten auf diese Fragen beeinflussen nicht nur das künftige Schul- und Freizeitleben des Kindes. Sie beeinflussen das gesamte Familienleben.

*Besondere Situationen, besondere Kinder*
Manche Schüler sind kleine Genies in Mathematik, kämpfen aber mit jeder Fremdsprache – und umgekehrt. Einige Kinder haben einen verstärkten Bewegungsdrang, der mit Tabletten gedämpft werden kann, dem aber alternativ durch in den

Schulalltag integrierte Bewegungsphasen Rechnung getragen werden könnte. Besonderheiten können aber auch durch Krankheitssituationen entstehen. Nicht selten binden Eltern von Kindern mit chronischen Krankheiten die Schule viel zu spät ein. Ob berechtigt oder nicht: Sie haben Angst vor Stigmatisierungen. Eltern sollten die Lage mit der Schulleitung besprechen und klären, ob die Schule bereit ist, sich auf diese besondere Situation einzulassen. Das gilt für jede Schulform.

Schulen können großartige Räume für Bildung sein. Viele verstehen sich im besten Sinn als Orte des Lebens und Lernens für Kinder und Jugendliche. Nicht zuletzt die Schulen, die zu den Preisträgern des Deutschen Schulpreises gehören, zeigen, wie heute erfolgreich Schule gemacht wird – im Sinne der Kinder. Das staatliche Bildungssystem bietet eine Vielfalt an guten Schulen. Private Schulen sind kein Garant für eine höhere Bildungsqualität – auch hier schadet es nicht, genau hinzusehen. Damit Eltern den besten Ort für den Lernerfolg ihres Kindes finden.

! Die Tipps basieren auf dem Rat von Katrin Höhmann, Professorin für Schulpädagogik an der Pädagogischen Hochschule Ludwigsburg. Sie unterstützt das Fachkräfte-Team des Deutschen Schulpreises der Bosch-Stiftung. Zudem war sie Lehrerin an Gymnasien in Hessen, Organisationsleiterin an der Laborschule Bielefeld, an der neue Schulkonzepte erprobt werden, sowie kommissarische Schulleiterin an der Odenwaldschule (Gesamtschule mit Internat). Die Qualitätskriterien des Deutschen Schulpreises finden Sie unter www.deutscher-schulpreis.de.

# Nicht ohne mein Handy!
## Smartphone, Facebook & Co

Das sagt das Kind:
»Da muss ich noch schnell antworten.«

Das sagen die Eltern:
*»Jetzt! Leg! Es! Endlich! Weg!«*

Das sagen die Eltern der anderen:
*»Also unser Kind trifft seine Freunde lieber persönlich.«*

Das sagen die Großeltern:
*»Und damit kann man auch telefonieren?«*


Schon lange hatten die Eltern ihrer Tochter nicht mehr offen ins Gesicht geblickt. Nicht weil die Eltern etwas zu verheimlichen hätten, die Tochter hoffentlich auch nicht, nein. Sie sah einfach nicht mehr auf, hielt das Kinn zwischen die Schlüsselbeine gepresst, morgens, mittags, abends, nachts. Welche Augenfarbe hatte sie noch mal? Den Eltern blieb nur der Daueranblick ihres Scheitels. Schuld daran war kein Streit, auch keine körperliche Fehlstellung. Schuld war Tante Karla.

Tante Karla ließ sich bei der Familie nur selten blicken, entschädigte das Kind aber mit teuren Geschenken, die sie vorher niemals mit den Eltern absprach. So verfügte der Hausstand eine Zeitlang über zwei Bobbycars, zwei Kinderfahrräder und zwei Kasperltheater. Beim nächsten Besuch (Tante Karla brachte einen zweiten Schlitten mit) bestanden die Eltern vehement auf künftige Auf- und Abklärung. Beleidigt tauchte Karla ein paar Jahre gar nicht mehr auf. Doch vor zwei Monaten war sie wieder da. »Ich habe das Geschenk vorher mit eurer Tochter abgesprochen«, sagte sie triumphierend und schwenkte eine kleine Schachtel. Mutter und Vater schwante Übles. An diesem Tag haben sie das Gesicht ihrer Tochter das letzte Mal gesehen. Es strahlte, als sie das Präsent auspackte. Das besaß sie noch nicht: ein Smartphone. Auch von den Eltern hatte sie sich das schon gewünscht, aber sie hatten aus erzieherischen Gründen darauf gedrungen, dass die Tochter einen Teil des Kaufpreises selbst begleicht. Das hätten sie sich sparen können.

Von nun an spielten sie im Leben ihrer Tochter eine noch kleinere Rolle als bisher, waren zu reinen Wäsche- und Nahrungslieferanten degradiert. Seinen Kommunikationsbedarf deckte das Kind in der Schule und über sein Handy, die Freunde waren überall mit dabei, überall! Als sie wenigstens nicht mehr mit am Tisch sitzen sollten und die Eltern beim Essen absolutes Handy-Verbot verhängten, blieb der Kopf der Tochter dennoch gesenkt. Auch ihr Schweigen unterbrach sie nicht, diesmal aus Wut über ihren erzwungenen Rauswurf aus der schönen neuen Welt. Dasselbe Bild bei Oma Dorothees Geburtstag, bei der Sonntagswanderung und am Urlaubsstrand.

Die Eltern waren verzweifelt und überlegten, sich der örtlichen Selbsthilfegruppe analoger Mütter und Väter anzuschließen. Oder das Handy mutwillig zu zerstören. Oder beides. Doch die technische Entwicklung kam ihnen zuvor.

Ein großer Konzern – weltberühmt für sein Design bei Menschen mit ästhetischem Anspruch selbst bei Elektronikgeräten, bei Hipstern und Jugendlichen, die gerne Hipster wären – hatte gewohnt geheimnisvoll eine großartige Neuerung versprochen. Auch die Tochter fieberte der Verkündung entgegen. Bevor die Eltern ihr Smartphone wie üblich für die

Nacht konfiszieren konnten, schloss sie sich in ihr Zimmer ein. Alles Klopfen an die Tür, alles Drohen und Wüten half nichts.

Den Eltern schwante noch Übleres als damals beim Besuch von Tante Karla. Als sie sich selbst am Laptop angemeldet, die Firmen-Webseite mit dem Livestream gefunden und diesen geöffnet hatten, hörten sie: »… im Geschäft wird diese Folie sofort in die Handfläche implantiert und kann nicht mehr entfernt werden. Aber das will dann auch niemand mehr, denn sofort kommen Sie in den Genuss eines Smartphones, das niemals aufgeladen werden muss: Die Batterie sind Sie selbst! Ein Handy, das niemals verloren geht: Sie haben es in der Hand, und das wortwörtlich! So haben Sie Ihre Freunde immer und überall dabei!« Mutter und Vater stürmten nach oben und traten die Kinderzimmertür ein. Zu spät.

Das Fenster stand weit offen, die Vorhänge waren zu einem Seil verknotet, gegenüber sahen sie den Nachbarsjungen über das Dach entkommen. Auf dem Schreibtisch der Tochter lag verlassen ihr Handy. »Um dich von deinem Smartphone zu trennen, müsste man es dir aus der Hand amputieren«, hatten die Eltern gewitzelt. Wie naiv sie waren.

Sie rasten zu dem Handy-Laden, doch das Auto mussten sie nach 250 Metern stehen lassen, verkeilt zwischen Familienwagen, hinter deren Steuer verzweifelte Eltern wüteten. Sie kletterten über Motorhauben, über Autodächer, rannten, wie sie noch nie gerannt waren. Vor dem Laden drängten sich Tausende Jugendliche, die eine Hälfte mit leuchtenden linken Handflächen, vereinzelt sah man auch Linkshänder mit leuchtenden rechten Händen. Sie schirmten die rasenden Eltern von ihren Sprösslingen ab, die entschlossen waren, niemanden zwischen sich und die Handy-Sofort-Implantation kommen zu lassen.

Die Eltern robbten zwischen den Beinen hindurch, im Dunkeln wiesen die strahlenden Handflächen den Weg. Ein ständiges Piepsen und Klingeln und ekstatische Ausrufe betäubten den Hörsinn. Sie zwängten sich zwischen dem letzten Paar Beinen durch (es gehörte dem Nachbarsjungen, der wild auf seine Handfläche eintippte). Da sahen sie ihre Tochter.

Sie erkannten sie gleich am Scheitel. Die Tochter kam gerade aus dem Laden und starrte verzückt auf ihre leuchtende linke Hand. Bei diesem Abwärtsblick muss sie ihre Eltern am Boden entdeckt haben. Sie schien kurz nachzudenken, wo sie sie einordnen sollte. Sie scrollte ihre Kontaktliste auf der Hand rauf und runter. Da waren sie nicht dabei. Irritiert blickte sie hoch. Dann fiel es ihr wieder ein.

Lächelnd hob sie die linke Hand wie zum Gruß. Und machte ein Foto von ihnen.

## Tipps für die virtuelle Welt

### Die gute neue alte Zeit

In der U-Bahn, im Bus, auf dem Nachhauseweg, auf dem Sofa: Viele Eltern kennen ihren Nachwuchs nur noch mit Smartphone in der Hand und müssen sich notfalls per Skype melden, um zum Essen zu rufen. Doch auch früher haben junge Menschen stundenlang mit Freunden telefoniert, obwohl sie sie gerade erst gesehen hatten. Heute sind sie eben ständig online vernetzt, was eine Art Fortsetzung der früheren Dauertelefonate ist. Für Heranwachsende ist es ziemlich cool, nach der Schule mit den Freunden weiter im virtuellen Pausenhof herumzustehen. Dabei wollen Kinder online nicht in erster Linie Fremde kennenlernen, sondern mit ihrem festen, engen Freundeskreis in Verbindung bleiben.

*Na, wie isses?*

Heranwachsende haben dieses starke Bedürfnis, sich ständig auszutauschen. Sie würden sich wohl viel lieber in der realen Welt treffen, aber nach der Schule sind sie oft erst um halb fünf Uhr nachmittags zu Hause, treiben noch Sport oder gehen zum Musikunterricht, Hausaufgaben sind zu erledigen, gelernt ist auch noch nichts. So bleibt ihnen nur das Wochenende, um tatsächlich Freunde außerhalb der Schule zu sehen. Unter der Woche können sie sich nur zum Beispiel auf Facebook oder per WhatsApp kurzschließen. Unter diesem Gesichtspunkt muss man an Schultagen fast dankbar sein, dass die Kinder die Möglichkeit zum virtuellen Austausch haben.

*Teilen oder nicht teilen*

Die Smartphones sind ein Teil der Privatsphäre der Kinder, ein kleines Schatzkästchen mit Musik und Fotos. Aber die Eltern sollten bei jungen Netznutzern den PIN-Code fürs Handy und das Passwort für die Mailaccounts kennen. Nicht um zu spionieren, das sollten sie ihren Kindern auch deutlich sagen, sondern für den Notfall: Wenn es zum Beispiel zu Mobbingfällen oder ähnlichem kommt, bei dem sich die Eltern einmischen und kümmern müssen. Ansonsten ist es Aufgabe der Eltern, ihre Kinder dazu zu erziehen, sehr bewusst die Einstellungen zum Beispiel auf Facebook zu setzen. Ihnen muss klar sein, wer die Einträge sehen kann, und dass diese weiterverbreitet werden könnten: Jede Nachricht, jedes Fotos, das die Kinder in die virtuelle Welt senden, entzieht sich ihrer Kontrolle. Denn ihre Freunde könnten die Mitteilungen und Bilder weiterschicken oder woanders posten – egal, wie intim die Nachrichten oder Fotos sind. Besonders die Jüngeren sollten sich zudem an die Grundregel halten, dass sie sich nur mit

Leuten vernetzen, die sie auch außerhalb des Netzes kennen. Und Kontaktanfragen von Fremden ablehnen oder damit zu den Eltern kommen.

### Ich kenn mich da eh nicht aus

Viele Eltern haben weniger Ahnung von Facebook, Youtube & Co als ihre Kinder. Das ist nicht so schlimm, solange sie sich für die Kommunikationswege zumindest ein bisschen interessieren und sie nicht von vornherein komplett ablehnen. Eltern müssen ja nicht mit technischem Knowhow glänzen, sollten aber zumindest das Medium an sich kennenlernen wollen. Vielleicht haben sie aus Versehen sogar Spaß dabei.

Es ist auch aus Gründen der Sicherheit wichtig, dass Eltern das Internet nicht verteufeln. Schließlich wollen sie, dass das Kind zu ihnen kommt, wenn ihnen im Netz etwas Seltsames widerfährt. Im Leben gibt es böse Menschen, auch online müssen Kinder lernen, sich vor ihnen zu schützen und vorsichtig zu sein. Das können sie nur, wenn sie ihre Eltern zum Beispiel über eine verdächtige Kontaktanfrage informieren. Wenn sie aber erst einmal zu hören bekommen, dass die Eltern doch gleich gesagt haben, was für ein gefährlicher Unsinn dieses Kommunikationsmittel ist, werden sie lieber schweigen.

### Ist doch nur Spaß

Oft sind Eltern unsicher, weil sie sich nicht in diese Welt einfühlen können: Sie selbst haben das Internet nie als Spielplatz erlebt und nutzen es höchstens professionell. Doch heute gehört diese virtuelle Welt zum Lebensraum der Kinder dazu, während sie in Großstädten und unter Aufsicht von Helikopter-Eltern weniger Möglichkeiten als früher haben, sich auszuprobieren. Eltern sollten also versuchen, auch das Positive an der Internetnutzung zu erkennen – und ruhig die Kinder fragen. Die freuen sich meistens, den Eltern zu zeigen, was man da alles erleben kann.

### Mal abschalten können

Zu oft im Netz? Wenn das Kind mit hochrotem Kopf und hyperventilierend vor dem Videospiel sitzt, ist es Zeit, es an die Luft zu schicken. Ansonsten gelten die normalen Umgangsformen und -regeln: So bleibt während Unterhaltungen oder bei Tisch das Handy aus, auch abends ist mal Schluss. Dann kommen alle Smartphones an die Ladestation, die natürlich nicht im Kinderzimmer steht. Auch internetfreie Tage und auch Wochen, etwa im Urlaub, können Heranwachsende ganz gut verkraften.

Digitale Medien gehören zum Alltag, die Nutzung muss sich ins soziale Miteinander einfügen. Wenn etwa ein Freund das eigene Kind besucht, es aber mit jemand anderem chattet, sollte man sein Kind kurz zur Seite nehmen und erklären, dass sein Benehmen verletzend und respektlos ist: Genauso als würde es mit einem Dritten flüstern, während der andere dumm danebenhockt.

### Was für ein Vorbild

Ihnen kam das Beispiel gerade bekannt vor? Kein Wunder, in dieses Fettnäpfchen springen auch Erwachsene mit Anlauf: Im Café kommuniziert einer per Smartphone, und die Begleitung langweilt sich. Mit neuen Medien müssen Erwachsene ebenfalls neue Verhaltensregeln lernen. Früher hat man sich übers Handyklingeln noch aufgeregt. Heute ist es üblich, sich bei wichtigen Anrufen zu entschuldigen, aber vom Tisch aufzustehen, damit man die anderen nicht zum Schweigen zwingt. Für Kinder ist es noch schwieriger, sich mit dem

Smartphone in der Hand angemessen zu verhalten. Schließlich sind sie generell erst dabei, Normen für den Umgang mit anderen zu erlernen. Und schon sind wieder die Eltern gefragt.

### Jetzt ist endlich mal Schluss

Wenn sich Eltern energisch zwischen reale und virtuelle Welt werfen, schadet das eher. Natürlich platzt mal der Kragen, wenn man schon dreimal gesagt hat, dass das Computerspiel endlich ausgeschaltet werden soll. Allerdings sollte man nachsehen, ob vielleicht das Autorennspiel gerade ins Finale geht – und die Kinder noch großzügig zu Ende spielen lassen. Es würde ja auch keiner kurz vor der Auflösung den Krimi ausschalten.

### Lass uns das regeln

Grundsätzliche Regeln sollten gemeinsam mit dem Kind vereinbart werden. Dabei sind Quid-pro-quo-Abmachungen eher ungünstig: »Du lernst eine halbe Stunde oder spielst draußen, dann darfst du eine halbe Stunde daddeln.« Bei solchen »Gegengeschäften« haben Lernen oder das Spiel draußen keinen Eigenwert mehr, während der PC mit Spielen und Internet eine enorme Aufwertung erfährt, weil dieser ja eine Belohnung ist. Und wer will schon, dass sein Kind nach drei Stunden auf dem Bolzplatz genauso lange vor dem Bildschirm sitzt?

Eltern und Kind vereinbaren besser einen bestimmten Zeitraum für die Computerspiele, zum Beispiel eine feste Stundenzahl pro Woche, die das Kind frei einteilen kann. Wenn es am Mittwoch den Kumpel zum Autorennspiel einladen will, muss er mit dem Zeitbudget haushalten. Das Ziel der Eltern ist ja, dass sich das Kind nicht nur mit einer Glasscheibe und der faszinierenden Welt dahinter beschäftigt. Allerdings kommunizieren Kinder bei vernetzten Spielen auch miteinander oder johlen und kreischen zusammen vor dem Bildschirm. Außerdem sollte man nicht vergessen, dass Schüler ab einem gewissen Alter nachmittags meist einen achtstündigen, fremdbestimmten Schularbeitstag hinter sich haben. Da darf man schon mal allein eine halbe Stunde lang daddeln. Wenn aber Kinder von selbst keine Lust auf anderes haben, müssen Eltern aktiv werden und Spannendes anbieten. Kinder wollen sich schließlich von Natur aus bewegen, das sollte man ausnützen.

**!** Die Tipps basieren auf dem Rat von Tanja und Johnny Haeusler, weitere Anregungen stehen in ihrem Buch »Netzgemüse – Aufzucht und Pflege der Generation Internet«. Gemeinsam betreibt das Paar das Weblog »Spreeblick«, es wurde mit dem Grimme-Online-Award ausgezeichnet. Zudem gehören sie zum Gründerteam der »re:publica«, einer europäischen Konferenz für Online-Medien und digitale Gesellschaft.

## Warum das Leben mit Kindern wunderbar ist

Kinder kosten Geld, Zeit und Nerven. Sie sind anstrengend, fast immer ungeduldig und wecken ihre Eltern in den ersten Jahren viel früher, als die sich das am Abend zuvor vorgestellt hatten. Trotzdem ist der Alltag mit ihnen einfach schöner. Weshalb? 20 Gründe, warum wir auf den täglichen Wahnsinn nie mehr verzichten wollen:

1. Ein Kind ist unser ganz persönliches, kleines Wunder – und auch noch selbstgemacht. So richtig versteht man das erst, wenn da plötzlich ein kleiner Mensch liegt, der gerade noch in einem dicken Bauch war.

2. Kinder sind Philosophen. Jedenfalls stellen sie überlegenswerte Fragen: Wo kommen wir her? Wo gehen wir hin? Und worauf stand Gott, als er die Erde noch nicht erschaffen hatte?

3. Manche Erwachsene lesen in Büchern nach, wie sie ihr Leben entschleunigen können. Andere gehen mit ihrem Kind nach draußen. Und entdecken die Welt neu.

4. Kinder sind gnadenlos ehrlich. Das kann lustig sein – oder ziemlich peinlich werden: »Mama, die Frau da sieht aus wie eine Hexe!«

5. Erwachsene, die laut kreischend auf dem Trampolin springen, sich kichernd in ein Karussell zwängen oder den ganzen Weg bis zur Haltestelle Fangen spielen? Mindestens schiefe Blicke sind ihnen sicher. Außer mit Kind. Dann sind sie nicht

mehr die überdrehten Typen von nebenan, sondern die besten Eltern der Welt.

6. Sie wollen jemand anderem und sich selbst eine Freude machen? Loben Sie Ihr Kind und schauen Sie ihm dabei in die Augen. Sehen Sie das Leuchten?

7. Kinder überraschen. Irgendwann auch damit, dass sie manches besser können als man selbst.

8. Manchmal reicht eine Hand, die sich in die eigene schiebt, um glücklich zu sein.

9. Oder ein Kopf, der sich an die Schulter schmiegt. Oder eine Stimme, die seufzt: »Meine Mama.« (wahlweise auch »Mein Papa.«).

10. Kinder bringen interessante Freunde mit nach Hause. Einige sind sogar unsichtbar.

11. Wie viele Menschen gibt es in Ihrem Leben, für die Sie zwar nicht immer die Hand ins Feuer legen, sich aber ohne zu zögern Arme und Beine ausreißen würden – und zwar im wörtlichen Sinn?

12. Kinder sind wahre Künstler. Allerdings wird ihre Kunstfertigkeit oft verkannt, nur die Eltern sehen das Genie in der lässig komponierten Buntstift-Zeichnung.

13. Wie klettert man auf einen Baum? Wie steigt man auf einen Berg oder fährt Ski? Wie bewegt man sich sicher im Straßenverkehr und im Internet? Kinder lernen die ganze Zeit, und zwar von uns. Und wir lernen mit ihnen, wieder mehr auf unsere Alltagswelt zu achten.

14. Selbst Witze, die bereits in der eigenen Grundschulzeit alt waren, lösen bei den Kindern Lachkrämpfe aus. Auch noch beim zehnten Mal.

15. Kinder reisen ständig durch Welten der Phantasie (und sind dabei selten sie selbst). Weggefährten sind herzlich willkommen.

16. Obwohl sie an manchen Tagen die Grenzen unserer Geduld weit überschritten haben und man sie zur Oma gewünscht hatte, oder auf den Mond: Wenn Kinder schlafen, will man nur eines. Sie beschützen.

17. Sie versuchen ja, artig zu sein – uns zuliebe: »Mama, ich bin jetzt brav … (kurzes Innehalten, leuchtende Augen) … und dann wieder nicht!«

18. Kinder geben einem die Gewissheit, man habe die perfekten Arme. Mehr braucht es nicht, um sie zu trösten.

19. Kinder wissen viel über uns: »Mama, ich kenne dich besser, ich kenne dich von innen!«

20. Wie oft lächeln Sie, wenn keine Kinder in der Nähe sind? Und wie oft lachen Sie? Genau.

## Danksagung

Ich danke den Experten, die ihr Wissen so großzügig mit mir geteilt haben. Sie alle setzen sich mit ihrer Arbeit für Familien ein und machen damit Eltern glücklicher. Und die Kinder, diese wunderbar eigenen Persönlichkeiten, natürlich auch. Zudem danke ich allen Fachleuten dafür, dass sie es bei unseren Gesprächen geduldig hingenommen haben, immer wieder von mir mit dem Ausruf unterbrochen zu werden: »Das habe ich auch schon falsch gemacht!«

Ich danke meinen Kindern für ihre Nachsicht, wenn ich etwas länger am Schreibtisch saß, als ihnen eigentlich recht war. Und dafür, dass sie stets jeden auf dem Laufenden hielten: »Meine Mama? Die ist daheim und macht die Wäsche. Oder schreibt ein Buch.«

Ich danke meinem Mann, meinem ganz privaten Ratgeber.

Ich danke meiner Mutter, dass sie wieder einmal da war, wenn die Kinder und ich sie brauchten.

Und ich danke allen Verwandten, Freunden, Bekannten und Nachbarn für ihre (oft unbewussten) Inspirationen für dieses Buch – und für die Erkenntnis: Wir sind nicht allein mit den Tücken der Erziehung, wie schön!

Benni-Mama
# Große Ärsche auf kleinen Stühlen
Eine Kindergartenmutter packt aus

Band 19716

»Elternabend oder Darmspiegelung? Vor die Wahl gestellt,
würde ich lieber zum Arzt gehen!« Benni-Mama weiß, wo-
von sie spricht: Intrigen und Korruption, Mobbing und
Machtspiele kommen nicht nur unter Managern vor. Wo
Jungs- und Mädchenmütter, Erzieher der alten Schule und
Kuschelpädagogen sich auf kleinen Stühlen zum Elternabend
treffen, um einen Laternenumzug zu organisieren oder den
Speiseplan zu erörtern, fliegen die Fetzen. Wo Eltern sich so
richtig austoben – aus dem Alltag einer unerschrockenen
Kindergarten-Mutter.

»Die einzig vernünftigen Menschen
in einem Kindergarten sind die Kinder.«

Das gesamte Programm finden Sie unter
www.fischerverlage.de

fi 19716 / 2